친절한 효자손의
티스토리 사용설명서

친절한 효자손의
티스토리 사용설명서

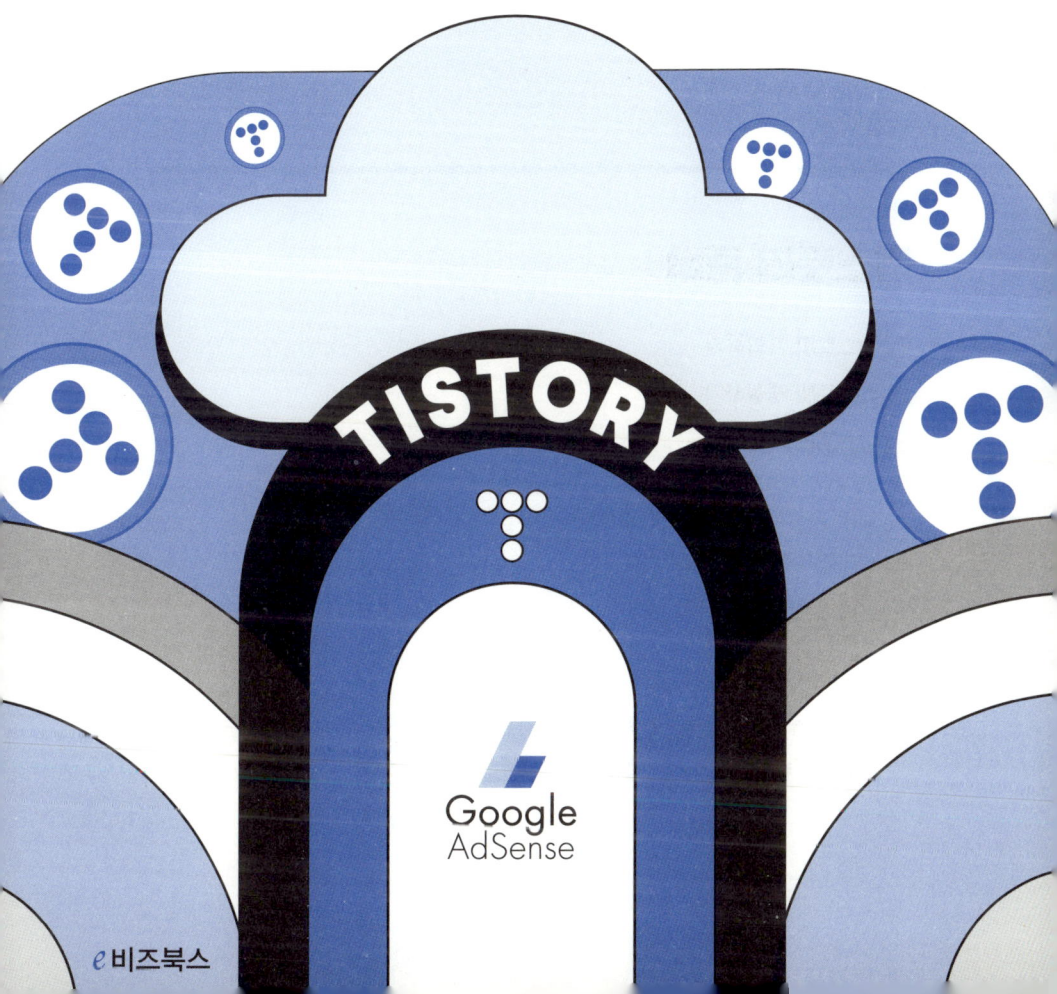

e비즈북스

Contents

Chapter 1
성공한 블로거가 되기까지

1. 블로그, 그 첫 만남과 패망의 길 _12

2. 블로그 체험단에 빠지다 _14

3. 티스토리와 애드센스를 만나다 _16

4. 관심사를 파고들면 성공한다 _18

5. 블로그는 봉사활동이다 _21

6. 애드센스 외에 리뷰 제안은 덤이다 _23

7. 애드센스는 노력을 배신하지 않는다 _25

8. 이 책을 읽어나가는 팁 _27

Chapter 2
티스토리 준비

1. 티스토리 가입하기 _33

2. 티스토리 개설하기 _38

3. 티스토리 기본 기능 _42
　　1 피드 / 스토리 / 스킨 / 포럼 / 공지사항　**2** 계정 관리　**3** 티스토리 관리
　　4 구글 애드센스 연동하기　**5** 꾸미기-스킨 편집　**6** 플러그인

4. HTML/CSS 편집경로 _79

5. 블로그 콘텐츠 정하기 _81
　　1 취미 혹은 관심사로 시작해보자　**2** 강좌 콘텐츠를 해보자
　　3 생활정보를 올리더라도 특정 분야만 꾸준히 올리자

6. 블로거 추천 프로그램 네 가지 _88
　　1 픽픽　**2** 포토스케이프　**3** 줌잇　**4** 크롬

Chapter 3
티스토리 시작

1. 카테고리 설정하기 _96
2. 티스토리 글쓰기 _100
   1 글쓰기 기능 **2** 사진 첨부하기 **3** 사진 편집하기 **4** 맞춤법 검사
3. 티스토리 서식 활용하기 _120
4. 네이버 서치어드바이저에 티스토리 등록하기 _123
   실전강의 티스토리 사용 시 네이버 서치어드바이저에서 사이트 최적화 결과는 각양각색?
5. 구글 애널리틱스에 티스토리 등록하기 _134

Chapter 4
티스토리에 애드센스 광고를 달아보자!

1. 반응형 광고와 일반형 광고의 차이 _141
2. 애드센스 광고 종류 _142
   1 디스플레이 광고 **2** 링크 광고(지원 종료)
   3 멀티플렉스 광고(네이티브) **4** 인피드 광고(네이티브)
   5 인아티클 광고(네이티브) **6** 자동 광고
3. 애드센스 신청 방법 _149
   실전강의 애드센스 승인 신청 후, 감감무소식을 막는 방법
4. 티스토리에 애드센스 적용하는 방법 _161
   1 애드센스 홈페이지에서 광고 만들기 **2** 티스토리 본문에 애드센스 삽입하기
5. 애드센스를 사이드바에 넣는 방법 _171
6. 애드센스를 본문 중간에 넣는 방법 _174

7. 자동 광고 / 앵커 & 모바일 전면 광고 설정 _178
   1 티스토리에서 애드센스 자동 광고 설정하기
   2 애드센스 홈페이지에서 자동 광고 설정하기
8. 수익금을 받기 위한 준비과정 _185
   1 애드센스 수익금을 지급받을 은행계좌 등록 방법   **2** 10달러 달성 시 해야 할 것
9. 기타 광고 게시 방법 _189
10. 애드센스 실험실(선택사항) _190

Chapter 5
블로그 수익 방식에 대하여

1. 애드센스 광고의 수익 구조 _195
2. 블로그 수익을 어떻게 늘릴 것인가? _197
3. 제휴 콘텐츠로 수익을 창출하자 _200
4. 재능거래 사이트를 이용하자 _203
5. 어필리에이트 프로그램을 활용하자 _204
   1 쿠팡 파트너스   **2** 알리익스프레스 어필리에이트 포탈스
   3 아이허브   **4** 기타 어필리에이트

Chapter 6
블로그를 키워주는 키워드

1. 글 제목은 신중하게! _212
2. 제목을 정할 때는 헤드라인 식 문장으로! _214
3. 상위노출만을 노리는 글은 피하자 _216
   1 상위노출 방법이 있을까요?   **2** 상위노출보다 더 중요한 건?

4. 연관검색어를 활용하자! _221

5. 키워드 도구를 활용하자! _223

6. 본문에 억지로 키워드를 넣지 말자! _228

> 실전강의 네이버 검색엔진의 특징

Chapter 7
애드센스 수익 극대화 노하우

1. 글 문체는 완성형으로 하라! _238

2. 예약포스팅을 활용하라! _240

3. 썸네일 이미지는 굳이 꾸밀 필요 없다 _242

4. 본문과 관련 있는 글을 넣어보자! _246

Chapter 8
티스토리 블로그 집중탐구

1. 글은 소신껏 작성할 것! _250

2. 관심사 카테고리는 무조건 키울 것! _252

3. 1일 1글은 기본! _255

4. 틈새전략은 양질의 콘텐츠! _257

5. 느긋하게 블로그를 즐겨라! _260

> Q&A 자주 묻는 질문 Top 10

마치며 _279

Chapter 01

성공한 블로거가 되기까지

1 블로그, 그 첫 만남과 패망의 길

제가 처음 블로그를 접하게 된 계기는 인터넷 부업이 한창 인기 있을 때였습니다. 당시 '퍼XX드림'이라고 하는 재택 부업이 붐을 이뤘는데, 대부분 사람들이 블로그라는 플랫폼에서 활동하고 있었습니다. 그때 처음으로 네이버 블로그라는 것을 알게 되었지요. 블로그에 대해 아무것도 모르는 저는 그저 다른 사람들이 해놓은 수많은 게시물의 형식과 방법을 베끼는 게 전부였습니다. 그 결과는 어땠을까요? 당연히 참패였습니다. 관심도 없는 분야를 주제로 억지로 블로그를 운영한다는 것은 정말 재미없는 일이었습니다. 한마디로 먹기 싫은 음식을 억지로 삼키는 느낌이었습니다. 그렇다 보니 블로그를 하면 할수록 너무 짜증만 나고 글쓰기가 싫었습니다.

그러다가 어느 날 우연히 IT 관련 블로그에 들어갔는데 그 속에서 수많은 방문자와 소통하는 블로거의 모습을 보고 너무 부러웠습니다. 저 역시도 IT를 좋아했기에 평소 습관처럼 관련 글을 읽다가 그곳까지 닿게 된 것이죠. '나도 이런 멋진 블로그를 하나 가지고 싶다'는 생각이 순간 가슴에 꽂혔습니다. 그때부터 인터넷 부업은 잠시 잊고 블로그에 좋아하는 IT 관련 글들을 쓰기 시작했습니다.

첫 주제는 '아이폰3GS'였습니다. 당시는 아이폰이 우리나라에 막 들어와 많은 비중을 차지하던 시절이었습니다. 삼성은 그제서야 갤럭시 시리즈를 개발하는 단계였지요. 저는 IT 중에서도 제가 좋아하는 스마트폰의 기능 설명 그리고 아이폰 '탈옥' 방법을 다뤘습니다. 결과는 매우 만족스러웠습니다. 당시 탈옥이라는 건 뭔가 해서는 안 되는 금기였고, 탈옥을 실현하는 분들이 살짝 대단하게 여겨지던 시기였습니다. 방문자 수를 늘리려고 억지로 아등바등하던 때와 달리 좋아하는 글을 쓰니까 사람들이 많이 몰리기 시작했고, 블로그 방문자는 어느덧 하루에 2만 명이 넘게 되었습니다. 정말 신났습니다.

하지만 문제는 이때부터였어요. 여기저기서 돈의 유혹들이 넘쳐나기 시작합니다. 리뷰 제안도 많이 들어오고, 블로그 주제와 무관한 패션이나 학원 정보 같은 포스팅을 해달라는 문의도 들어왔습니다. 블로그를 운영할 때 이런 제안을 무턱대고 받아들여서 포스트를 작성하는 것은

▲ 예전에 관리했던 네이버 블로그. 지금은 하루 방문자 수가 10명 남짓한다.

좋지 않습니다. 더군다나 현재 시점에서는 더욱 그렇습니다. 하지만 돈을 목적으로 시작했던 블로그였기에 저는 이 모든 제안을 과감히 수락하고 광고 글이나 홍보 글을 마구 작성하기 시작했습니다. 유료앱을 서슴지 않고 올렸고, 토렌트나 P2P 등 올리지 말았어야 할 불법적인 방법들도 포스팅했습니다. 방문자를 늘려야 한다는 사실에만 혈안이 되어 있었기 때문이었죠.

그 결과 블로그가 '폭망'하기 시작했습니다. 2만 명에서 1만 명으로, 또 절반인 5천 명으로 줄더니 결국 하루 방문자 수가 100명 남짓까지 떨어졌습니다. 일주일 사이에 벌어진 비극이었습니다. 그렇게 많이 오던 리뷰 문의 쪽지는 더 이상 오지 않았습니다. 저는 충격을 받고 한동안 블로그를 전혀 관리하지 않았습니다. 단순히 방문자 수만 줄어든 것이 아닙니다. 블로그를 하시는 분들이라면 '저품질'에 대한 두려움을 가지고 계실 것입니다. 바로 그 저품질에 걸려 게시물이 검색조차 되지 않는 현상도 발생했습니다. 이 현상을 빠져나오기 위해서 최근 글도 모두 지우고 상업적인 글들도 모두 내렸지만 상황을 되돌리기엔 이미 늦은 상태였습니다.

2 블로그 체험단에 빠지다

잘 키운 블로그를 그냥 버리기에는 너무 아까워서 체험단이라도 해보면서 마음을 추스르고 다시 블로그를 키워보기로 결심했습니다. 체험단은 확실히 초반에는 재미가 있습니다. 블로그를 이제 막 시작하시는 분들이라면 아마 체험단을 목표로 하는 분들이 제법 많으실 겁니다. 현재 우리나라에서 가장 체험단 활동이 많은 곳이 '위블'입니다. 위블에는 수많은 블로거가 모여 있으며 이곳에는 매일 새로운 블로그 체험단 모집글이 올라옵니다. 간단히 예를 들어 '서울 강남 ○○식당 맛집 체험단 모집' 공고글이 올라오면, 관심이 있는 블로거들이 신청을 하게 됩니다. 워낙 인기 있는 사이트라 경쟁률이 엄청 높습니다. 그래도 제가 운이 좋아서 그런 것인지 모르겠지만 쏠쏠하게 신청한 게 당첨되어서 한 달에 4~5번씩은 맛집 체험을 했습니다. 이런 맛집 체험단은 대체로 메뉴가 정해지거나 한정된 가격에서 무료로 식사할 수 있습니다. 그리고 열심히 사진을 찍고, 후기글을 남겨야 하죠.

체험단 활동을 거의 6개월 정도 했는데 어느 날부터 '내가 지금 뭐 하는 거지?'라는 생각이 문득 들었습니다. 체험단이나 하려고 시작한 블로그가 아닌데 돌아보니 틈나는 대로 맛집이라고 하는 곳에 가서 무료로 식사하고 글을 작성하고 또 반복하고 반복하고… 이런 생활에 뭔가 무료함을 느꼈습니다. 그리고 블로그 방문자 수도 잘 늘지 않습니다. 왜냐하면 블로그를 하시는 분들의 대부분 기본 옵션이 바로 체험단이기 때문에 경쟁이 너무 심합니다. 그리고 해당 카테고리에 대한 글이 하루에도 수십 개씩 포스팅되곤 합니다. 그러니 경쟁에서 밀리는 건 당연한 결과입니다. 오히려 시간이 지날수록 방문자 수가 떨어지기까지 합니다. 결국 체험단마저 지쳐버렸고 당분간 네이버 블로그를 접고 자신을 돌아보는 시간을 갖게 되었습니다.

3 티스토리와 애드센스를 만나다

제가 블로그를 다시 시작하기로 마음먹은 것은 오래되지 않았습니다. 2015년도 4월부터 티스토리 블로그를 본격적으로 관리하기 시작하였습니다. 네이버 블로그를 열심히 하던 시절에 티스토리라는 플랫폼을 알게 되었는데, 당시 네이버 블로그에는 첨부파일의 용량에 제한이 있는 반면 티스토리 블로그는 무제한으로 첨부파일을 올릴 수 있었습니다. 그래서 자료실 용도로 티스토리 블로그를 운영하고 있었습니다. 이렇게 두 가지 블로그를 병행하는 블로거도 몇 분 있어서 따라하게 된 것이죠. 지금은 잘 기억이 안 나지만 블로그 이웃 중 멋진 티스토리 블로그를 따로 가지고 계신 분이 있었고, 그분의 티스토리 블로그에는 애드센스라고 하는 광고가 걸려 있었습니다. 그때는 그게 애드센스인지도 몰랐습니다. 광고를 어떻게 달았을까 싶어서 열심히 알아보고 애드센스라는 광고 플랫폼이 있다는 걸 알게 되었습니다. 그래서 저도 결심을 하게 되었습니다. 티스토리와 애드센스를 병행하기로 말이지요.

　네이버 블로그를 그리 오래 운영한 건 아니었지만 한번 생각해봤습니다. 블로그를 오래 운영하려면 어떻게 해야 할까? 뭘 작성해야 좋을까? 이 부분에 대한 고민을 많이 했습니다. 왜냐하면 티스토리 블로그에 애드센스 광고를 게시하면 방문자 수에 따라 수익을 얻을 수 있다는 걸 누구보다 잘 알고 있었고 그 수익으로 평생 블로그를 운영할 생각이었기 때문입니다. 그래서 결론은, '내가 자신 있고 관심 있는 분야의 글을 작성하자'였습니다. 물론 네이버 블로그로도 평생 운영하는 것이 가능합니다. 하지만! 구글 애드센스의 광고 수익이 네이버 애드포스트보다 더 강력했기 때문에 기왕 평생 운영할 것이라면 당연히 티스토리가 낫겠다고 판단했습니다. 또한 네이버 블로그를 운영하시는 분들이 워낙에 많기 때문에, 남들이 하지 않고 독창성 있게 운영하는 것을 좋아하는 제 성격이 티스토리 쪽의 손을 들어주었기 때문이기도 하지요.

네이버 애드포스트가 실적이 나쁜 이유를 잠깐 설명하자면 네이버의 광고 노출 알고리즘이 구글보다 성능이 떨어져 광고주들이 선호하지 않기 때문입니다. 광고주들이 몰리지 않으니 노출시킬 적합한 광고가 없어 콘텐츠와 무관한 광고를 노출시키는 악순환이 계속됩니다.

2015년 4월부터 저는 직업훈련학교를 다니기 시작했습니다. 그때 컴퓨터 그래픽과 관련된 포토샵이나 일러스트레이터, 인디자인 등등 프

방문자 현황					
2015년 방문자 수 ▼		1월 일별 방문자 수			
1월	0	2015. 01. 01.	0	2015. 01. 16.	0
2월	0	2015. 01. 02.	0	2015. 01. 17.	0
3월	902	2015. 01. 03.	0	2015. 01. 18.	0
4월	37,442	2015. 01. 04.	0	2015. 01. 19.	0
5월	90,641	2015. 01. 05.	0	2015. 01. 20.	0
6월	92,329	2015. 01. 06.	0	2015. 01. 21.	0
7월	101,880	2015. 01. 07.	0	2015. 01. 22.	0
8월	83,103	2015. 01. 08.	0	2015. 01. 23.	0
9월	141,568	2015. 01. 09.	0	2015. 01. 24.	0
10월	208,441	2015. 01. 10.	0	2015. 01. 25.	0
11월	248,883	2015. 01. 11.	0	2015. 01. 26.	0
12월	269,330	2015. 01. 12.	0	2015. 01. 27.	0
		2015. 01. 13.	0	2015. 01. 28.	0
		2015. 01. 14.	0	2015. 01. 29.	0
		2015. 01. 15.	0	2015. 01. 30.	0
				2015. 01. 31.	0

▲ 방문자 수 변화 추이.

로그램 수업을 배우면서 '이 내용들을 복습 겸 티스토리에 강좌식으로 하나하나 작성하면 꽤나 방문자가 많이 늘어나지 않을까?'라고 생각했었습니다.

결과는 성공적이었습니다. 이때 저는 확신을 했습니다. '내가 궁금한 건 결국 다른 누군가도 궁금해하는 내용이다'라는 것을 말이죠. 티스토리 관리를 시작한 지 한 달도 안 되어 하루 방문자 천 명을 달성하고 그 이후로 계속 쭉쭉 올라가기 시작했습니다.

4 관심사를 파고들면 성공한다

어렸을 때부터 유독 기계에 관심이 많았습니다. 저의 어릴 적 놀이터는 고물상이었습니다. 그곳에는 온갖 진귀한 물건들이 늘 준비되어 있었습니다. 고물을 분해하면 어떤 부품들이 들어있는지 궁금했어요. 부수고, 반대로 조립도 해보고 놀았던 어린 시절이었습니다. 중학교 때 처음으로 컴퓨터를 사고, 친한 친구가 컴퓨터를 잘해서 어깨너머로 포맷하는 방법도 배우고, 조립하는 과정도 알게 되었습니다. 취미가 바뀐다고 말하는 사람도 있던데, 저는 놀랍게도 지금도 컴퓨터를 좋아합니다. 그림 그리기도 좋아하다 보니 자연스레 포토샵이라든지 일러스트레이터, 클립스튜디오와 같은 드로잉 프로그램에 관심이 생겼습니다. 그래서 직업전문학교를 다니며 배웠습니다. 지금의 블로그는 제 관심사의 결정체라고 보시면 됩니다.

저는 과거 네이버 블로그 때와 오늘날의 경험을 통해 겨우 저만의 블로그 작성 철학을 완성하게 되었습니다. '절대로 돈 되는 키워드를 쫓지 말자.' 돈을 목적으로 블로그를 시작했으면서 돈 되는 키워드를 쫓지 말라니 참 아이러니 하죠? 이유는 간단합니다. 요즘 나오는 블로그 책들을 보면 대부분 키워드에 민감하게 반응하여 작성하라는 내용이 주를 이룹니다. 키워드를 아주 무시해서 작성하라는 뜻은 아닙니다. 다만, 해당 포스트를 작성할 때, '이 키워드가 요즘 돈이 된다더라', '이게 요즘 핫한 키워드다' 하는 식의 포스팅은 별로 좋지 않다는 뜻입니다.

이 책은 티스토리와 애드센스를 평생 가지고 가면서 즐길 수 있는 내용들을 담아놓았습니다. 여러분은 평생 쓰고 싶지 않은 글을 억지로 쓰고 싶으신가요? 그리고 설령 억지로 글을 작성했다 하더라도 과연 글의 퀄리티가 얼마나 좋을까요? 인터넷에 보시면 수많은 홍보성 후기가 올라와 있습니다. 손수 작성한 글과 이렇게 대가를 받고 작성된 글의 퀄리티는 전혀 다릅니다. 대부분 그렇지요. 어떻게 보면 이런 대가성 후기들이 난무하는 요즘 오히려 손수 작성하는 순수한 포스팅이 빛을 발하는 시기라고 생각합니다.

현재 IT 관련 주제로 블로그를 운영하는 유명 블로거 몇 분을 살펴보겠습니다. 그들의 공통점은 IT에 대한 관심과 애정을 담아 블로그를 운영한다는 것입니다. 글들을 보면 상당한 전문성이 담겨있죠. 이분들의 블로그를 가보시면 글 하나하나 이해하기 쉽게 전달해주고 있다는 것을 아실 수 있습니다.

저는 이 차이가 마케팅에 있어서 충분히 차별화가 된다고 생각했습니다. 저는 블로거이기 전에 한 명의 소비자입니다 저두 인터넷으로 어떤 제품을 구매하기 이전에 검색을 합니다. 그런데 후기들을 읽어보면 어떤 글이 더 진정성 있게 쓰였는지 알 수 있습니다. 특히나 요즘은 돈을 받고 작성하는 리뷰 글이나, 체험단에서 작성하는 글 마지막 부분에 "이 글은 ○○으로부터 소정의 원고료를 받고 작성되었습니다"라는 식으로 글의 목적을 밝혀야 하는 의무가 생겼기 때문에 더욱 구별하기 쉽습니다. 문제는 이런 글들이 생각보다 엄청 많다는 것입니다. 이런 광고성 글 자체가 나쁘다는 뜻은 아닙니다. 블로그가 광고글로만 넘치고 있다는 게 문제입니다.

TV로 예를 들어 보겠습니다. 인기가 많은 드라마를 시청하는 과정을 살펴보자면, 먼저 광고를 이것저것 합니다. 그리고 드라마 속에서도 간접 광고PPL를 보셨을 것입니다. 여기서 우리가 광고를 보는 이유는 뭘까요? 네. 맞습니다. 드라마 때문입니다. 블로그도 똑같다고 생각합니다. 드라마 같은 콘텐츠가 있어야 광고가 어색하지 않고 보는 사람들도 납득할 수 있습니다.

그런데 이런 콘텐츠는 하나 없고 온통 광고 글밖에 없으면 방문자는 당연히 늘지 않을 것이며, 들어와도 끝까지 안 보고 바로 나가게 될 것입니다. 광고로 워낙 도배가 되어 있는 요즘, 앞으로도 분명 자신만의 콘텐츠를 갖춘 블로그가 오래오래 인기를 누리며 애드센스 수익을 평생 가져갈 것이라고 생각합니다.

우리나라는 구글보다는 네이버에서 검색하는 유입량이 많습니다. 네이버는 'C랭크'라고 하는 검색 알고리즘을 2015년 11월부터 적용시켰습니다. 이 C랭크 시스템 자체가 하나의 주제를 확실히 가지고 있는 블로그를 해당 카테고리에 먼저 상위노출 시켜주는 시스템입니다. 그렇기 때문에 하나의 주제를 파고드는 블로그가 검색 노출에 있어서 훨씬 유리하다고 할 수 있습니다.

5 블로그는 봉사활동이다

 글을 작성하실 때는 개인의 이익을 위해서 글을 작성하시는 것보다는, 누군가에게 도움이 되겠다는 마음을 가지고 글을 작성하는 것이 좋습니다. 저는 늘 포스팅을 할 때, 이 글이 진짜 이것과 관련된 분들 최소 10명에게 도움이 된다는 마음으로 작성합니다. 그러다 보면 내용이 더 알차게 되고 가치가 올라갈 수밖에 없습니다. 예를 들어, PC 전원이 갑자기 꺼지는 현상이 발생하면 도대체 내 PC에 무슨 이상이 있어서 이럴까라는 고민과 걱정이 생길 즈음 검색으로 원인을 알아보려고 할 것입니다. 저는 이 문제를 많이 경험했었고, 무엇이 원인인지 확인할 수 있는 노하우가 있습니다. 그래서 이 내용에 대한 글을 작성했고, 우연찮게 제 글을 보고 들어오신 분들은 직접 경험한 사례의 글을 보면 도움을 얻게 될 것입니다. 블로그 활동은 글로 전하는 봉사활동이라고 생각합니다. 이 의미를 잘 이해해주시기 바랍니다.

 타인에게 도움이 되는 글들이 점점 늘어나니까 댓글들도 늘어나기 시작했습니다. 그리고 방명록에도 고마움을 표시하는 분들이 생기기 시작했고, 여러 가지 추가 질문을 하시는 분들도 많이 늘어났습니다. 이런 분들이 많을수록 저는 좋습니다. 크게 세 가지의 의미로 좋게 생각할 수 있는

▲ 댓글을 통해 추가 질문을 하거나 고마움을 표하는 분들이 생기기 시작했다.

데, 첫 번째로는 지금 내 글이 확실히 도움이 되고 있다는 증거가 됩니다. 두 번째로는 글 노출이 검색엔진에서 정상적으로 진행되고 있다는 것을 뜻하죠. 마지막 세 번째는 질문에 대한 답변을 드릴 때, 해당 내용을 글로 써서 콘텐츠로 만들 수 있습니다. 앞에서 말씀드렸듯, 내가 모르는 건 다른 누군가도 모른다는 것입니다. 그렇기 때문에 나와 사람들이 모르는 내용을 포스팅하는 것만으로도 블로그의 콘텐츠는 줄어들 수가 없습니다.

6 애드센스 외에 리뷰 제안은 덤이다

IT 관련으로 계속해서 글을 써나가다 보니 관련된 업체에서 연락이 오기 시작합니다. 저는 와콤Wacom사에서 처음으로 연락이 왔습니다. 와콤사는 웹툰 작가의 필수 아이템 중 하나인 태블릿을 제조 및 판매하는 아주 인지도가 높은 회사입니다.

안녕하세요, 친절한 효자손 님
한국와콤 홍보 담당하는 ▨▨ ▨▨▨입니다.

최근 국내 출시한 신제품 태블릿 와콤 모바일스튜디오 프로(Wacom MobileStudio Pro) 제품 리뷰 제안 건으로 메일 드립니다.
와콤 모바일스튜디오 프로는 와콤의 새로운 펜 기술을 탑재한 모바일 태블릿으로, 디지털 콘텐츠 창작자들이 언제 어디에서나 자유롭게 창작활동을 할 수 있도록 도와주는 창작도구입니다. 기존 제품 대비 4배 높은 압력 감지 레벨과 정밀함을 자랑하는 와콤 프로 펜 2(Wacom Pro Pen 2)를 탑재하며, 독보적인 그래픽 기능, 완벽한 컬러 성능, 3D 카메라와 함께 다양한 혁신적인 기술이 적용되었습니다. 이 제품의 타깃이 창작자인만큼 드로잉하는 모습을 짤막한 영상과 함께 소개해주시면 좋을 것 같습니다.

리뷰 진행 관련 일정 및 내용 확인하시고, 성함 / 연락처 / 수령지 주소 회신 주시면 일정에 맞추어 제품 발송하도록 하겠습니다.

- 리뷰 제품 : 와콤 모바일스튜디오 프로 (13인치 or 16인치 랜덤 발송)
- 리뷰 일정 : 와콤 - 2/28 제품 발송 & 3/6 제품 회수 (*서울권 - 퀵 서비스 발송 및 회수 / 경기권 - 택배 발송 및 착불로 반송)
- 리뷰 기간 : 제품 수령 후 일주일 내 포스팅 작성 후 오픈 전에 메일로 링크 보내주시면, 내용 확인 후 업로드 요청 (*제품 정보 등 내부적으로 확인이 필요한 점 참고 부탁 드립니다.)
- 리뷰 채널 : 블로그
- 원고료 : ▨▨▨ (*메일로 신분증 및 통장 사본 전달 주시면, 리뷰 포스팅 업로드된 월 말일에 일괄 지급)
- 해당 리뷰는 출처를 밝힌 후, 한국와콤 및 에이수스에서 마케팅 목적으로 사용하는 것에 동의 후 리뷰 진행

와콤 모바일스튜디오 프로 리뷰 진행 시, 하이라이트되어야 하는 부분은 다음과 같습니다.
- MS 서피스 or 애플 제품과 성능 비교 - 기존 제품 대비 4배 향상된 와콤 프로 펜 2 vs 애플 펜슬 비교 체험
- 드로잉 시연 영상 - 전문가 같은 멋진 드로잉은 아니더라도, 드로잉을 시연하는 영상을 담아주세요 (*필압이란 종이 위에 펜으로 그림을 그릴 때, 손 힘의 강약을 통해 선의 굵기를 조정하는 세밀한 기술. 마치 종이 위에 펜을 사용해서 그림을 그리는 듯한 경험을 디지털 태블릿에서 할 수 있는 것이 강점이며 일반 스타일러스와 비교 불가한 정밀한 펜 기술 탑재)
- 기존 와콤 제품(신티크)과 성능 비교 - 기존 제품 대비 4배 향상된 와콤 프로 펜 2, 향상된 디스플레이 성능 등
- 작업 속도를 높여주는 다양한 편의 기능 - 익스프레스 키 및 터치링 활용
- 뛰어난 휴대성의 모바일 창작 태블릿 - 경량의 태블릿 제품으로 외부 작업에 적합 (*창작의 특성상 한 곳에서 작업하지 않고 외부에서 작업하는 경우 이 제품으로 활용 가능. 기존 신티크 제품에는 OS가 장착되어 있지 않지만, 와콤 모바일스튜디오 프로는 창작 태블릿으로서 최고 사양을 제공하면서, 최신 OS가 장착되어 있는 점을 강점 중 하나로 소개)

리뷰 진행이 가능하실지 확인하시고 회신 부탁 드리겠습니다.
문의사항 있으시면 언제든 연락 주세요 ☺

▲ 와콤사의 제안 메일.

▲ 어도비사의 제안.

▲ 기어베스트사의 제안.

와콤사는 제가 무척이나 관심을 가지고 있던 회사고, 그 회사의 신제품을 사용해볼 수 있는 기회가 생겨 정말 좋았습니다. 더구나 고료까지 챙길 수 있어 1석 2조였습니다. 와콤뿐만 아니라, 포토샵으로 유명한 어도비사에서도 연락이 왔으며, 기어베스트라고 하는 중국 회사에서도 먼저 연락이 왔습니다.

이처럼 관련 업체에서 연락이 오기 시작한다면 이제 블로그가 해당 카테고리에서 인지도가 생기기 시작했다는 증거가 되는 셈입니다. 저는 이때부터가 본격적으로 블로그의 시작점이라고 생각합니다. 애드센스도 이때부터 열심히 차곡차곡 수익을 쌓기 시작하는 것입니다. 자신이 좋아하는 분야의 글을 작성하기 때문에 글 쓰는 게 재미가 있으며, 여기에 수익까지 따라오니 신날 수밖에 없습니다. 현재 이것과 비슷한 형태가 바로 체험단입니다. 저는 진정한 체험단은 이렇게 관련 업체에서 먼저 연락이 오는 것이라고 생각합니다. 그런데 저도 한때 체험단에 미쳐 살았던 때가 있었다고 앞에서 한 번 언급했죠? 체험단은 그냥 블로그의 취미로 간간이 즐기시고, 절대로 그 활동에 목숨 거시면 안 됩니다. 왜냐하면 자신의 블로그 콘텐츠가 흐트러지기 때문입니다.

7 애드센스는 노력을 배신하지 않는다

가장 중요한 건 역시 끈기입니다. 저는 지금까지 단 하루도 빠짐없이 최소 하루에 한 개를 작성하고 있습니다. 많게는 하루에 일곱 개까지도 작성했습니다. 지금도 예약포스팅은 늘 최소 열흘 치 이상 쌓아 두고 있습니다. 제가 갑자기 아파서 혹은 PC가 고장이나서 블로그 글을 작성할 수 없는 상황에 늘 대비하고 있습니다. 티스토리 관리를 끊임없이 지속시켜야 그만큼 애드센스 결과도 좋게 나옵니다. 노력 없는 결과 없다는 말이 있습니다. 이 세상에 어디 불로소득 있는 일이 있습니까? 절대 없습니다. 뭐든지 노력은 기본입니다.

제 티스토리 블로그도 노력의 산물입니다. 어떻게 글을 써야 가독성이 좋아질까? 썸네일 이미지는 어떻게 꾸며야 눈에 살 띌까? 어떤 식으로 시작해야 관심을 끌까? 부족한 설명을 짧고 간결하게 꾸며서 설득력 있는 전달을 만들어 낼 수 있을까? 텍스트 양은 어느 정도가 적당한가? 애드센스 광고 위치를 어디에 배치해야 수익을 극대화할 수 있을까? 제목을 어떻게 써야 사람들이 검색했을 때 노출이 잘 될까? 어디 부자연스러운 문장은 없는가? 오타는 없는가? 등등 글 하나를 작성할 때 정말 많은 생각을 합니다. 이 책에는 이런 고민들을 통해 얻은 저의 모든 노하우가 담겨 있습니다.

애드센스는 여러분들의 평생 국민연금이 되어드릴 것입니다. 여러분들이 포기만 하지 않으시면 절대 애드센스가 먼저 배신할 일은 없습니다. 티스토리 개설부터, 관리, 글 쓰는 노하우, 애드센스 신청부터 승인,

기간	최종 잔액
2017년 11월 1일~30일	US$1,512.77
2017년 10월 1일~31일	US$903.36
2017년 9월 1일~30일	US$729.03
2017년 8월 1일~31일	US$800.85
2017년 7월 1일~31일	US$910.03
2017년 6월 1일~30일	US$766.07
2017년 5월 1일~31일	US$646.69
2017년 4월 1일~30일	US$719.59
2017년 3월 1일~31일	US$894.80
2017년 2월 1일~28일	US$1,666.20
2017년 1월 1일~31일	US$1,716.16

▲구글 애드센스 수익.

그리고 승인 이후 광고 배치까지 모든 것들이 담겨 있습니다. 누구든지 시작할 수 있으며 돈이 들어가지도 않습니다. 노력과 끈기! 이 두 가지만 있으면 여러분들도 롱런하는 티스토리와 평생 연금과도 같은 애드센스 수익을 발생시킬 수 있습니다. 하지만 앞서 설명드렸듯이 애드센스로 발생하는 고수익은 좋은 콘텐츠에 따른 결과입니다. 광고를 보려고 들어오는 방문자는 한 명도 없습니다. 여러분들도 어떤 자료를 찾으려고 검색을 했을 때, 원하는 정보를 얻는 게 목적이지, 광고를 보려고 클릭하지는 않잖아요? 이 점을 꼭 명심하시기 바랍니다.

8 이 책을 읽어나가는 팁

본문 중간중간에는 필자의 티스토리 링크 주소가 명시되어 있습니다. 해당 내용과 도움이 되는 부분을 좀 더 자세하게 설명해드리기 위해서 링크 주소를 넣었습니다. 책에서 해당 내용을 풀어 쓰면 될 텐데, 따로 링크를 번거롭게 표기한 이유가 궁금하실 수도 있습니다. 제가 링크를 책에서 명시한 이유는 다음과 같습니다. 첫째, 저자의 티스토리를 오픈함으로써 신뢰를 높이고 싶었습니다. 대다수의 티스토리 및 애드센스 관련 책들은 실제 저자의 티스토리를 밝히지 않고 있습니다. 저는 이와 다르게 저의 티스토리를 밝혀 실제로 애드센스를 통해 수익을 얻고 있음을 알림과 동시에 콘텐츠에 집중하고 있는 모습을 보여드리고 싶었습니다. 둘째, 티스토리 플랫폼 및 블로그와 함께 사용하면 유용한 응

용프로그램이 자주 업데이트됩니다. 그에 따라 제 티스토리를 방문하시어 최신 정보를 얻어 가실 수 있게 하기 위해 저의 계정을 밝혔습니다. 이 책은 소설 읽듯 그냥 텍스트만 읽어나가는 것이 아닌, 일종의 참고서적과도 같은 역할을 합니다. 즉 한쪽에는 책을 두고 컴퓨터 혹은 노트북 앞에서 참고하면서 따라하시는 게 목적입니다. 그러니 얼마든지 URL 접속은 쉽게 하실 수 있을 것입니다. 이 두 개의 이유로 내용 중간중간에 관련글 URL 주소를 명시하고 있으니 시간 나시면 꼭 참고하시기 바랍니다. URL의 문서 번호만 확인하시어 그대로 입력하시면 쉽게 열람할 수 있습니다.

    티스토리의 문서번호는 URL의 끝 번호를 말합니다. https://개인도메인.tistory.com/ 형태가 기본 주소이며, /(슬래쉬) 다음에 붙는 번호가 바로 해당 글의 문서 번호입니다. 처음 티스토리를 개설하면 /1의 글이 자동으로 생성됩니다. 문서번호 1번의 글은 티스토리 안내문입니다. 따라서 티스토리 개설 후 첫 글을 작성하시면 해당 글은 /2가 됩니다. 즉 문서번호 2번 글이 되는 것입니다. 본 내용에서 문서번호를 자주 언급하게 될 텐데 이 개념을 꼭 기억하시고 어렵지 않게 적용하시기를 바랍니다. 아래는 제 콘텐츠 중에서 가장 핵심이 되는 글 주소입니다.

    친효스킨: https://rgy0409.tistory.com/3119
    티스토리 사용 설명서: https://rgy0409.tistory.com/1501

Chapter 02
티스토리 준비

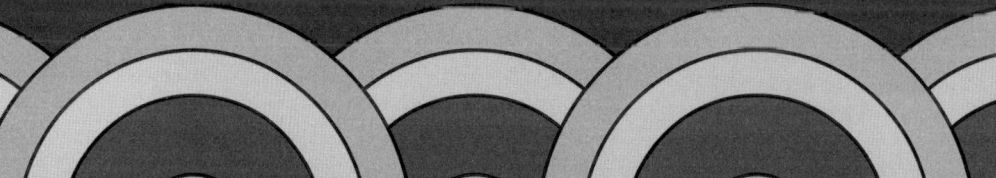

우리나라에서 가장 많이 사용하는 네이버 블로그의 경우 워낙 이용하시는 분들이 많다 보니 다양한 정보를 쉽게 얻을 수 있습니다. 티스토리는 네이버 블로그보다 이용하는 숫자가 적다 보니 상대적으로 정보가 많지 않습니다. 그럼에도 불구하고 티스토리를 이용하는 이유는 두 가지가 있습니다. 첫 번째 이유는 티스토리는 오픈형 블로그이기 때문에 사용자가 원하는 대로 스킨을 꾸밀 수 있다는 점입니다. 특히 HTML과 같은 웹코딩을 조금 배우신 분이라면 어렵지 않게 본인의 입맛에 따라서 스킨을 설정할 수 있습니다. 즉 사용자가 원하는 만큼 커스텀을 할 수 있습니다. 또한 이 부분은 애드센스와도 직결됩니다. 그리고 두 번째 이유는 어떻게 보면 이 책의 핵심 내용일 수 있는데요, 바로 애드센스 광고를 달 수 있기 때문입니다. 기왕 블로그를 한다면 수익이 있는 편이 더 좋겠죠? 애드센스 수익은 나의 소중한 노하우와 지식을 다른 사람에게 전달하면서 얻는 일종의 보상과도 같습니다. 네이버 블로그는 애드센스 광고를 설치할 수 없지만, 티스토리는 오픈형 소스이기 때문에 애드센스를 설치할 수 있다는 큰 장점이 있습니다. 그래서 저는 티스토리를 이용하고 있습니다.

  이번 2장에서는 제가 다년간 미친 듯이 티스토리에 매진하면서 얻은 노하우를 바탕으로 하나하나 쉽게 풀어서 설명해드리려고 합니다. 우선 티스토리에 가입하는 방법과 블로그 개설하는 방법, 그리고 준비과정부터 설명하겠습니다.

1 티스토리 가입하기

과거에는 티스토리 블로그 개설을 위해서 기존 티스토리 블로거의 초대장을 받아야만 했습니다. 하지만 지금은 초대장 시스템이 사라지고 누구나 쉽게 티스토리를 개설할 수 있습니다. 그럼 먼저 가입 방법을 살펴보도록 하겠습니다. 구글에서 티스토리라고 검색하시면 티스토리 홈페이지(www.tistory.com)를 어렵지 않게 방문할 수 있습니다. 방문하면 다음과 같이 티스토리의 메인 화면이 뜹니다.

오른쪽 상단에 있는 [시작하기] 버튼을 눌러줍니다.

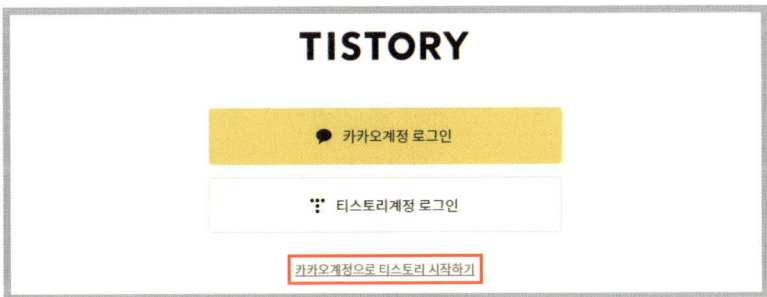

2020년 11월에 티스토리 계정이 카카오 계정과 통합이 되었습니다. 현재 티스토리 로그인 방식은 카카오 및 티스토리 계정 두 가지 방식으로 진행이 가능합니다. 하지만 과거 티스토리에서 공지로 "향후 티스토리는 카카오톡 계정으로 로그인이 되도록 할 것이다"라고 발표했기 때문에 언제가 될지 모르겠지만 이제 시작하시는 분들께서는 기존 카카오톡 계정으로 바로 티스토리 서비스까지 바로 이용하시면 됩니다. 또는 새로운 카카오톡 계정을 따로 만들어서 진행해도 상관 없습니다. 따라서 '카카오 계정으로 티스토리 시작하기'를 선택하시면 됩니다.

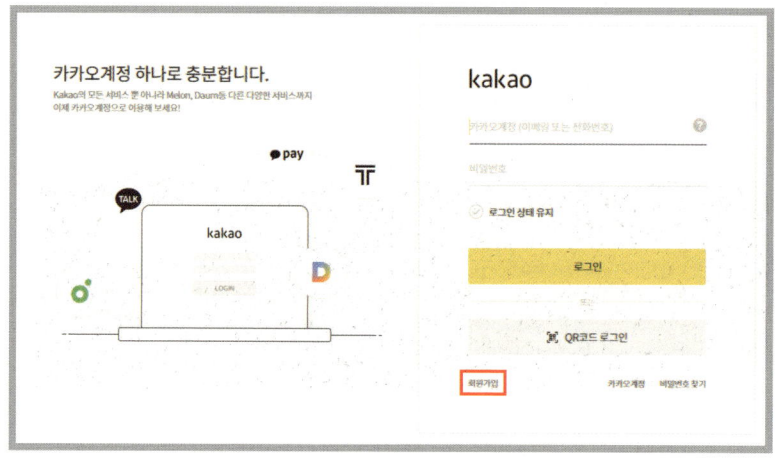

카카오 계정으로 티스토리 계정을 연동한 후 자신의 카카오 계정으로 로그인하면 티스토리 가입 과정은 끝납니다. 혹시 기존 카카오 계정과의 통합이 싫으시다면 티스토리를 위한 카카오 계정을 하나 더 만들어서 관리하는 방법도 있습니다. 본문에서는 새로 티스토리 계정을 만드는 과정부터 설명해드리겠습니다. '회원가입'을 클릭합니다.

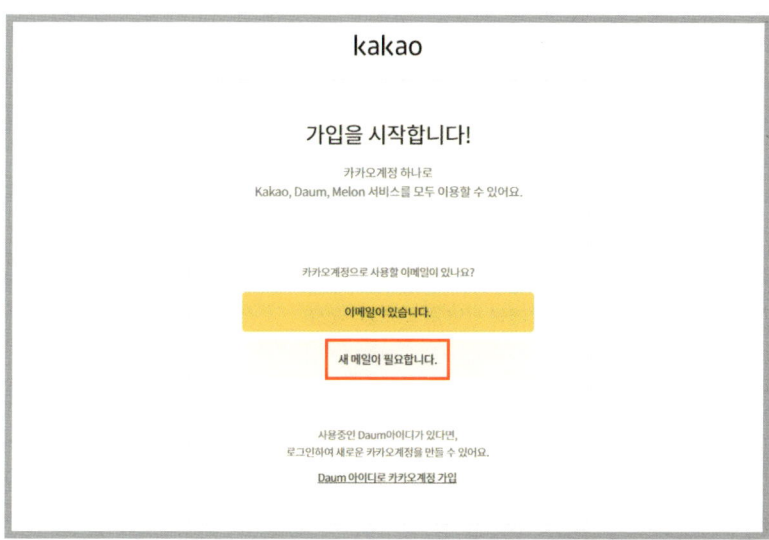

카카오 가입을 위해서 [새 메일이 필요합니다] 버튼을 클릭합니다.

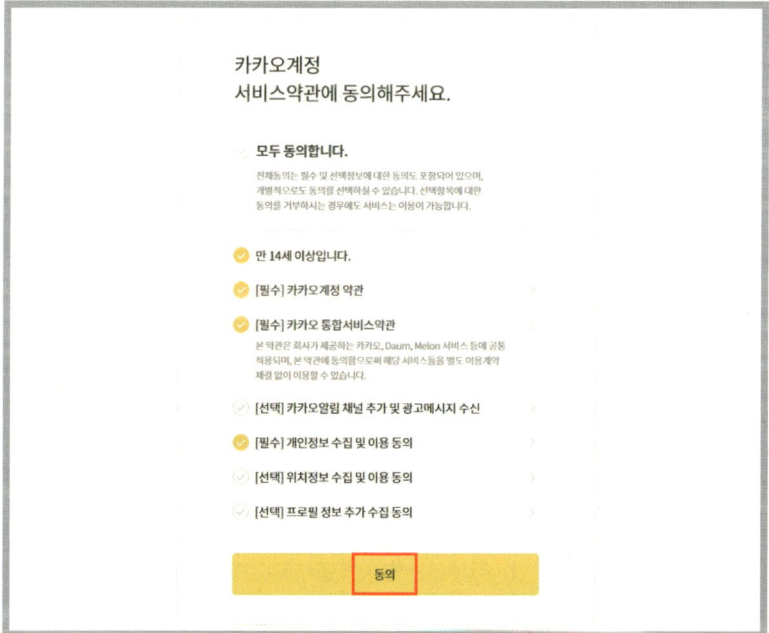

카카오 계정 서비스약관에 동의를 합니다. 필수만 하셔도 됩니다. 체크 완료 후 [동의] 버튼을 클릭합니다.

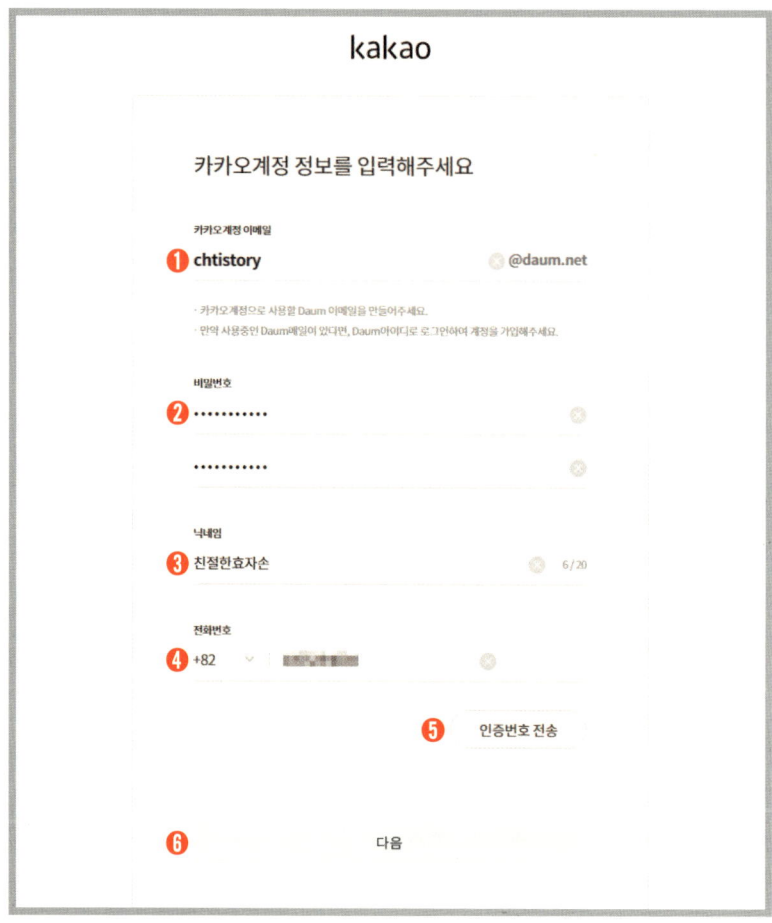

❶ 사용하고자 하는 카카오 계정 이메일을 입력합니다.
❷ 비밀번호를 입력합니다.
❸ 닉네임을 입력합니다. 최대 20자까지 입력할 수 있습니다.
❹ 전화번호를 입력합니다.

❺ [인증번호 전송] 버튼을 클릭한 후 도착한 문자의 인증번호를 입력합니다.

❻ [다음] 버튼을 클릭합니다. 이미 카카오 계정이 있어도 상관없습니다. 같은 번호로 가입 가능합니다.

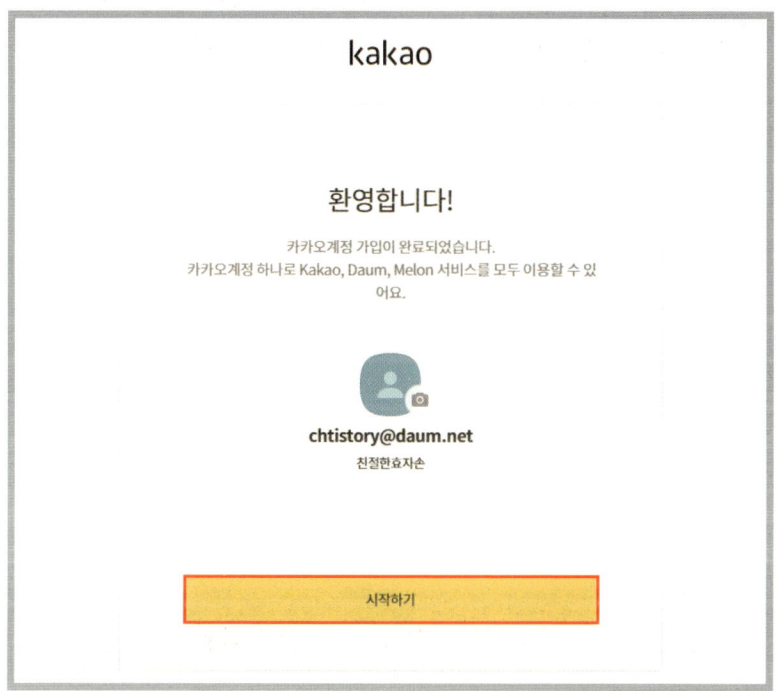

이렇게 해서 카카오 계정 가입을 완료했습니다. 이제 [시작하기] 버튼을 눌러서 티스토리 개설을 진행합니다. 버튼을 누르면 33쪽 상단부 이미지처럼 티스토리를 개설할 수 있는 화면이 나옵니다. 그러면 본격적으로 티스토리 개설하는 방법에 대해 알아보겠습니다.

2 티스토리 개설하기

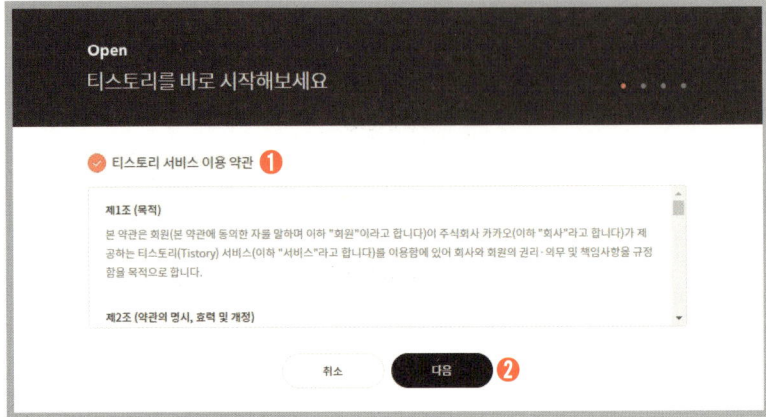

❶ 티스토리를 바로 시작해보라는 안내문구와 함께 티스토리 서비스 이용 약관을 살펴볼 수 있습니다. 꼼꼼히 확인 후 약관에 체크합니다.
❷ [다음] 버튼을 클릭해 넘어갑니다.

❶ 닉네임을 입력합니다.

❷ 블로그이름을 입력합니다.

❸ 블로그 주소를 입력합니다. 닉네임과 블로그 이름은 개설 후에도 수정이 가능하지만 블로그 주소는 URL 도메인 주소여서 수정이 불가하오니, 주의하여 입력해 주세요.

❹ 모두 입력했다면 [다음] 버튼을 클릭해 다음 화면으로 넘어갑니다.

이제 스킨을 골라야 합니다. 스킨을 선택한 후 [스킨 적용] 버튼을 클릭하세요. 처음에 선택할 수 있는 스킨은 그리 많지 않습니다. 하지만 개설 이후에 스킨 변경은 얼마든지 가능하며 더 다양한 스킨을 선택할 수 있습니다. 참고로 티스토리에서 제공하는 무료 반응형 스킨 중 가장 인기 있는 스킨은 북클럽(Book Club) 스킨입니다. 스킨을 선택한 후 [스킨 적용] 버튼을 누르세요. 티스토리에는 스킨 종류가 다음과 같이 크게 세 가지가 있습니다.

- 티스토리에서 제공하는 무료스킨
- 개인이 개발하여 배포하는 무료스킨
- 개인이 개발하여 배포하는 유료스킨

개인적으로 이 세 가지 스킨들을 모두 사용해 보았습니다. 현재 잘못 알려진 부분들이 있는데 유료 스킨을 사용해야 애드센스 수익을 높일 수 있거나 검색 엔진이 잘 인식해서 노출이 잘 된다는 식의 이야기들입니다. 어불성설이며 근거 없는 이야기입니다. 그냥 본인 취향의 스킨을 사용하면 됩니다.

  티스토리에서 제공하는 무료스킨은 확실하게 꾸준히 업데이트된다는 장점이 있지만 업데이트 주기가 빠른 편은 아닙니다. 오류가 있어도 개선된 다음 버전이 언제 업로드될지 모릅니다. 상당히 시간이 오래 걸리는 편입니다. 개인이 배포하는 무료스킨은 개발자의 능력과 여건에 따라서 업데이트 및 오류 개선이 이루어집니다. 마지막으로 유료스킨은 티스토리 오류나 업데이트에 즉각적으로 대응하는 편입니다. 하지만 말 그대로 유료라는 점에서 적극적으로 추천하지는 않습니다. 스킨 변경 부분은 차후에도 다시 다룰 예정입니다.

이렇게 해서 티스토리 회원 가입 및 개설이 모두 완료되었습니다. [블로그 시작하기] 버튼을 눌러서 방금 만든 자신의 티스토리를 한번 방문해 봅시다.

기본적으로 티스토리를 새로 개설하면 첫 글이 등록되어 있는데 이 첫 글은 티스토리 안내시이며 문서번호는 1번입니다. 해당 글을 클릭하여 한번 들어가 보시기 바랍니다.

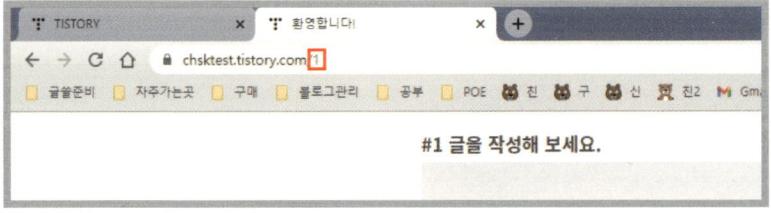

보시는 것처럼 첫 글의 문서번호가 1번이라는걸 확인할 수 있습니다. 안내 글에는 글 작성, 스킨, 포럼에 대해서 간략하게 설명되어 있습니다. 그냥 참고만 하시면 됩니다.

'반응형 스킨'은 뭔가요?

스마트폰이나 태블릿PC, 노트북, 데스크톱의 화면은 저마다 크기가 제각각 다릅니다. 또한 스마트폰이라 할지라도 제조사나 모델에 따라 화면의 해상도가 저마다 다를 수 있습니다. 이런 다양한 디바이스 디스플레이에 디자인 레이아웃이 알아서 조절되는 스킨을 반응형 스킨이라고 합니다. 지금 새롭게 만들어지는 홈페이지들은 대부분 반응형으로 제작됩니다. 티스토리 스킨 또한 이런 상황에 맞춰서 반응형 스킨을 사용하고 있습니다. 따라서 여러분은 반응형 스킨을 사용하시면 됩니다. 티스토리에서 제공하는 대부분의 스킨은 반응형입니다. 참고로 친효스킨도 반응형 스킨입니다.

3 티스토리 기본 기능

이제 티스토리도 개설되었으니 기본 기능에 대해서 하나씩 설명해보겠습니다. 뭐든지 기본이 중요한 법이니까요.

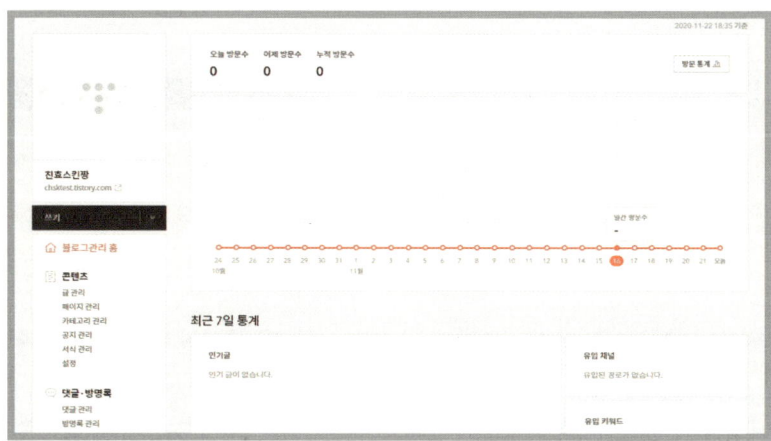
 티스토리 관리 화면.

티스토리는 자체적으로 단축키 기능을 지원합니다. 티스토리 메인 화면에서 관리자 페이지로 편리하게 들어가는 단축키는 "Q" 입니다. 키보드의 Q키를 눌러보세요. 그러면 관리자 화면으로 전환됩니다. 다시 한 번 Q키를 누르면 티스토리 메인 화면으로 돌아갑니다.

관리자 화면에서는 방문자수에 대한 통계도 쉽게 확인 가능합니다. 2020년 11월에 티스토리는 대대적인 업데이트를 진행했습니다. 이로 인해서 관리자 페이지에서 애드센스 수익도 바로 확인이 가능하며 동시에 애드센스 광고도 클릭만으로 편리하게 삽입할 수 있게 되었습니다. 관리자 페이지의 왼쪽은 티스토리 관리에 필요한 카테고리들이 있습니다. 최고의 방법은 우선 한번씩 눌러보는 것입니다. 어차피 지금은 아무 것도 없는 상태여서 위험 부담이 전혀 없으므로 마음껏 눌러보시기 바랍니다.

1 피드 / 스토리 / 스킨 / 포럼 / 공지사항

티스토리 관리자 화면의 좌측 상단을 보시면 피드, 스토리, 스킨, 포럼의 네가지 메뉴를 확인하실 수 있습니다. 그리고 그 오른쪽에는 메가폰 아이콘과 무언가 알리고 있는 문장 하나를 살펴볼 수 있습니다. 티스토리에서 전체적으로 공지할 내용이 있을 경우에 알림 문구가 출력됩니다. 그러면 각 메뉴별로 설명을 해드리겠습니다.

❶ 피드: 구독한 티스토리 에디터가 새 글을 발행할 경우 빨간색 동그라미가 표시됩니다. 피드 메뉴를 눌러서 구독한 티스토리 에디터의 새 글을 바로 확인할 수 있으며 클릭하여 새 글을 열람할 수 있습니다.

❷ 스토리: 티스토리 에디터들이 작성하는 글들을 살펴볼 수 있습니다. 티스토리 자체적으로 카테고리가 나뉘어 있고 해당 카테고리에 계속해서 새 글이 발행되고 있습니다.

❸ 스킨: 앞에서 잠깐 설명해드렸던 티스토리 스킨에 대한 카테고리입니다. 티스토리 무료 스킨과 이용자 제작 스킨으로 나뉘어 있습니다.

❹ 포럼: 티스토리를 운영하는 사람들의 커뮤니티 공간입니다.

❺ 공지: 포럼 메뉴의 바로 오른쪽에 있는 '안내' 부분입니다. 티스토리에서 중요하게 공지할 내용이 있을 경우에 해당 메뉴에 표시됩니다. 늘 표시가 되어 있었고 새로운 공지 내용이 업데이트 되기 전까지는 기존 공지사항이 표시가 되어 있었습니다. 현재는 새로운 공지 내용이 업데이트될 때만 표시되는 것으로 보입니다.

앞서 설명 드렸듯 각 메뉴를 한번씩 들어가 보시기 바랍니다. 직접 클릭해서 육안으로 확인해야 기억하기가 쉽기 때문입니다. 이 부분은 딱히 중요한 부분이 아니므로 이 정도의 설명만으로 넘어가도록 하겠습니다. 다음은 계정과 관련된 메뉴들을 살펴볼까요? 메인 화면의 오른쪽 상단으로 이동해 주세요.

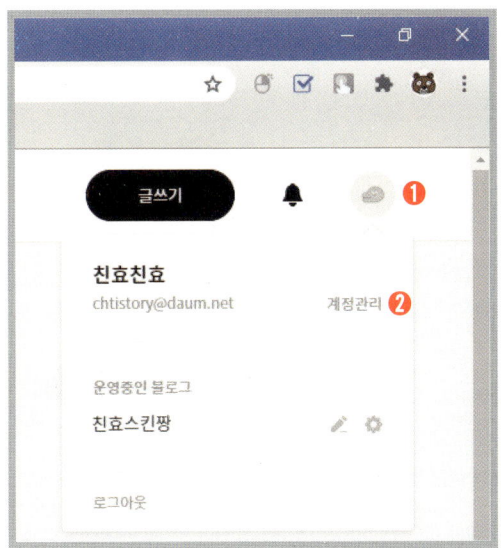

❶ 다음은 오른쪽 상단에 있는 자신의 프로필 아이콘을 눌러 보시기 바랍니다. 기본 아이콘은 카카오프렌즈 캐릭터로 되어 있습니다. 눌러 보시면 아래로 메뉴가 생성됩니다. 해당 메뉴에는 현재 로그인되어 있는 '계정 정보', '계정관리' 버튼, '운영중인 블로그' 목록, '로그아웃' 메뉴가 있습니다. 다른 항목들은 그냥 확인만 하면 되지만 계정관리 부분은 좀 더 자세히 설명을 해야 할 것 같습니다.

❷ '계정관리' 버튼을 클릭합니다.

이제 계정관리를 어떻게 하는지 알아보도록 하겠습니다.

2 계정 관리

앞에서 설명한 대로, '계정관리' 버튼을 누르면 다음과 같은 화면이 나옵니다.

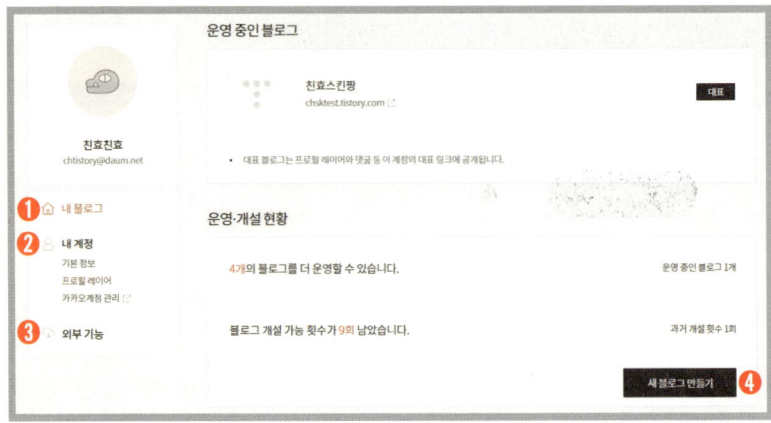

왼쪽에는 계정관리용 카테고리가 있습니다. 오른쪽에서는 왼쪽에서 해당 메뉴를 클릭했을 때 그에 대한 옵션들을 살펴보고 설정할 수 있습니다. 티스토리 관리자 화면과 비슷한 구성입니다. 마찬가지로 카테고리도 한번씩 눌러보시기 바랍니다. 이제 간단히 설명해드리겠습니다.

❶ 내 블로그: 계정관리 메인 화면으로 돌아옵니다.

❷ 내 계정
- 기본 정보: 이곳에서는 계정 프로필의 대표 이미지 설정 및 닉네임, 소개글을 편집할 수 있습니다. 또한 서비스 관련 소식 및 마케팅 메일에 대한 수신 설정도 할 수 있습니다.
- 프로필 레이어: 티스토리에서는 프로필 레이어라는 기능을 제공합니다. 그러나 요즘은 거의 사용하지 않는 기능입니다. 스킨마다 프로필에 대한 정보를 기본으로 제공하고 있기 때문입니다. 굳이 활성화하지 않아도 됩니다.
- 카카오 계정 관리: 현재 로그인되어 있는 카카오 계정에 대한 관리 페이지입니다. 프로필, 로그인 정보, 연락처, 배송지 등을 확인

할 수 있습니다.

❸ **외부 기능**: 현재 카카오 아이디와 연동되어 있는 외부 서비스에 대한 목록을 살펴볼 수 있습니다. 하지만 티스토리만 이용하는 목적으로 사용되기에 저 또한 다른 외부기능은 연결되어 있는 게 아무것도 없습니다. 이 메뉴 또한 신경 쓰지 않아도 됩니다.

❹ **새 블로그 만들기**: 버튼을 클릭해 새 티스토리 블로그를 만들 수 있습니다. 이곳 계정관리 페이지에서 확인할 수 있는 내용은 다음과 같습니다.

- 하나의 티스토리 계정으로 최초 1개의 개설을 제외한 나머지 4개의 티스토리를 개설하여 동시에 운영할 수 있다.
- 하나의 티스토리 계정으로 동시 5개의 블로그 운영이 가능하고 개설 횟수는 최대 10번까지 가능하다.

즉 티스토리 계정 하나로 최초 가입 시 생성한 티스토리 블로그 1개를 제외하고 후에 추가적으로 최대 9개를 더 개설할 수 있다는 의미입니다. 하지만 동시에 운영할 수 있는 티스토리는 최대 5개로 제한되어 있습니다. 참고로 저도 아직까지 5개를 동시에 운영해 본 경험은 없습니다.

여기까지 계정 관리 부분에 대한 설명이었습니다. 직접 한번 목록에 들어가보세요. 책을 보시면서 눈으로만 익히지 마시고, 손으로도 익혀주시기 바랍니다. 뭐든 직접 한 경험이 더욱 머리에 오래 남으니까요.

3 티스토리 관리

이제 본격적인 티스토리 관리자 페이지를 살펴보겠습니다. 여기는 그냥 심심하면 들어오는 페이지이므로 빨리 익숙해지는 것이 좋습니다. 먼저 왼쪽 카테고리부터 살펴보겠습니다. 그리고 이제 아시죠? 그렇습니다. 메뉴를 한번씩 모두 눌러서 육안으로 확인해 보시기 바랍니다. 그래야 더 빨리 익힐 수 있습니다.

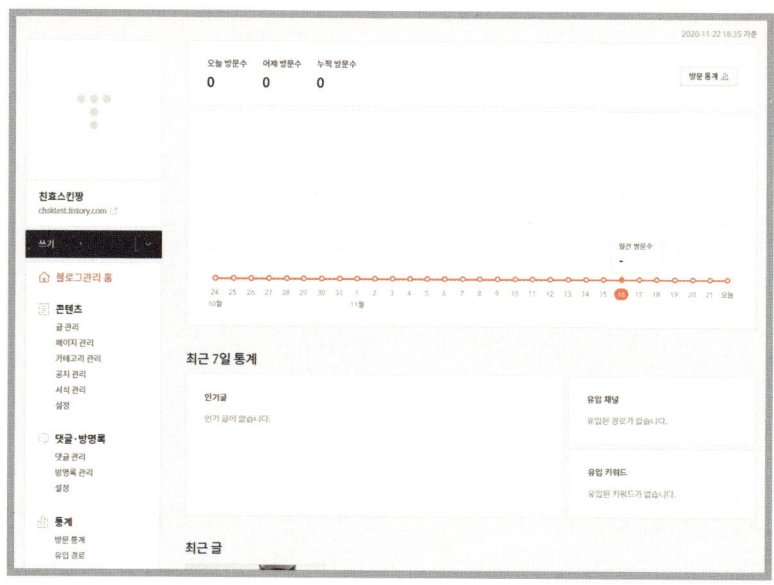

▲ 티스토리 관리 기본 화면.

위 화면은 블로그 관리로 들어왔을 때 볼 수 있는 기본 화면입니다. 화면 왼쪽에는 관리자 화면에서 보실 수 있는 메뉴 카테고리가 있습니다. 이 메뉴들을 통해서 블로그를 구성하는 모든 요소를 편리하게 관리하실 수 있습니다. 그러면 블로그 관리에 어떤 기능이 있는지 하나하나 살펴보도록 하겠습니다.

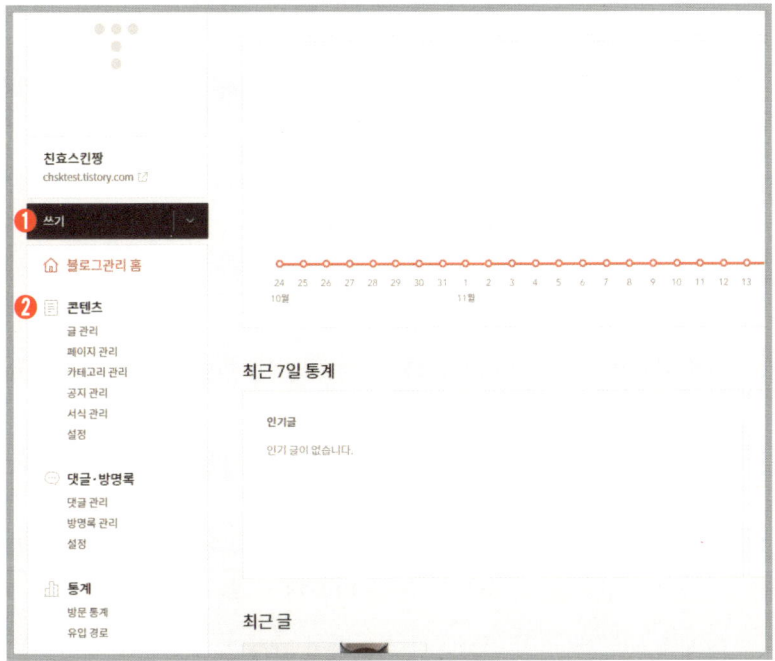

❶ 쓰기: 티스토리 블로그에 포스트를 작성할 때 사용하는 버튼입니다. 이 부분은 3장 2절 '티스토리 글쓰기'에서 자세히 다루도록 하겠습니다.

❷ 콘텐츠

- **글 관리**: 지금까지 작성해둔 글을 관리할 수 있는 메뉴입니다. 선택한 글을 공개 및 비공개 설정을 할 수 있으며, 다른 카테고리로 글을 이동할 수도 있습니다. '글 관리'를 클릭하면 50쪽 상단 이미지와 같은 화면이 오른쪽에 배치되어 나옵니다. 다음 화면과 같이 원하는 글을 선택하고 상단에 있는 '변경'을 누르면 선택된 글에 대해서 '공개, 비공개, 보호, 삭제' 카테고리 변경 등을 설정할 수가 있는 드롭다운 메뉴를 보실 수 있습니다.

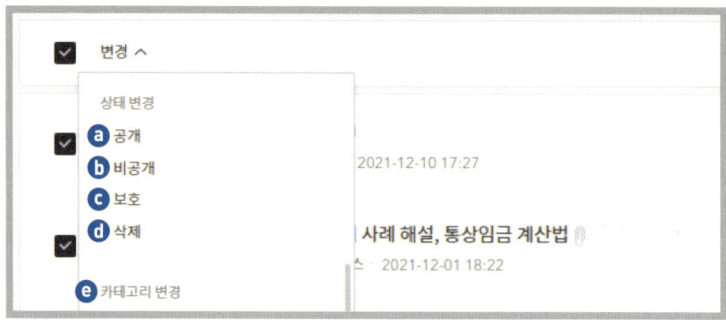

ⓐ 공개: 말 그대로 내가 작성한 글을 인터넷 검색에 노출되도록 하는 것입니다.

ⓑ 비공개: 오로지 자신만을 위한 글로, 검색엔진에도 노출되지 않고 내 블로그에서 작성자만 볼 수 있습니다. 다른 사람이 내 블로그에 방문해도 볼 수 없는 것이 비공개 글입니다.

ⓒ 보호: 공개글처럼 검색엔진에 노출이 되지만, 보려면 비밀번호를 입력해야 볼 수 있는 글입니다. 티스토리에서 보호글로 발행하는 경우는 거의 없다고 보시면 됩니다. 대부분 공개입니다.

ⓓ 삭제: 말 그대로 해당 글을 삭제하는 메뉴입니다.

ⓔ 카테고리 변경: 원하는 카테고리로 해당 글을 이동시킬 수 있습니다.

- **페이지 관리**: 과거 공지와 비슷한 기능을 가지고 있는 메뉴로, 주로 고정적인 내용을 포스팅할 때 사용됩니다. 예를 들자면 블로그 주인장 소개 글과 같은 성격을 담은 글들입니다. 똑같이 검색엔진에 노출이 되지만, 블로그에서 따로 설정해줘야 해당 포스팅이 보이기 때문에 지금은 거의 쓰지 않습니다. 차후에 업데이트가 계속 진행되면 요긴하게 쓰일지도 모르겠습니다.

- **카테고리 관리**: 아마 티스토리 블로그를 개설하고 나서 스킨 다음으로 고민하는 메뉴일 것입니다. 내 블로그에는 어떤 카테고리를 만들지 정하는 메뉴입니다. 처음 티스토리를 시작하실 때 많이 만드시는 것보다는 꼭 하고 싶은 두세 가지 카테고리를 정하고 소박하게 시작하시는 것을 추천합니다. 너무 많으면 관리가 어렵습니다.
- **공지 관리**: 말 그대로 공지가 있을 경우 이곳에 작성하게 되는데, 이 기능은 이제 페이지로 대체하게 될 것입니다. 그리고 과거에도 잘 사용하지 않았던 기능입니다. 중요한 게 아니니 자세한 설명은 생략하겠습니다. 저는 티스토리를 이용하면서 한 번도 사용한 적이 없습니다.
- **서식 관리**: 기본적으로 항상 블로그의 글을 쓸 때마다 꼭 들어가는 부분을 미리 작성해둠으로써 포스팅을 할 때마다 이 서식을 불러와서 편하게 글을 작성할 수 있습니다. 저 같은 경우는 맨 마지막에 '친절한효지손을 검색'이라고 하는 문구가 회색 백그라운드 배경으로 늘 들어가는데, 이걸 글을 작성할 때마다 넣는 건 무척이나 번거롭고 귀찮은 일입니다. 그렇기 때문에, 기본 틀을 미리 만들고 포스팅할 때마다 서식을 불러오는 것입니다. 이 부분도 3장 '티스토리의 시작'에 자세히 설명되어 있습니다.
- **설정**: 콘텐츠 설정 부분입니다. 글쓰기 시 기본적으로 저장할 글 상태는 공개로 해주셔야 포스팅 완료 후 검색엔진에 등록되어 노출됩니다. 비공개로 하면 당연히 안 되겠죠. 나머지 에디터 글꼴 및 크기는 편하신 대로 설정하시면 되며, 그냥 기본옵션으로 두셔도 상관없습니다. 글쓰기 가로폭은 사용하시는 스킨의 가로 사이즈와 같

은 크기면 좋습니다. 가령 제가 사용하는 스킨에서는 가로 사이즈가 833px 정도여서 "833"으로 입력을 해두었습니다.

그리고 저작물 사용 허가 CCL 부분입니다. 저작권 표시는 다음과 같이 본문 아래에 위치합니다.

▲ 저작권자 표시는 본문 아래에 있다.

자신의 자산과도 같은 글들을 누군가가 아무렇지 않게 상업적으로 이용하고 영리를 취한다면 이보다 더 억울한 일은 없을 것입니다. 티스토리의 모든 발행글의 권리는 작성자에게 종속되어 있고 저작권을 보호받습니다. 이 부분에 대해서 표시를 하는 것이며, '상업적 이용 및 콘텐츠 변경'을 '비허용'으로 맞춰주시면 됩니다.

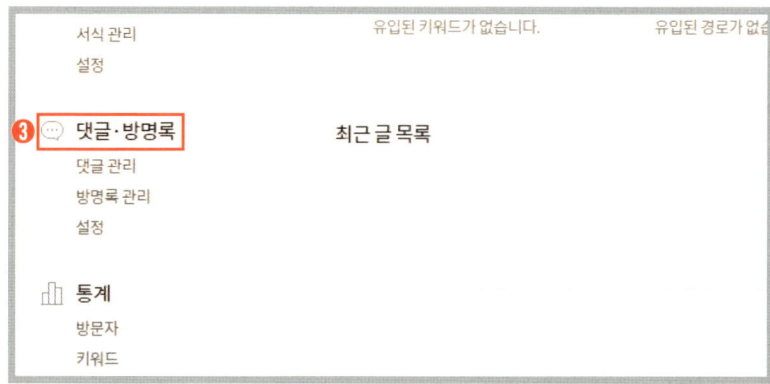

❸ **댓글·방명록**:

- **댓글 관리**: 자신의 글에 댓글이 달렸을 때 이곳에서 편리하게 이동하여 답글을 작성할 수 있습니다. 원치 않는 댓글은 삭제할 수도 있습니다.

- **방명록 관리**: 방명록을 관리하는 것으로, 댓글 관리와 기능은 비슷합니다.

- **설정**: 댓글과 방명록의 표시 여부와, 로그인한 사용자만 달게 할지, 로그인하지 않은 사용자도 자유롭게 댓글을 달게 할지 설정할 수도 있습니다. 반드시 수정하시고 [변경사항 저장] 버튼을 누르셔야 적용됩니다. 또한 스팸 필터 관리도 가능합니다. IP, 사이트, 본문, 이름 등등 스팸 방명록이나 댓글을 자주 작성하는 유저의 정보를 해당 필터링 부분에 등록하면 귀찮게 하는 스팸을 방지할 수 있습니다. 하지만 지금까지 티스토리를 운영하면서 저는 한 번도 스팸 댓글이나 방명록을 받아본 적은 없습니다. 그만큼 티스토리는 깨끗한 플랫폼인 것 같습니다.

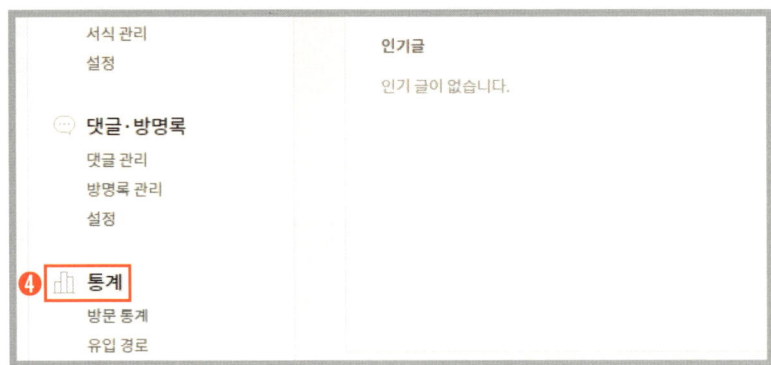

❹ **통계**:

- **방문 통계**: 일간/주간/월간별로 방문자 수를 한눈에 확인할 수 있습니다. 전체 방문자 또한 확인이 가능합니다.

- **유입 경로**: 블로그 방문자가 외부 유입 키워드로 들어오게 되는 경우, 어떤 포털 사이트로 접속을 했는지, 그리고 어떠한 키워드 조합으로 유입이 되었는지 그 경로가 자세히 나옵니다. 또한 어떤 검색 포털이 가장 많은 검색량을 차지했는지도 나옵니다. 이 기능을 통해 자신의 티스토리 블로그가 이제 어느 정도로 활성화가 되었는지 대략적으로 확인할 수 있습니다.

❺ **꾸미기**:
- **스킨 변경**: 티스토리의 얼굴이라고 할 수 있는 스킨을 변경하는 곳입니다. 이미 만들어진 티스토리 공식 스킨을 사용하셔도 되며, 직접 제작하시거나 타인이 만들어 놓은 스킨을 등록해서 사용하실 수 있습니다.
- **스킨 편집**: 스킨 편집에 대한 자세한 설명은 뒷부분에서 살펴보겠습니다.
- **사이드바**: 메인 화면에서 카테고리가 표시된 영역을 보통 사이드바라고 합니다. 사이드바에는 블로그 주인장 소개, 카테고리 등등이 담겨 있습니다. 또한 애드센스 광고를 게시할 수 있는 공간이기도 합니다.
- **메뉴**: 이 부분은 스킨에 따라 지원여부가 다릅니다. 보통 반응형 스킨에서는 지원하지 않는 기능입니다.
- **모바일**: 스마트폰이나 태블릿에서 접속했을 때 전용으로 보여지는 모바일 페이지를 설정하는 메뉴입니다. 스킨과 연관이 있는 부분으로, 일반형 스킨을 사용할 때 모바일 전용 스킨을 켜두셔야 하지만 요즘은 반응형을 대부분 사용하기 때문에 모바일 설정에 들어가셔서 전용 페이지를 꺼주셔야 합니다. 다음 화면처럼 '사용하지 않습니다'를 선택하면 됩니다.

- **메뉴바/구독 설정**: 메뉴바와 구독 버튼에 대한 설정을 진행합니다. 기본적으로 표시가 되지 않도록 설정되어 있습니다. 반드시 설정해야 하는 옵션은 아닙니다. 특히 구독 버튼은 따로 설정 옵션 없이 기본적으로 세팅되어 있는 항목으로, 해당 설정 유무와 상관없이 각 글의 하단 부분에 구독 버튼이 존재합니다. 단 해당 구독 버튼은 로그인을 한 자신에게는 보이지 않습니다. 로그아웃을 한 다음 살펴보시면 본문 마지막에 구독 버튼이 있을 겁니다. 구독 버튼을 다른 위치에 배치하고 싶을 때, '구독 설정' 카테고리에서 설정하시면 됩니다. 메뉴바와 구독버튼을 설정한 후 블로그 메인 화면으로 들어가면 다음과 같이 보입니다.

블로그 메뉴바와 구독 버튼을 표시하기로 설정하고 위치를 오른쪽 상단으로 지정한 모습입니다. T 모양의 아이콘이 티스토리 스킨에 노출되고 있습니다. 단 이 버튼도 로그인되어 있는 경우에 티스토리 관리자에게는 보이지 않습니다. 다른 방문자들에게만 노출됩니다.

구독 버튼 또한 마찬가지입니다. 티스토리 주인에게는 보이지 않습니다. 방문자만 보입니다. 위치는 자유롭게 지정하시기 바랍니다. 단 스킨의 형태에 따라 잘 안 보이는 영역이 있을 수 있습니다. 이럴 때는 하나하나 위치를 수정하며 확인해 봐야 합니다. 자기 자신에게는 해당 버튼이 보이지 않으니 이런 경우 확인할 수 있는 방법이 두 가지가 있습니다. 첫 번째는 로그아웃하고 확인하는 방법, 두 번째는 다른 브라우저 프로그램을 실행해서 확인하는 방법입니다. 개인적으로는 두 번째 방법을 추천합니다. 로그인/아웃을 하지 않기 때문에 편하게 확인할 수 있기 때문입니다.

❻ **플러그인**: 플러그인은 티스토리의 부가 기능들을 모아놓은 카테고리입니다. 자세한 설명은 뒷부분에서 살펴보겠습니다.

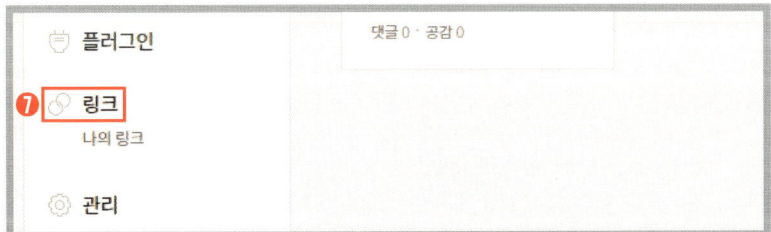

❼ **링크**: 자주 방문하시는 사이트라든지 티스토리 블로그가 있다면 즐겨찾기를 해놓을 수 있습니다.

- **나의 링크**: 다른 사이트나 자주 방문하는 티스토리의 URL을 입력하여 목록화할 수 있습니다.

링크 추가하는 방법은 간단합니다. 먼저 [+ 링크 추가]를 누릅니다.

ⓐ 추가하고자 하는 URL을 입력합니다.

ⓑ 블로그에 대한 간단한 설명을 작성합니다.

ⓒ ⓐ~ⓑ를 모두 진행하시고 [추가] 버튼을 누릅니다.

ⓓ [변경사항 저장] 버튼을 누르면 링크 추가가 완료됩니다.

❽ **관리**:
- **블로그**: 블로그의 이름 및 닉네임 수식어, 설명 등을 기입할 수 있습

니다. 또한 아이콘과 파비콘 등록이 가능합니다. 아이콘은 전에 플러그인에서 설명드렸던 블로그 아이콘 보이기 부분과 관련이 있으며 여기에 등록된 이미지가 댓글이나 방명록에 노출됩니다. 파비콘은 브라우저 탭에 보여지는 이모티콘으로, 파일 형식은 ICO입니다. 티스토리 기본 로고가 마음에 들지 않는다면 이 부분을 변경해서 등록하시면 됩니다. 방법은 제 블로그 글(rgy0409.tistory.com/1790)에 소개했으니 한번 해보시기 바랍니다. 어렵지 않습니다.

그 밖에 주소 설정 부분에서 개인 도메인을 사용해서 연동도 가능하지만, 꼭 필요한 부분은 아닙니다. 이 부분을 그냥 넘어가도록 하겠습니다. 포스트 주소를 숫자로 설정해야 하는 이유는 URL 오류가 발생할 수 있기 때문입니다. 기본적으로 우리가 사용하는 운영체제의 환경은 영어가 기본입니다. 한글로 설정할 경우 오류가 생길 확률이 높으므로 숫자로 사용하는 것을 권장합니다.

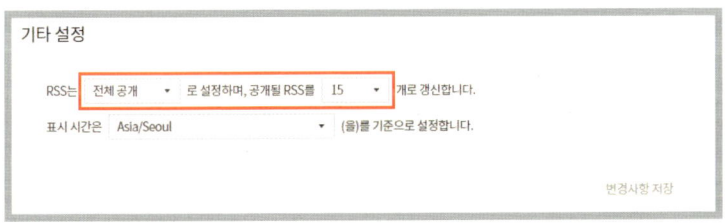

그리고 마지막에 '기타 설정'에서는 RSS를 전체공개로 하시고, 공개될 RSS는 자유롭게 선택해주시면 됩니다. 데이터 관리 부분은 블로그를 삭제 혹은 폐쇄를 진행하는 공간입니다.

- **팀블로그**: 티스토리 블로그는 최대 100명이 동시에 관리를 할 수 있습니다. 혼자 하시기 힘드시다면 마음이 맞는 누군가와 한 팀이 되

어 공동으로 관리도 가능합니다. 팀블로그에 관한 방법은 제 블로그 글(rgy0409.tistory.com/2017)을 참고하시면 됩니다.

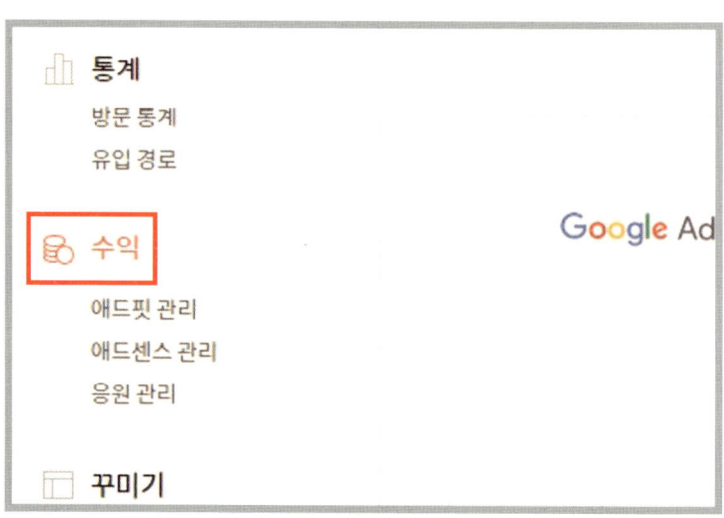

- **수익**: 티스토리의 수익 기능을 활성화하고 통계를 살펴볼 수 있는 공간입니다. 2023년 10월을 기준으로 현재 티스토리에서 제공하는 공식 수익화 수단에는 외부 광고 플랫폼 4개와 티스토리에서 자체적으로 운영하는 플랫폼 1개가 있습니다. 외부 광고 플랫폼은 카카오애드핏, 구글 애드센스, 데이블, 텐핑이며 수익은 방문자 수에 따라 늘어나는 구조입니다. 반면 1개의 자체 플랫폼의 수익은 '응원하기'라고 하는 기부Donation 방식으로 생기는 구조입니다. 유튜브나 트위치 같은 온라인 생방송에서 후원, 또는 도네라는 개념으로 많이 알려져 있는 그것입니다.

2023년 10월 도입된 티스토리 '응원하기'는 브런치 스토리에서 먼저 시작되었습니다. '응원하기'를 활성화하려면 티스토리에서 제안하는 "스토리 크리에이터"라는 조건을 달성해야 합니다. 스토리 크리에이터로 선정되려면 다음의 4가지 요소를 충족해야 합니다. 먼저 한 가지 주제에 대해 깊이 있는 콘텐츠를 생산해야 (전문성) 합니다. 다음으로 구독자 수를 늘려야 하고(영향력) 꾸준히, 규칙적으로(활동성) 콘텐츠를 생산해 내야 합니다. 마지막으로 다양한 활동을 인증하고, 프로필을 꾸며야(공신력) 합니다. 정확한 달성 조건을 요구하는 것이 아니기에 티스토리 크리에이터 분들은 사람들에게 이로운 글을 작성해주면 어느 순간에는 크리에이터 배지를 받으실 수 있습니다. 자세한 내용은 티스토리 공식 안내 글(notice.tistory.com/2652)을 확인하시기 바랍니다.

 TIP 크리에이터 구별은 어떻게 할 수 있나요?

크리에이터가 되면 위의 그림처럼 티스토리 앱에서 프로필 옆에 S가 새겨진 배지가 추가된 것을 확인할 수 있습니다. 아이콘만으로도 크리에이터임을 알 수 있고 이제 '응원하기' 수익을 신청할 수 있습니다.

수익 카테고리는 2020년 11월에 처음으로 생성되었습니다. 과거에는 애드센스 홈페이지에 따로 접속해서 광고를 생성하고 코드를 받아 수동으로 티스토리에 삽입해야만 하는 번거로움이 있었습니다. 그러나 지금은 티스토리 관리자 화면에서 편리하게 클릭 몇 번 만으로 쉽게 애드센스 광고를 게시할 수 있게 되었습니다. 하지만 이 방법은 어디까지나 기본 광고에 대한 설정 방식입니다. 기본 광고라 함은 말 그대로 가장 기본 형태의 애드센스 반응형 광고나 애드핏 광고를 의미합니다. 이런 기본 광고를 별도의 HTML 편집 없이 편리하게 티스토리 관리자 화면에서 삽입할 수 있습니다. 사용자가 좀 더 다양한 광고를 게시하려면 수동으로 생성 후 광고 코드를 설정해줘야만 합니다.

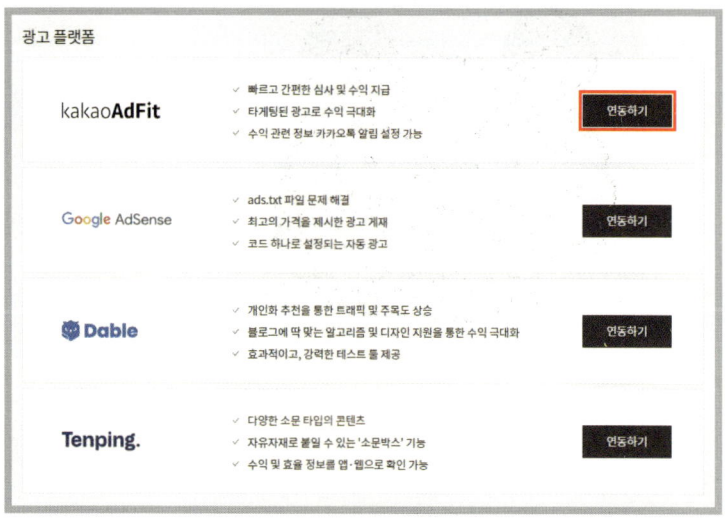

티스토리 관리자의 수익 카테고리에 들어가보시면 애드센스 외 카카오애드핏, 데이블, 텐핑 등의 타사 광고 플랫폼도 사용이 가능

하다는 걸 확인할 수 있습니다. 연동도 쉽습니다. 수익 카테고리에 들어가셔서 애드핏 혹은 애드센스 [연동하기] 버튼만 눌러 주시면 일반 홈페이지 가입하듯 쉽고 빠르게 연동 진행이 완료됩니다. 단 애드핏이나 애드센스는 심사가 있습니다. 이 티스토리가 광고 게시에 적합한지를 분석하는 기간이 있습니다. 따라서 이제 막 티스토리를 개설했다면 당분간 수익 생각은 하지 마시고 열심히 좋은 콘텐츠를 생산하는 데 집중하시기 바랍니다.

4 구글 애드센스 연동하기

카카오애드핏이나 데이블, 텐핑은 잘 사용하지 않으니 본문에서는 구글 애드센스에 대한 방법만 언급하겠습니다.

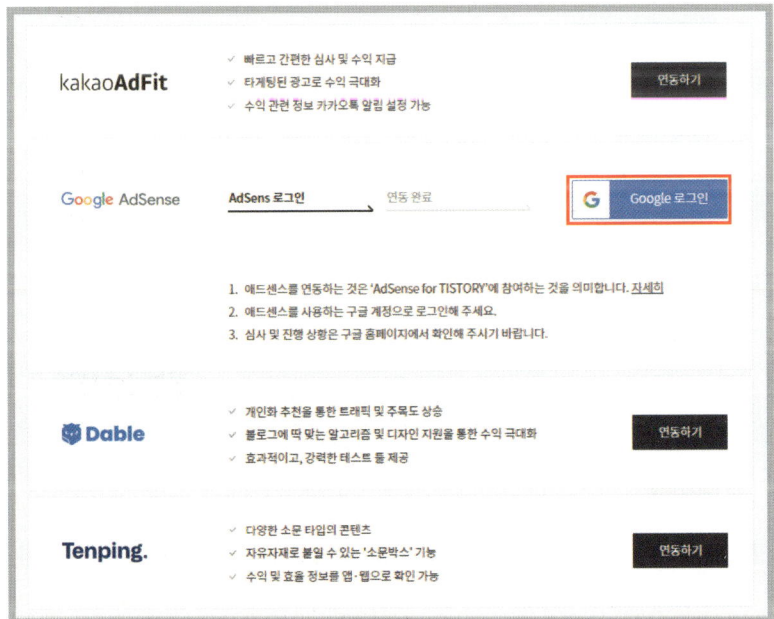

광고 플랫폼 항목에서 [연동하기 버튼]을 누르면 나오는 위와 같은 화면에서 [Google 로그인] 버튼을 클릭합니다. 그렇게 자신의 애드센스 구글 계정으로 로그인하고 모든 옵션을 허용으로 설정해야 티스토리 관리자에서도 수익 노출수, 클릭수, RPM, eCPM 등을 확인할 수 있습니다. 아직 애드센스 가입을 하지 않으신 분들은 먼저 애드센스를 따로 가입하시고 자신의 티스토리를 승인받아야 합니다. 이 부분은 차후에 더 자세히 다룰 예정입니다.

애드센스 승인이 통과되고 연동까지 완료되면 '수익' 카테고리 아래에 '애드센스 관리' 카테고리가 새롭게 생성됩니다. '애드센스 관리' 카테고리에 들어가면 다음과 같은 화면이 보입니다.

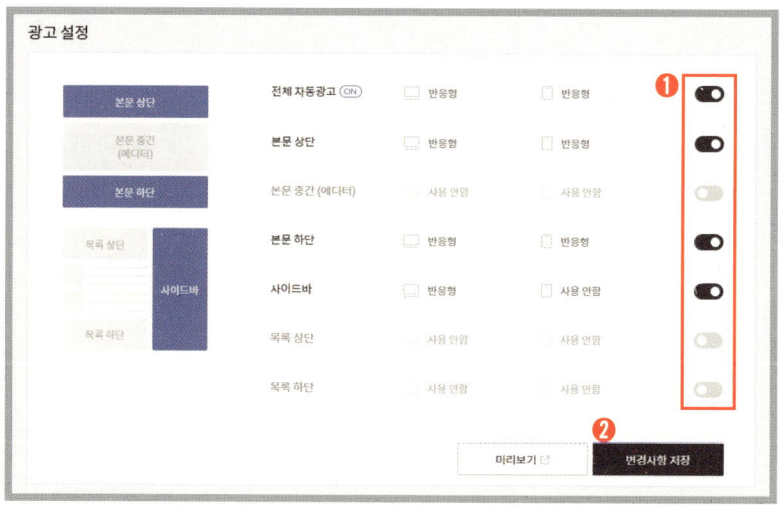

이제 가입하신 분들은 수집된 데이터가 없기 때문에 수익 카테고리가 활성화되어 있지 않습니다. 열심히 글을 발행하고 관리하다 보면 수익 및 통계 부분은 자연스럽게 노출될 것입니다. 애드센스의 반응형 디스플레이 광고 넣기가 정말 쉬워졌습니다. 그저 ❶ 원하는 위치에 해당하는 스위치를 클릭해서 오른쪽으로 민 후 ❷ [변경사항 저장] 버튼을 클릭하면 광고 배치가 끝납니다. 또는 왼쪽의 광고 영역 미리보기 부분에서 원하는 위치를 직접 클릭해서 활성화시킬 수 있습니다. 애드센스에 대해서는 차후 애드센스 설정 부분에서 자세히 다루겠습니다. 단 본문 중간 광고는 글쓰기 에디터에서 수동으로 입력해야 합니다. 즉 글쓰기 과정에서 광고를 삽입해야 한다는 뜻입니다. 이 부분은 글쓰기 카테고리에서 자세히 다루겠습니다. 기본적으로 추천하는 위치는 다음과 같습니다.

- 전체 자동 광고
- 본문 상단
- 본문 하단
- 사이드바

단 스킨마다 위치가 상이할 수 있습니다. 사이드바가 없는 스킨도 있으니 참고만 해주시기 바랍니다. 목록 상/하단의 경우도 스킨의 스타일에 따라 지원 여부가 달라질 수 있습니다. 티스토리에서 제공하는 기본 스킨들은 대부분 가능합니다. 본문 중간 에디터를 추천하지 않는 이유는 다음과 같습니다.

- 가독성이 떨어짐(콘텐츠를 방해함)
- 자동 광고가 본문 중간 광고를 충분히 커버함

대부분의 사람들이 본문 중간에 억지로 광고를 넣는 형태를 보입니다.

본문 분량이 적은데도 불구하고 말입니다. 이렇게 되면 모니터 전체 화면의 대부분에서 애드센스가 보이게 될 확률이 높아집니다. "광고가 많이 나오면 좋은 거 아닌가요?"라고 생각하실 수 있지만 절대 그렇지 않습니다. 광고가 많다고 해서 클릭률이 올라가는 것도 아니며, 수익이 높아지는 것 또한 더더욱 아닙니다. 오히려 콘텐츠의 가독성을 떨어뜨리고 방문자로 하여금 좋지 않은 인상을 남길 수 있습니다.

여러분께서 한번쯤 방문해 보셨을지도 모르는 언론사의 뉴스 기사 사이트를 생각해 보시기 바랍니다. 들어가 보시면 각종 광고가 덕지덕지 온 곳에 도배되어 있는 수준입니다. 뉴스 기사가 궁금해서 들어왔는데 광고가 더 많이 보입니다. 보기 좋아 보이나요? 눈살을 찌푸리게 됩니다. 티스토리도 마찬가지입니다. 그래서 개인적으로는 현재 본문에 수동으로 광고를 넣고 있지 않습니다. 어차피 본문 내용이 길면 애드센스의 자동 광고가 이를 인식해서 본문 중간중간 사용자가 많이 머물렀던 위치를 집계해서 그 부분에 삽입됩니다. 차라리 내가 수동으로 넣는 것보다 알파고도 만들어 낸 구글 애드센스의 알고리즘을 믿는 게 훨씬 안전하고 보기에도 좋습니다.

여기까지 티스토리의 관리자 메뉴의 전반적인 설명을 해드렸습니다. 초반에는 잘 모르시더라도 이것저것 탐구해보는 도전정신이 필요합니다. 본격적으로 시작하기 전에 기능적인 부분을 충분히 숙지해 두셔야 차후에 헷갈리지 않습니다. 예습한다 생각하시고 이 책에 있는 내용을 바탕으로 한번 직접 다뤄보세요. 생각보다 어렵지는 않을 것입니다.

5 꾸미기-스킨 편집

'관리자 페이지 > 꾸미기 > 스킨 편집'으로 들어가시면 오른쪽에서 이런 화면을 만나보실 수 있습니다.

최근 티스토리가 업데이트되면서 스킨 편집 부분에 많은 기능들이 합쳐졌습니다. 따로 메뉴가 있었던 HTML/CSS 편집 기능과 티스토리의 메

인 화면을 꾸미는 태터데스크 그리고 티에디션 기능이 이곳에 통합되었습니다. 많은 사람들이 티스토리를 시작하고 나서 얼마 지나지 않아 포기하는 이유가 바로 이것 때문일지도 모르겠습니다. 홈페이지나 설치형 블로그는 HTML이라고 하는 복잡한 태그들로 이루어져 있습니다. 티스토리는 이 태그를 활용해서 얼마든지 자신의 입맛대로 블로그를 꾸밀 수 있습니다. 하지만 진입장벽이 높기에 쉽지만은 않습니다. 그러나 전혀 걱정하실 게 없습니다. HTML이나 CSS를 몰라도 티스토리를 운영하시는 데에는 크게 문제가 되지 않습니다. 스킨편집 화면은 스킨마다 조금씩 차이가 있습니다. 개발자마다 선호하는 스타일이 다르기 때문입니다. 여기서는 공통적이면서도 기본적인 부분에 대해서만 다루겠습니다.

❶ **html 편집**: HTML 및 CSS 편집을 진행하실 수 있습니다. 티스토리의 진입장벽을 높이는 부분이 될 수 있겠지만, 꼭 수정하지 않고 기본 기능만으로도 충분합니다. 나만의 멋진 티스토리를 갖고 싶다면 이 부분을 편집해서 운영할 수 있습니다.

❷ **홈설정 - 최신글**: 가장 최근에 작성한 글 순서대로 목록이 출력되는 스타일입니다. 스킨마다 다른 스타일을 연출합니다.

❸ **홈설정 - 커버**: 과거에는 티에디션이라는 옵션이 있었는데 반응형 스킨이 많이 활성화되면서 커버로 업그레이드되었습니다. 커버는 스킨마다 정말 다양한 스타일을 연출하게됩니다. 또한 티스토리의 메인 화면을 입맛에 맞게 꾸밀 수 있습니다. 인기글만 출력되게 한다든지, 카테고리별로 따로 분류해서 출력한다든지, 티스토리 에디터가 직접 선별한 추천글로만 목록을 꾸민다든지 다양한 형태의 커버를 연출할

수 있습니다. 무엇보다도 반응형이기 때문에 스마트폰이나 태블릿PC에서도 사이즈가 자동으로 디스플레이에 맞게 변화됩니다. 또한 애드센스를 게시할 수 있다는 장점이 있습니다.

나머지 스킨설정의 다양한 옵션은 보통 스킨 개발자가 따로 설명해 놓습니다. 제가 만든 친효스킨의 경우도 다운로드 페이지에 아주 상세히 사용 방법을 작성해 두었습니다. 따라서 디테일한 세부 설정은 해당 스킨 개발자의 설명 페이지를 참고하여 적용시키면 됩니다.

홈 설정에서 밑으로 이동하면 다음과 같이 '기본 설정' 메뉴가 보입니다.

기본 설정 ❹

글 목록 글 수   8   개

목록 구성 요소   목록+내용 ▼

태그 클라우드 순서   인기순 ▼

❹ **기본 설정**: 블로그에서 검색 기능을 사용한 결과에 대한 설정입니다. 예를 들어서 제 티스토리에 있는 검색창에 "애드센스"라고 입력 후 애드센스 키워드와 관련된 검색을 했을 때, 이후 보여지는 결과 화면에 대해서 설정하는 옵션입니다.

- 글 목록 글 수: 검색 결과에 대한 목록 개수를 설정합니다.
- 목록 구성 요소: 검색 결과 글에 대해서 어떻게 출력할지 정하는 옵션입니다. '내용만/목록만/목록+내용' 이렇게 세개의 옵션이 있는

데 스킨마다 스타일이 상이합니다. 직접 변경하시면서 현재 사용 중인 스킨에서는 어떻게 보여지는지 확인해야 합니다.
- 태그 클라우드 순서: '인기순/이름순' 중에서 아무거나 하나 정하시면 됩니다. 크게 신경쓰지 않아도 되는 기능입니다.

이렇게 스킨 편집이 끝났으면 오른쪽 상단에 있는 [적용] 버튼을 클릭해 완료합니다.

6 플러그인

플러그인은 티스토리의 부가 기능들을 모아놓은 카테고리입니다. 다양한 플러그인 중에서 제가 추천하는 몇 가지를 소개해드리겠습니다.

▲ 플러그인 카테고리.

'관리자 페이지 > 플러그인'으로 들어가셔서 '보기'를 눌러보시면 위 화면과 같이 세분화된 카테고리별로 플러그인을 볼 수 있습니다. 여기서 '추천'과 'PC', '모바일'을 제외한 나머지 카테고리를 차례로 설명해드리도록 하겠습니다. 그리고 플러그인을 하나씩 눌러보시면 해당 플러그인에 대해 설명해 주는 팝업창이 뜹니다. 각 팝업창마다 [적용] 버튼이 있으니 이것저것 아무거나 시험 삼아 한번 적용시켜보거나 반대로 해지도 해보시기 바랍니다. 앞에서 말씀드렸듯이 일단 해보는 게 중요합니다. 초반이니까 괜찮습니다. 용기를 내어 설정해보세요!

그럼 먼저 '글쓰기' 플러그인을 살펴보도록 하겠습니다. 저는 글쓰기 플러그인에서는 두 가지를 쓰고 있습니다. 이 두 가지 플러그인에 대해서는 3장 2절 '티스토리 글쓰기'에서 더욱 자세히 다루겠습니다. 나머지 플러그인은 여러분이 직접 경험해보시기 바랍니다.

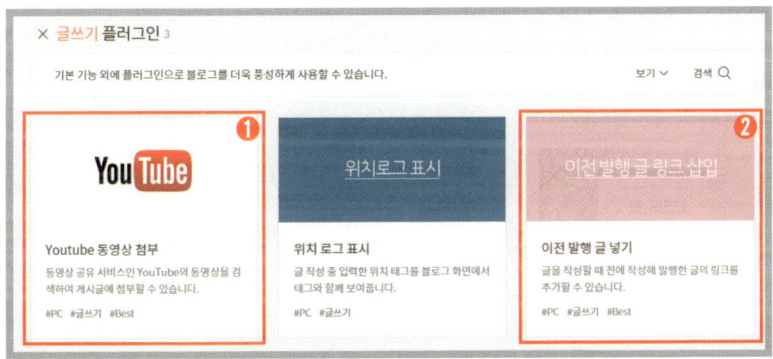

❶ **유튜브 동영상 넣기**: 작성한 글에 유튜브 동영상을 편리하게 넣을 수 있는 플러그인입니다.

❷ **이전 발행 글 링크 삽입**: 그동안 작성한 글을 간편하게 넣을 수 있는 플러그인입니다.

그다음 '글보내기' 플러그인에서는 최소 한 개, 많게는 네 개까지 사용합니다. 이 중 'SNS 글보내기'는 사용하시는 걸 추천합니다. 나머지는 선택적으로 사용하시기 바랍니다.

❶ **SNS 글보내기**: 페이스북, 카카오스토리, 트위터로 편하게 보낼 수 있습니다. 자신의 계정이 아닌 방문자가 해당 글이 마음에 들면 위의 세 계정 중 아무 곳으로나 퍼가실 수 있는 기능입니다.

❷ **트위터 글 보내기**: 글을 작성하시면 자동으로 자신의 트위터로 글을 보냅니다. 글 앞에 [티스토리]라든지 [블로그 새소식] 등과 같이 본인의 선택에 따라 말머리를 지정할 수 있으며, 함께 등록되는 URL의 패턴을 결정하실 수 있습니다.

이제 '꾸미기 플러그인'을 살펴보겠습니다. '꾸미기 플러그인'에서는 세 개를 사용합니다.

① **블로그 아이콘 표시**: 말 그대로 티스토리 블로그에 아이콘 이미지를 등록시켜 해당 이미지를 표시하게 하는 기능으로, 댓글이나 방명록에 글을 남기면 이모티콘 부분에 등록한 이미지가 표시됩니다. 아래는 그 예시 화면입니다.

❷ **카테고리 글 더 보기**: 본문 맨 마지막에 해당 카테고리에 대한 글 목록이 따로 출력됩니다. 아래는 그 예시 화면입니다.

❸ **홈페이지 아이콘 표시(파비콘)**: 인터넷 브라우저를 열면 사이트마다 고유의 로고 아이콘이 있습니다. Favorites와 icon의 합성어로 파비콘이라 부르는 이 이미지는 아이콘이 브라우저 탭에 작게 표시됩니다. 이 기능은 티스토리 전용 파비콘을 설정했을 경우에 댓글이나 방명록을 작성할 때 필명 옆에 작성자의 파비콘을 보여주는 플러그인입니다. 플러그인을 사용하면 블로그 아이콘이 함께 표시되는데 스킨에 따라서 보이지 않을 수도 있습니다. 필수 설정 플러그인은 아니니 사용하지 않아도 됩니다.

저는 친효곰 이미지를 파비콘으로 등록해두어서 크롬 브라우저를 열어 제 티스토리에 접속하면 그림과 같이 현재 열린 탭의 왼쪽에 있는 이미지를 확인할 수 있습니다. 브라우저 대부분은 파비콘 기능을 지원하지만 모든 브라우저가 동일한 위치에 파비콘 이미지를 구현하지는 않으며 일부 브라우저는 지원하지 않기도 합니다.

카카오톡에 프로필 사진을 넣으면 상대방이 나를 쉽게 파악할 수 있듯이, 웹사이트에 파비콘을 등록하면 웹사이트만의 개성이 부각되어 방문자가 쉽게 인식할 수 있어서 재방문에 도움이 됩니다. 자유롭게 기능을 사용해보시기 바랍니다.

TIP 파비콘 만드는 방법

파비콘을 만들려면 우선 자신만의 고유 이미지를 만들거나 선택해야 합니다. 이 부분은 디자인과 창작이 들어가는 부분이기 때문에 제가 알려드릴 수는 없고 본인의 개성을 표현할 수 있는 이미지를 제작해보시기 바랍니다. 이미지를 만들 때에는 이미지를 대표하고 가장 호환성이 좋은 jpg 파일로 만드는 것을 추천해드립니다. 그렇게 이미지가 만들어졌다면 포맷 방식을 ico로 변환해야 합니다. 이 방법은 제 홈페이지에 올려두었으니 자세한 내용은 블로그 글(rgy0409.tistory.com/1790)을 참고해 주시기 바랍니다

'관리 및 통계 플러그인'에서는 세 개를 사용합니다.

❶ **방문자 통계 그래프**: 사이드바에 방문자 그래프를 넣을 수 있습니다. 방문자 수 변화 추이를 간단하게 확인할 수 있습니다.

❷ **배너 출력**: 사이드바에 사용자가 임의로 만든 배너를 넣을 수 있으며, 특정 사이트에서 제공하는 위젯 등을 등록할 수 있습니다.

❸ **구글 애널리틱스**: 블로그의 전체적인 통계를 구글의 검색 알고리즘을 통해 조금 더 정확하고 세밀하게 파악할 수 있습니다. 눌러보시면 설정방법이 나옵니다. 옆에 '설정하러 가기' 링크가 있으니 바로 클릭하시면 이동하여 가입할 수 있습니다. 생성된 '추적 ID'를 넣어주시면 됩니다.

과거에는 수익 플러그인이 따로 있었지만 최근 티스토리는 사용자의 편의성을 대폭 상승시켰습니다. 따라서 플러그인의 수익 카테고리에는 현재 플러그인이 아무것도 없는 상태입니다. 이제 수익 관련 기능은 관리자 페이지에서 별도로 설정이 가능합니다.

앞서 소개해드렸던 수익 부분을 참고하시면 됩니다. 구글애드센스는 승인 이후 필수이며, 나머지는 선택 사항입니다. 광고 코드를 삽입하는 방법은 4장에서 자세히 소개하겠습니다.

이제는 '스팸/불펌 방지 플러그인'에 대해 설명하도록 하겠습니다. 주로 3가지 플러그인을 사용합니다.

❶ **마우스 오른쪽 클릭 방지**: 다른 사람이 블로그의 글을 함부로 퍼가지 못하도록 오른쪽 마우스 클릭 기능이 동작하지 않게끔 해주는 플러그인입니다.

❷ **영어댓글/방명록 스팸 방지**: 영어로 된 글일 경우 스팸으로 간주하여 자동으로 차단해주는 기능입니다.

❸ **저작권자 표시**: 누군가가 내 블로그의 글을 복사해 갔을 때, 출처가 자동으로 표시되도록 하는 플러그인입니다.

'멀티미디어 플러그인'에서는 하나만 사용합니다.

❶ **반응형 웹스킨 이미지 최적화**: 반응형 스킨을 사용하는 경우 이미지가 깨지지 않도록 자동으로 사이즈에 맞게 조절해주는 플러그인입니다. 반응형 스킨을 사용하신다면 필수입니다. 모바일에서 접속 시 데이터 소비를 줄여주며 페이지 로딩 속도가 개선될 수 있습니다.

대략 이 정도로 플러그인을 추천해 드리고 있습니다. 단 스킨마다 적용이 되는 플러그인이 있고, 적용을 해도 제대로 나타나지 않는 플러그인이 있을 수 있습니다. 이런 경우는 보통 개발자가 피드백을 받고 문제를 해결해주는 것이 일반적인데 개발자도 사람인지라 바쁜 현생 때문에 업데이트를 제때 못 하는 경우가 있을 겁니다. 그럴 때는 어쩔 수 없이 해당 플러그인을 잠시 중단해 주시면 됩니다. 참고로 친효스킨을 사용하신다면 저의 블로그(rgy0409.tistory.com/3895) 내용을 참고하시어 플러그인을 적용하시면 됩니다.

TIP 플러그인은 필수가 아닌 선택!

티스토리의 플러그인은 꼭 필요한 옵션은 아닙니다. 단지 티스토리를 관리하거나 혹은 글을 작성할 때 조금 더 도움을 주는 옵션입니다. 당장 플러그인을 모두 사용하지 않아도 글을 발행하는 데 전혀 문제가 되지 않습니다. 또한 일부 플러그인은 사용 중인 스킨의 스타일에 따라 형태가 다르게 보일 수 있습니다.

4 HTML/CSS 편집경로

참고로 저도 이 부분은 아직 많이 부족합니다. 프로그래밍을 전문적으로 배우신 분들도 어렵다고 생각하는 분야죠. 흔히 네이버 블로그를 폐쇄형 블로그라고 하며, 티스토리처럼 HTML 코드를 수정할 수 있는 블로그를 설치형 블로그라고 합니다. 폐쇄형 블로그는 포털 사이트에서 제공하는 양식에 맞게 짜여 있어서 초보자가 작업하기에는 용이하나 블로그 운영에 익숙해진 사람이 사용하기에는 기능이 다양하지 않고 획일적이어서 지루함이 생길 가능성이 높습니다. 반면 설치형 블로그의 최대 장점은 사용자가 임의로 커스터마이징을 할 수 있다는 것입니다. 입맛대로 꾸밀 수 있다는 이야기죠. 그래서 티스토리는 개성이 두드러지는 대표적인 블로그라고 생각합니다.

'관리자 메뉴 > 꾸미기 > 스킨 편집 > html편집'으로 들어가시면 다음과 같은 화면을 보실 수 있는데 간략하게만 설명하겠습니다.

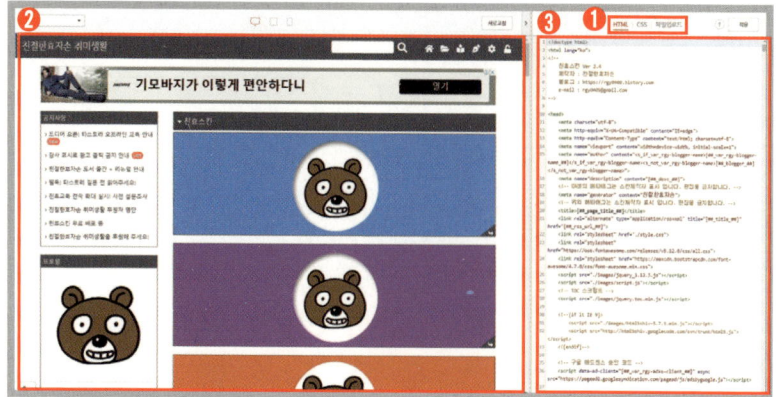

❶ 'HTML, CSS, 파일업로드' 중에 선택할 수 있습니다. 애드센스는 원하는 위치에 코드를 넣을 때 HTML 부분을 수정하게 됩니다. 그리고 티스토리 스킨의 스타일을 수정할 때에는 주로 CSS를 수정하게 됩니다. 마지막으로 새로운 이미지를 넣는다든지, 사이드바에 나만의 위젯 혹은 배너를 만들 때에는 파일업로드에 이미지를 올리고, HTML과 CSS의 태그를 수정하게 됩니다.

❷ 수정한 코드를 적용한 후 미리보는 공간입니다.

❸ 코드를 직접 수정하는 공간입니다.

초창기에는 티스토리 플러그인 기능이 없어서 애드센스 코드를 수동으로 넣어야 했지만, 아까 플러그인에서 애드센스 반응형 옵션을 보셨듯 광고 넣기가 편해졌습니다. 솔직히 HTML이나 CSS를 수정하는 일은 생각보다 많지 않습니다. 그리고 이 책에서는 티스토리를 처음 접하시는 분들을 위한 강좌다 보니, 최대한 이쪽을 활용하는 일은 거의 줄여서 설명을 할 예정입니다. 그러니 계속 따라와 주시기 바랍니다.

5 블로그 콘텐츠 정하기

이제 티스토리 블로그에 어떤 주제를 담아야 할지 정해야 합니다. 어떤 주제든 좋습니다. 다만 제가 말씀드리고 싶은 것은, 애드센스 수익만을 노리는 콘텐츠는 별로 좋지 않다는 사실입니다. 애드센스 수입은 방문자 수와 대체로 비례합니다. 방문자가 많을수록 수익이 높죠. 그렇다 보니 많은 분들이 방문자 수에 급급하여 생활정보며, 여기저기에 널려 있는 글들을 짜깁기하여 작성하기도 합니다. 이건 정말 좋지 않은 습관입니다.

예를 들어 설명을 해보겠습니다. 여러분들이 지금 식당 창업을 준비하고 있다고 해보겠습니다. 다음 중 식당을 개업하는 데 있어서 가장 심사숙고해야 하는 부분은 뭘까요?

- 식당의 위치
- 식당의 인테리어
- 음식의 맛
- 가격
- 입소문 내기
- 단골 만들기

모두 다 중요한 요소지만 제가 생각하는 가장 중요한 요소는 '맛'입니다. 맛이 좋으면 나머지 모든 요소가 커버가 됩니다. 진짜 맛있기로 소문난 식당의 경우를 생각해보세요. 거리가 멀어도 쉬는 날을 통해서든 시간을 만들어서든 방문합니다. 그리고 인테리어는 중요치 않죠. 가격도 너무 비싸지만 않으면 상관없습니다. 그리고 대부분 소문난 맛집은 그리 비싸지 않는 가격을 제시합니다. 사람도 어찌나 많은지 예약도 안 돼서 줄을 서서 기다려야 합니다. 콘텐츠란 바로 여기서 말하는 맛이라고 할 수 있습니다.

콘텐츠가 확실히 자리 잡히면 네이버냐 티스토리냐 하는 블로그 플랫폼은 크게 상관없습니다. 그리고 스킨도 사실상 그렇게 중요한 요소가 아니게 되죠. 방문자는 자연스럽게 늘어나며 재방문자도 많이 생깁니다. 다른 사람들이 즐겨찾기와 북마크를 많이 해서 방문하고, 또 방문합니다. 이것이 진정한 블로그의 길이라고 믿어 의심치 않습니다. 그러면 어떤 분야로 콘텐츠를 정하면 좋을지 한번 살펴보겠습니다.

1 취미 혹은 관심사로 시작해보자

보통 콘텐츠를 정할 때 저는 취미나 관심사로 시작하시는 것을 권장합니다. 절대로 키워드나 유행을 따라서 블로그를 시작하지 마시기 바랍니다. 대출이나 증권, 보험을 콘텐츠로 하면 애드센스 수익이 좋다는 소문을 듣고 그쪽으로 시작하시는 분들도 있는데 이것도 좋은 방법이 아닙니다. 왜냐하면 대부분 도중에 포기하기 때문입니다. 물론 끈기 있게 계속해나갈 자신이 있으면 말리지 않겠습니다만, 생각보다 방문자는 늘어나지 않고 애드센스를 게시해도 수익은 크지 않을 것입니다. 왜냐하면 관심사가 아닌 분야에 대해 억지로 쓴 글이기 때문입니다. 그렇다 보니 글의 퀄리티는 떨어지고 읽다가 중간에 나가버리는 방문자는 많아질 수밖에 없습니다.

그래도 혹시 관심사가 아닌 분야에 대해 쓰게 된다면 사전에 철저히 조사하고 알아본 후 완전히 이해하고 글을 써야 합니다. 그래야 훌륭한 글이 탄생됩니다. 저도 가끔씩 다른 카테고리의 유료 포스팅을 작성할 때가 있습니다. 하지만 사전에 해당 분야는 어떤지, 무슨 목적에 이 제품이 나왔는지를 확실히 이해하고 나서 글을 작성합니다. 그래야 좋은 글이 써지거든요. 부대찌개에 대해 레시피가 없는데, 그냥 손님들을 끌어 모으려고 대충 흉내 낸 부대찌개를 개시해서 판매한들 과연 얼마나 팔릴 것이며, 먹어본 손님들의 반응은 어떨까요? 안 봐도 뻔한 결과일 것입니다. 모르는 분야라면 더욱 사전 조사를 열심히 하고 이해를 해서 완전히 자신의 것으로 콘텐츠를 만들어야 합니다. 그래서 이미 관심사인 콘텐츠가 더 쓰기가 편하고 글의 퀄리티가 좋다는 것입니다.

2 강좌 콘텐츠를 해보자

강좌 콘텐츠는 유행을 타지 않는다는 장점이 있습니다. 즉 강좌를 꾸준하게만 작성한다면 고정 방문자를 만들 수 있습니다. 만약 잘 알고 있는 프로그램 사용 방법이라든지, 요리 레시피라든지, 핸드메이드 등등 뭔가 교육 커리큘럼이 될 만한 노하우를 가지고 있다면 그것을 주제로 글로 계속 써나가 보시기 바랍니다. 시작은 미미할지 몰라도 완성이 되어 갈 때쯤이면 훌륭한 콘텐츠가 되어 있을 것입니다. 또한 이 강좌 콘텐츠는 어디에도 없는 나만의 것입니다. 다른 사람들이 감히 카피하려 해도 쉽지가 않습니다.

보통 검색으로 들어오는 방문자의 경우는 다양합니다. 하지만 대다수의 방문자는 1회성 방문자로, 목표를 이루면 두 번 다시 방문하기는 쉽지 않습니다. 강좌 콘텐츠를 꾸준히 개발하게 되면 해당 카테고리에 한 번 방문했던 사람이 이 블로그의 내용들을 보게 되고, 자신의 관심분야에 대한 글들을 꾸준히 올리는 것을 보고 해당 블로거를 전문가로 인식하게 됩니다. 이런 분들이 점점 늘어나게 되면 고정 방문자 수가 늘 유지될 것입니다. 또한 해당 포스팅에 대해서 다른 커뮤니티 사이트에 링크가 될 확률이 높습니다.

  85 페이지에서 볼 수 있는 것처럼 강좌글, 혹은 설명하는 글들을 여러 커뮤니티 사이트에서 퍼갔음을 확인할 수 있습니다. 또한 블로그의 가치를 인정받아서 이렇게 모르는 사람들이 블로그를 즐겨찾기를 해두었음을 알 수 있습니다. 참고로 네이버 이웃 위젯도 티스토리에 설치할 수 있습니다. 또한 이곳에 나오는 구독 숫자는 의무적인 '서로이웃'이 하나도 없는, 정말 순수하게 블로그 소식을 구독하는 분들을 뜻합니다.

3 생활정보를 올리더라도 특정 분야만 꾸준히 올리자

관심사도 없고, 취미도 없고, 딱히 가지고 있는 기술도 없다면 어떻게 해야 할까요? 그런 경우라 하더라도 블로그를 운영할 수 있습니다. 생활정보에 도움될 만한 글들을 올리는 것입니다. 단 주의사항이 있습니다.

반드시 자신만의 콘텐츠로 재가공하라

남들이 올린 생활 정보의 내용을 그대로 가지고 와서 글자만 살짝 바꿔 올리는 건 정말 어리석은 일입니다. 왜냐하면 경쟁에서 살아남을 수 없기 때문입니다. 같은 주제라도 자기만의 콘텐츠여야 합니다. 예를 들어,

▲ 구글에서 "http://rgy0409.tistory.com"을 검색한 결과. 많은 웹사이트에서 필자의 콘텐츠가 공유 중임을 알 수 있다.

▲ 여러 사람들이 '친절한효자손 취미생활' 블로그를 북마크했다는 것을 확인할 수 있다.

저 같은 경우는 애드센스 관련된 노하우들을 얻어내기가 상당히 어려웠습니다. 제대로 된 설명이 거의 없었기 때문에 여기저기 수소문해서 겨우거우 해결했습니다. 그 시간이 꽤 길었지요. 그래서 '제대로 된 애드

Chapter 2 티스토리 준비 | **85**

센스 강좌를 내가 한번 만들어보자'라고 생각했습니다. 그 결과는 대성공이었습니다.

  이뿐만 아니라 인터넷상에는 너무 오래되어 쓸모없거나 잘못된 정보들도 많습니다. 이런 잘못된 자료들을 올바른 정보들로만 바꿀 수 있어도 훌륭한 콘텐츠가 될 수 있습니다. 하지만 올바른 정보인지 아닌지는 본인이 직접 경험해보고 난 뒤에 결정할 수 있다고 생각합니다. 인터넷에 있는 모든 지식의 글들을 100% 믿을 필요는 없습니다. 본인이 직접 해보고 좋은 결과를 얻었다면 그것만으로도 가치 있는 정보입니다. 어떤 영화가 평론가들 사이에서 혹평을 받았더라도 내가 괜찮다고 생각했다면 그것으로 충분합니다. 본인이 재밌다고 해서 다른 사람도 재밌다는 보장은 없지만 본인을 포함한 몇 명의 사람에게만 도움이 돼도 올바른 정보라고 할 수 있습니다. 이런 것이 바로 정보가 본인 스타일로 재가공되는 과정의 예시라고 생각합니다. 따라쟁이는 경쟁에서 살아남을 수 없습니다. 그리고 치고 올라갈 수 없습니다. 저 역시 잘나가는 블로거들을 보며 나름 연구했습니다. 그분들의 장단점을 파악하여 저만의 스타일로 바꿔서 글을 작성하기 시작했습니다. 노력하고 연구하는 자세가 필요합니다.

  앞서 영화를 예로 들어 잠시 언급했듯이 자신만의 콘텐츠로 재가공할 때 핵심은 '경험'입니다. 개인 경험을 담아내야 합니다. 그래서 맛집 카테고리는 웬만한 블로그에는 다 있습니다. 어떻게 보면 가장 쉽게 경험할 수 있는 콘텐츠이기 때문입니다. 같은 식당에 대한 후기글만 보더라도 어떤 사람들은 맛있다고 하고 또 일부는 맛이 별로라고도 합니다. 그리고 또 어떤 분들은 맛보다는 가격 부분에 대해서 다른 인상을 받았거나 인테리어 부분에서도 좋고 나쁜 점수를 주기도 합니다. 가게 직원의 서비스에 대한 부분을 지적하기도 하죠. 같은 영화를 보더라도 사람마다 약간씩 다르게 해석하는것도 개인 생각과 가치가 달라서일 것입니다. 바로 이 부분이 글에 녹아들어가야 합니다. 그래야 읽는 재미가 생깁니다.

지금 많은 분들은 개인의 경험을 녹이지 않고 글을 작성합니다. 그러니 대다수의 글들이 비슷비슷합니다. 방문자들은 여러 가지 글을 찾아보고 방문하는 경우가 많습니다. 왜냐하면 이제 막 시작하신 분들은 상위노출은커녕 1페이지에도 자신의 글이 노출될 확률이 매우 낮기 때문입니다. 아니 어쩌면 아예 노출이 제대로 되지 않을 수도 있습니다. 그렇게 우여곡절 끝에 겨우 자신의 글이 인터넷 세상에 살포시 얼굴을 내밀고 여러 개의 글을 검색하고 지친 방문자가 내 글을 봤을 때, "어? 이 사람은 본인이 직접 경험한 내용이네?"라는 매우 좋은 인상을 남길 수 있습니다. 그러므로 여러분들은 반드시 자신의 경험담을 녹아내는 방법을 많이 사용하고 연구해야 합니다.

한 분야로 파고들어야 애드센스 승인이 쉽다

생활정보라는 카테고리는 생각보다 방대합니다. 인터넷상의 모든 정보를 생활정보라고 할 수 있습니다. 그러니 그것을 세분화할 필요가 있습니다. 애드센스 검증은 사람이 아닌 프로그램이 하는데, 여기저기 카테고리가 분산되면 콘텐츠 부족이라는 이유로 거절될 확률이 높습니다. 알고리즘 분석은 키워드로 진행됩니다. 하나의 카테고리를 정해서 꾸준히 작성하면 대부분의 키워드가 중복되기 때문에 알고리즘도 하나의 주제라고 판단할 확률이 높습니다. 그렇기 때문에 초반에는 여러 주제가 아닌 생활 정보 중 하나의 주제를 놓고 글을 써 내려가시는 게 좋습니다. 패션이면 패션, 영화면 영화, 먹거리면 먹거리 등등 말이죠.

메인 콘텐츠가 정해지면 서브로 운영할 콘텐츠도 마련하는 것이 좋습니다. 저 같은 경우는 초반에 각종 그래픽 프로그램을 다루는 방법을 메인으로 운영해 나갔고, 서브 콘텐츠로는 IT 기본 정보들을 올렸습니다. 지금은 주객이 전도되어 블로그 운영 노하우나 애드센스 관련된 강좌들이 메인이 되고 나머지가 서브가 되었지만, 확실히 메인 콘텐츠와 서브 콘텐츠를 나누어 관리하는 건 괜찮은 방법이라고 생각합니다.

다 중요하지만 무엇보다도 가장 중요한 건 역시 꾸준함입니다. 끈기 있게 끝까지 티스토리를 운영하겠다는 다짐이 약하다면 제아무리 훌륭한 콘텐츠라 할지라도 승산이 없습니다. 가장 강력한 무기는 포기하지 않는 인내심입니다. 평생을 블로그와 함께 하겠다는 마음으로 밀고 나가시기 바랍니다.

6 블로거 추천 프로그램 네 가지

앞으로 티스토리를 운영하면서 여러 프로그램을 사용하게 될 수도 있습니다. 이제부터 소개해드리는 프로그램들은 필수는 아니지만, 사용하시면 요긴하게 쓸 수 있는 프로그램들입니다. 어떤 프로그램인지 참고하고 마음에 드신다면 사용해보시기 바랍니다.

1 픽픽

이 프로그램은 아마 자주 쓰시게 될 것입니다. 바로 캡처프로그램입니다. 지금까지 써본 캡처 프로그램 중에서는 이게 가장 편리했습니다. 지금도 컴퓨터를 포맷하고 나면 꼭 설치하는 필수 유틸리티 중 하나입니다. 이 프로그램의 사용법은 제 블로그(rgy0409.tistory.com/610)를 참고하시면 됩니다. 무료 소프트웨어입니다.

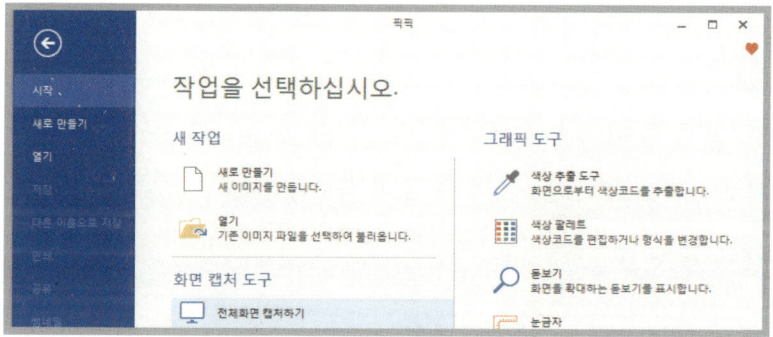

2 포토스케이프

이 프로그램은 사진을 이어 붙이거나 GIF 만들 때 사용합니다. 사진 크기를 변경할 때 가장 많이 씁니다. 무료이며, 사용 방법은 제 블로그(rgy0409.tistory.com/category/Programs/PhotoScape)를 참고하시면 됩니다.

3 줌잇

이 프로그램은 주로 강좌에 대한 글을 작성할 때 많이 사용하는데, 설

치하는 형태가 아닌 포터블(무설치) 유틸리티입니다. 제 블로그 글(rgy0409.tistory.com/520)에 파일과 사용 방법을 올려 놓았으니 한번 따라해보시기 바랍니다.

4 크롬

포스팅을 할 때, 저는 크롬 브라우저를 사용합니다. 이유는 간단합니다. 바로 즐겨찾기북마크를 저장할 수 있기 때문입니다.

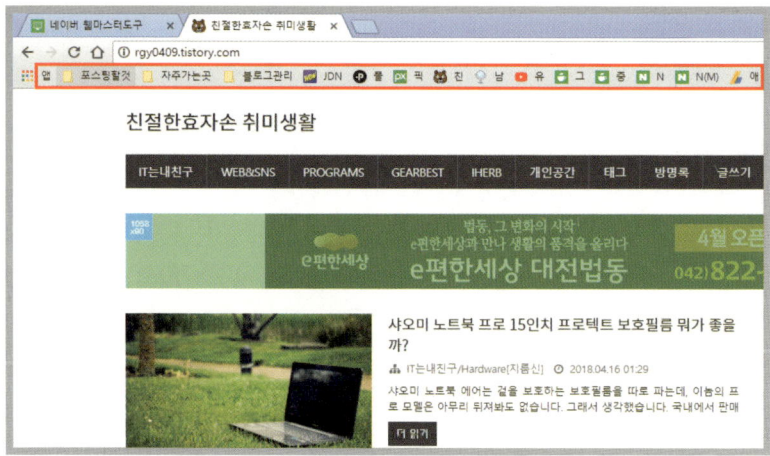

▲ 크롬 북마크바.

앞쪽에서 본 것이 크롬에서의 즐겨찾기 모습입니다. 크롬을 설치 후, 로그인을 해서 이렇게 즐겨찾기를 저장하시면 혹시 나중에 PC에 문제가 생겨서 포맷을 하더라도 지워지지 않는다는 장점이 있습니다. 다시 컴퓨터 세팅 후 크롬을 설치하고 로그인을 하면 예전에 저장해두었던 즐겨찾기를 그대로 불러올 수 있습니다. 위치도 똑같이 말이죠.

▲ 크롬 로그인 버튼은 우측 상단 최소화 버튼 왼쪽에 있다.

크롬 로그인은 구글 계정으로 이루어집니다. 오른쪽 상단에 있는 사람 모양의 아이콘을 클릭해 구글 계정으로 로그인합니다.

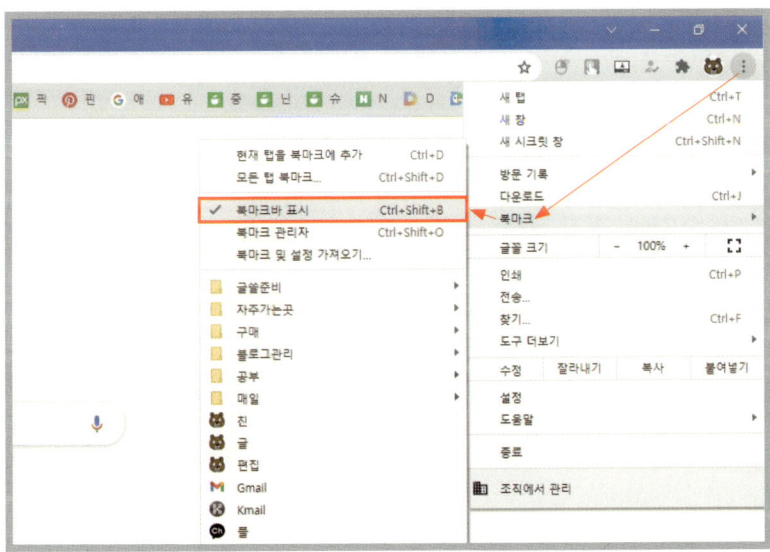
▲ 크롬 북마크바 표시 방법.

로그인을 하시고, '크롬 메뉴버튼 > 북마크 > 북마크바 표시'로 들어갑니다. 단축키는 '[Ctrl]+[Shift] + B'입니다. 그러면 북마크바가 크롬 화면에 표시가 될 것입니다.

▲ 크롬 북마크바 표시 방법.

원하는 사이트로 이동하신 뒤, 주소창의 오른쪽에 있는 별표 아이콘을 누르시면 즐겨찾기를 하실 수 있습니다. 이때 이름은 자신이 알아볼 수 있는 이름으로 정하고, 폴더 선택 시 북마크바로 지정해주시면 됩니다.

이렇게 크롬 북마크 기능을 활용하시면 편리하게 원하는 사이트 페이지로 바로 이동할 수 있습니다. 또한 북마크바에서 폴더를 생성해서 포스팅할 내용이 담긴 페이지를 북마크해두고 차후에 참고하여 글을 작성할 수 있습니다. 제가 자주 사용하는 방법 중 하나이기도 합니다.

여기까지 티스토리를 시작하기에 앞서 준비해야 할 것들에 대해 말씀을 드렸습니다. 조금 제대로 해볼 마음이 생기셨나요? 그렇다면 이제부터는 티스토리의 글쓰기에 대해서 좀 더 집중적으로 말씀드리는 시간을 갖도록 하겠습니다.

꼭 크롬 브라우저를 사용해야 하나요?

아닙니다. 이미 주력으로 사용하시는 브라우저가 있으시면 해당 브라우저를 사용하시면 됩니다. 뭐든 본인 손에 가장 익숙한게 최고니까요. 크롬 브라우저를 언급한 건 북마크 및 클라우드 백업이 다른 브라우저에 비해 쉽기 때문에 사례로 든 것입니다. 여러분이 사용하고 있는 브라우저에도 이 기능이 있다면 그대로 쓰셔도 됩니다. 현존하는 대부분의 브라우저는 아마 북마크와 클라우드 백업은 기본으로 탑재되어 있을겁니다.

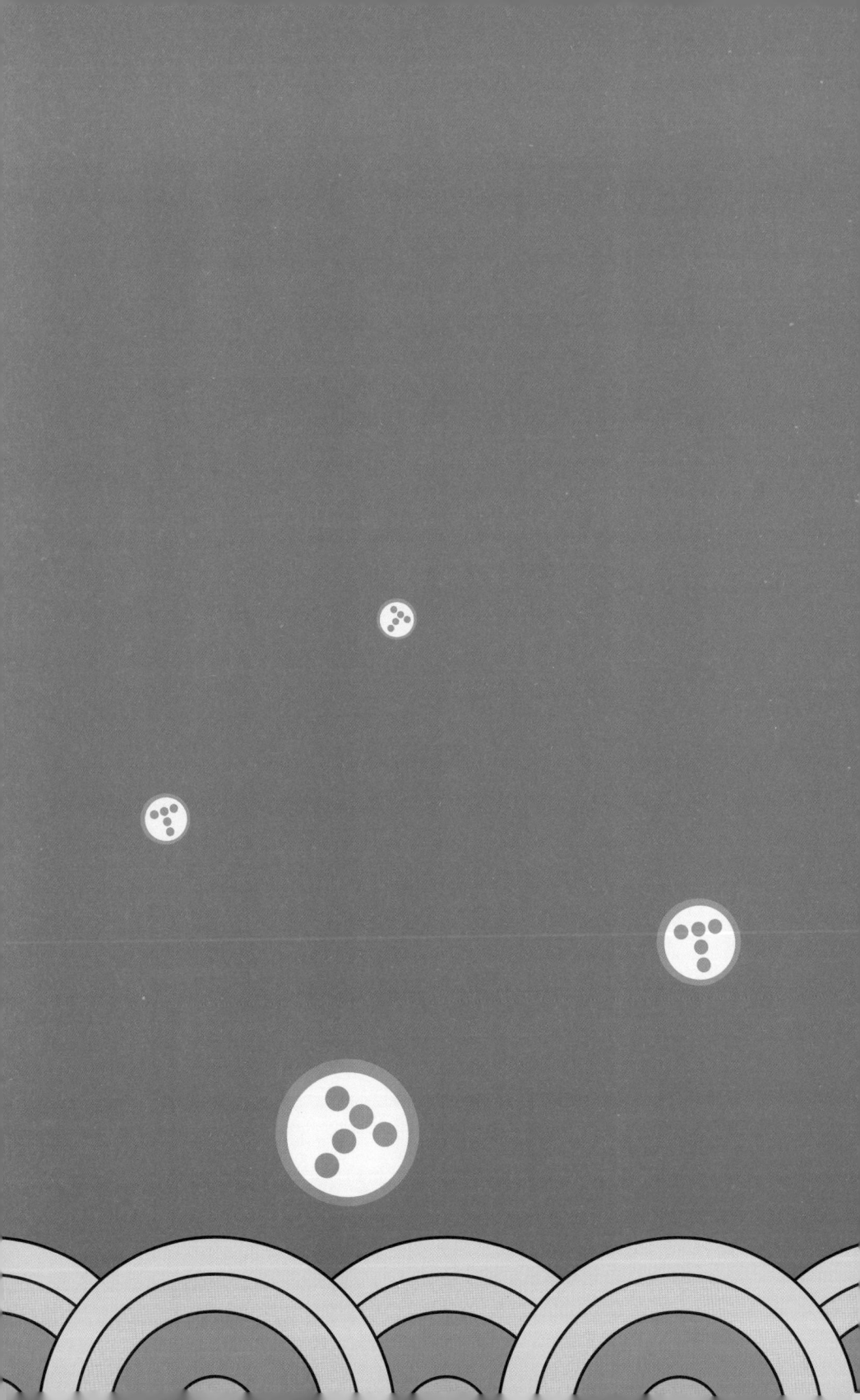

Chapter 03

티스토리 시작

이제 티스토리의 기본적인 부분은 이해가 되셨을 것입니다. 좀더 티스토리의 기본적인 부분을 파고들어 글쓰는 방법부터 서식 다루기, 그리고 구글 및 네이버 애널리틱스에 가입하여 블로그를 분석하고 관리하기까지 애드센스 승인 전 단계를 배워보는 시간입니다. 마찬가지로 하나하나 자세히 풀어서 설명을 드리니 편하게 읽어보시면서 따라해보세요. 뭐든지 눈으로 익히는 것보다는 행동으로 배우시는 게 오래 기억에 남습니다.

1 카테고리 설정하기

카테고리는 블로그의 기본이 되는 부분으로, 이 블로그에서는 이런 주제를 담고 있다는 것을 직접적으로 보여주는 마케팅 효과가 있습니다. 카테고리는 처음부터 많이 만드실 필요는 없습니다. 메인 콘텐츠로 사용할 한두 개의 카테고리만 만드는 것을 추천합니다. 초반부터 너무 많이 만들어 놓으면 관리하기가 무척이나 어렵기 때문입니다. 또한 처음부터 너무 많이 만들면 그만큼 빨리 지칩니다. 이 많은 카테고리를 다 소화해내야 하는데 아직은 블로그에 익숙한 상태가 아니기 때문에, 당분간은 워밍업으로 한두 개의 카테고리만 관리하시는 것이 좋습니다. 조금 익숙해졌다 싶으시면 하나씩 카테고리를 늘리면서 관리해나가시기를 바랍니다. 나중에 애드센스 승인을 위해서라도 한두 개 주제로만 계속해서 글을 쓰시는 게 좋습니다.

▲ 카테고리 추가하기.

우선 티스토리 관리자 화면으로 들어갑니다. 그리고 왼쪽 메뉴 중 '카테고리 관리'를 눌러줍니다. 이 '카테고리 관리' 메뉴에 들어가면 위와 같은 화면이 나옵니다. 여기에서 '카테고리 추가'를 누릅니다.

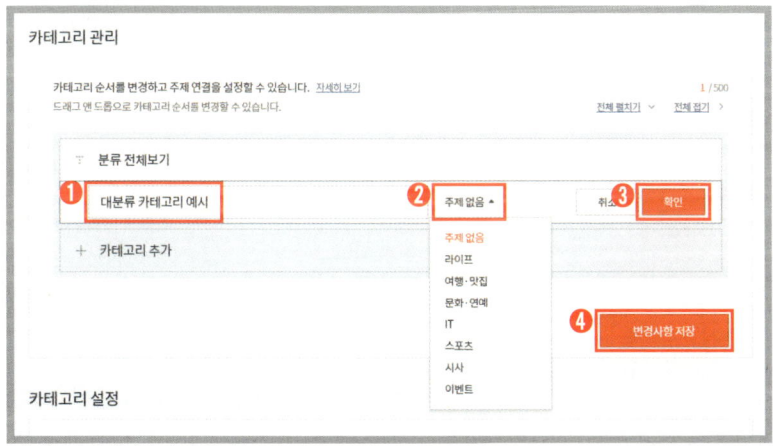

카테고리 추가를 누르시면 위와 같은 화면이 보이실 겁니다. 카테고리

는 보통 상위 카테고리와 하위 카테고리로 나뉩니다. 먼저 상위 카테고리부터 만들어줍니다.

❶ 사용할 상위 카테고리 이름을 적습니다.
❷ 어떤 성격의 카테고리인지를 정합니다.
❸ [확인] 버튼을 누릅니다.
❹ [변경사항 저장] 버튼을 누릅니다. 그래야 완벽하게 저장되니 꼭 잊지 마시길 바랍니다.

혹시 잘못 입력하셨다면 해당 카테고리에 마우스를 가져다 올리면 생성되는 '추가/수정' 메뉴에서 '수정'을 눌러 언제든 편집하실 수 있습니다. 그리고 이 메뉴에서 '추가'는 하위 카테고리를 만들 때 사용합니다. 하위 카테고리도 방금 설명드린 방법과 동일하게 작업하시면 됩니다.

　이런 식으로 하위 카테고리를 추가로 계속 만드실 수 있습니다. 카테고리 생성 개수 제한은 없습니다. 만들고 싶은 만큼 만드시면 됩니다. 그리고 카테고리별로 마우스 드래그가 가능해서 순서 변경 및 상/하 카테고리 변경도 가능합니다.

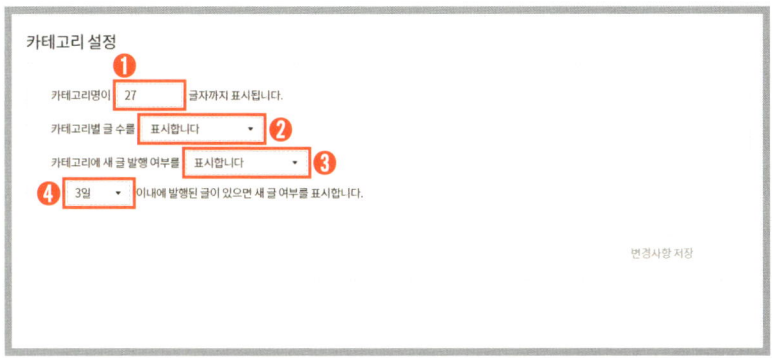

카테고리 관리 아래에 보시면 카테고리 설정 부분이 있습니다. 어떤 부분을 설정하는지 순서대로 설명하겠습니다.

❶ 카테고리의 글자를 최대 몇 자까지 나타나게 할지를 정하는 부분입니다. 기본이 27개로 이것은 자음+모음을 합친 개수를 의미합니다. 최대 40자까지 가능합니다.

❷ 카테고리별 글 수는 메인 화면에서 해당 카테고리에 몇 개의 글이 담겨있는지 숫자로 표시해주는 기능입니다.

❸ 카테고리의 새 글 발행 여부를 표시하면 아래 화면처럼 표시됩니다.

카테고리에 N모양의 주황색 아이콘이 보이실 겁니다. 오늘 해당 카테

Chapter 3 티스토리 시작 | 99

고리에 글을 작성하면 표시되는 아이콘입니다. 이 표시의 여부를 정하는 기능이라고 할 수 있습니다.

❹ 이 발행표시 아이콘을 최대 며칠까지 나타나게 할지에 대해서 정하는 기능입니다. 보통은 1일로 해둡니다. 그래야 매일매일 작성하게 되어 새 글 발행 표시가 사라지지 않으니까요. 일종의 동기부여가 될 수 있습니다. 하루하루 포스팅해서 절대로 내 블로그에는 새 글 아이콘이 사라지게 하지 않겠다고 말이죠.

2 티스토리 글쓰기

이제 카테고리가 어느 정도 갖추어졌으니, 해당 카테고리에 대한 글을 작성해보도록 하겠습니다. 먼저 글쓰기 기능 알아보겠습니다. 티스토리 메인 화면에서 Q를 눌러서 관리자 페이지로 들어갑니다.

◀ 프로필의 글쓰기 메뉴.

티스토리 [쓰기] 버튼은 스킨마다 다른 위치에 있지만, 관리자 화면에서는 자신의 프로필 바로 밑에 있습니다. 잘 기억해두시기 바랍니다.

먼저 티스토리 글쓰기에 대한 설정을 간단히 진행해 보도록 합니다. 티스토리 글쓰기의 기본 옵션은 비공개로 발행되게 설정되어 있습니다. 따라서 글을 작성하면 인터넷상에 노출이 되지 않게 됩니다. 이 부분을 설정해 보겠습니다. 티스토리 관리자 화면으로 들어갑니다.

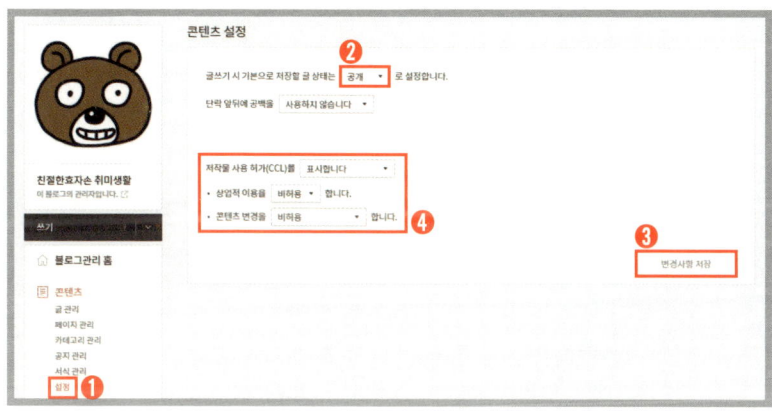

왼쪽의 메뉴 중에서 콘텐츠에 있는 ❶번의 설정으로 들어갑니다. 그러면 오른쪽에 해당 옵션이 나타납니다. 이제 막 티스토리를 처음 생성한 상태라면 ❷번의 글쓰기 시 기본으로 저장할 글 상태가 비공개로 되어 있을 겁니다. 이 비공개를 공개로 변경해 주시면 됩니다. 그리고 반드시 ❸번의 [변경사항 저장]을 눌러야 완벽히 적용됩니다. ❹번의 경우는 저작물에 대한 표시 여부를 설정하는 옵션입니다. 타인이 함부로 작성자 몰래 퍼가는 경우에는 이에 대한 저작권을 주장해 자신의 콘텐츠를 지킬 수 있습니다. "표시하지 않습니다"로 되어있을 텐데 이것을 "표시합니다"로 바꿔 주시고 상업적 이용과 콘텐츠 변경을 모두 비허용으로 변경 후 저장하시면 됩니다.

이제 글쓰기 기능에 대해 알아보겠습니다. 관리자 화면에서 [쓰기]로 들어가세요.

1 글쓰기 기능

티스토리 글쓰기의 기본 화면입니다.

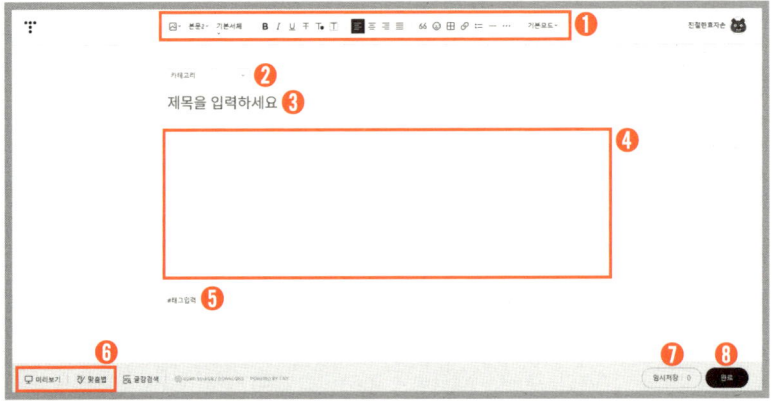

❶ 메뉴바입니다. 사진이나 첨부파일을 본문에 삽입할 수 있으며 텍스트의 글꼴이나 크기를 변경할 수 있습니다. 본문의 텍스트에 대한 편집은 메뉴바에 있는 기능을 통해서 진행합니다.
❷ 작성하는 글의 카테고리를 지정합니다.
❸ 글 제목을 작성합니다.
❹ 본문 내용을 작성합니다.
❺ 태그를 입력합니다. 태그는 일종의 책갈피 역할을 합니다. 태그에 특정 키워드를 많이 작성한다고 해서 검색 엔진에 반영되지 않습니다.

블로그 내에서 검색 시 이 태그 키워드를 통해서 찾아내는 것입니다.

❻ 미리보기를 할 수 있으며 본문에 작성한 단어들에 대해 맞춤법 검사를 진행할 수 있습니다. 글감 검색은 말 그대로 콘텐츠로 만들 것들을 찾아볼 수 있는 기능인데 추천하지는 않습니다. 본인의 경험을 녹아내어 글을 작성하시는것을 추천합니다. 글감은 말 그대로 다른 사람들도 작성 가능한 공통 콘텐츠이기에 경쟁도가 높습니다.

❼ 글을 작성하는 동안 임시 저장이 자동으로 진행됩니다. 통상적으로 1분 간격으로 자동 저장이 되며 임시저장 버튼을 누르면 실시간으로 수동 저장할 수 있습니다. 하지만 임시 저장 기능을 너무 믿지 마세요. 티스토리 서버의 네트워크 오류가 생겨 자동 저장된 것들이 모두 삭제되는 경우가 아주 가끔씩 발생했던 경험이 있습니다.

❽ [완료] 버튼을 눌러서 작성한 글을 발행합니다.

현재 티스토리의 글쓰기 에디터는 신형 에디터라고도 불립니다. 사실 2020년 말까지만 해도 글쓰기 에디터가 지금의 모습이 아니었습니다. 마치 한글 프로그램과도 같았던 구형 글쓰기 에디터를 지금은 사용하지 못합니다. 왜냐하면 구형 에디터가 어도비 플래시 플레이어 기반으로 동작했기 때문입니다. 어도비 플래시 플레이어는 2020년을 끝으로 더 이상의 서비스를 지원하지 않게 되었기에 구형 글쓰기 에디터 또한 사용이 어려워지게 된 것입니다. 현재 새로운 글쓰기 에디터 또한 꾸준히 업데이트가 진행되고 있으니 앞으로의 발전된 모습이 더욱 기대됩니다. 방금 설명했던 영역 중 아무래도 글쓰기 메뉴에 대한 설명이 다소 부족한 듯하여 좀 더 자세히 풀어서 설명해드리겠습니다.

❶ 마우스로 클릭해 보면 '사진, 파일, 동영상, 슬라이드쇼'라는 메뉴가 보입니다. 본문에 텍스트 외의 요소들을 추가할 때 사용하는 기능입니다.

- **사진(이미지)**: 가장 많이 쓰이는 건 아마도 사진(이미지)일 것입니다. 저도 가장 많이 사용하는 기능이기도 합니다. 블로그 관련 루머 중 하나가 바로 이 사진인데요, 첨부파일의 용량을 맞춰야 한다는 둥, 파일명을 달리 해야 한다는 둥, 본문에 이미지를 10개 이상 넣어야 한다는 둥 이런 이야기들이 오늘날까지 이어져 내려오고 있습니다. 전부 무시해도 됩니다. 본문에 이미지가 꼭 있지 않아도 전혀 상관없습니다. 그러니 신경 쓰지 마시고 자유롭게 올리고 싶은 만큼 마음껏 올리시면 됩니다.

보통 본문에 이미지를 삽입하게 되면 블록이 쌓이듯 차례대로 세

로로 등록됩니다. 가로로 배치하고 싶을때는 배치하고자 하는 이미지를 선택 후 마우스로 드래그하여 가로로 나란히 배치하고자 하는 이미지 옆에 끌어다 놓으면 빨간색 세로줄이 생깁니다. 그때 마우스 클릭을 해제하면 앞의 이미지처럼 가로 배치가 완료됩니다. 자세한 사용 방법은 이 글(rgy0409.tistory.com/4166)을 참고하시기 바랍니다.

- **첨부파일**: 첨부파일의 경우는 최대 10MB 이하의 파일만 업로드가 가능합니다. 만약 업로드할 파일의 용량이 크다면 10MB씩 분할 압축해서 여러 개로 나눠 올리시기 바랍니다.
- **동영상**: 동영상의 경우는 카카오TV(팟플레이어)에 동영상을 업로드 후 해당 영상을 공유하는 방식입니다. 개인적으로는 이 방법보다는 차라리 유튜브에 영상을 올리고 공유하는 방식을 추천합니다. 아무래도 글로벌 플랫폼인 데다 유동 인구수도 압도적으로 많기 때문입니다.
- **슬라이드쇼**: 슬라이드쇼는 이미지를 하나의 영역에 모아서 옆으로 밀면서 보는 방식입니다. 개인적으로 이 방식은 추천하지 않습니다. 가독성이 떨어지며 본문 이미지 로딩에 좀 더 시간이 걸리는 방식이기 때문입니다. 만약 5장의 이미지를 본문에 넣어야 한다면 그냥 5장을 펼친 상태로 넣는 게 훨씬 낫습니다. 티스토리는 어디까지나 텍스트가 기본 베이스입니다. 이미지는 텍스트의 이해를 돕기 위한 수단일 뿐입니다. 주객전도가 되어서는 안 됩니다.

❷ 문단 스타일을 설정하는 기능입니다. 개인적으로는 본문 중간중간에 소제목 스타일을 제법 사용하는 편인데 이 기능으로 가능합니다. 변

환하고자 하는 문단을 블록 지정 후 제목1부터 3까지 아무거나 골라서 적용해 보시고 미리보기를 해보시기 바랍니다. 아마 다른 스타일의 문장이 완성되어 있을 것입니다. 참고로 문단의 스타일 또한 스킨마다 다릅니다. 본문1부터 3까지도 마찬가지이며 인용1, 2도 마찬가지입니다. 문장을 적용시켜 보시고 미리보기로 어떤 스타일로 변신했는지 육안으로 직접 확인해 보시기 바랍니다. 보통 인용 스타일의 경우는 특정 문장을 강조하고자 할 때 사용됩니다.

❸ 글꼴을 변경합니다. 하지만 개발자로서 글꼴을 변경하지 말라고 당부드리고 싶습니다. 왜냐하면 각 스킨의 개발자분들은 이 스킨이 어떤 글꼴이 가장 잘 어울릴지를 신중하게 선택합니다. 따라서 최대한 가독성이 유지되도록 적절한 글꼴을 스킨 자체적으로 입력해 놨습니다. 글쓰기 에디터에서 보이는 글꼴과 적용 후 보이는 글꼴은 차이가 있습니다. 그러니 웬만하면 글꼴 수정은 안 하는 걸 추천합니다. 또한 본문에 여러 글꼴이 존재하면 가독성이 떨어집니다.

❹ 텍스트에서 일부 수정을 할 때 사용합니다. 순서대로 정리하자면 굵게, 기울이기, 밑줄 긋기, 취소선, 글자 색상 변경, 글자 배경색 변경입니다. 적절히 사용하면 상관없으나 너무 남발하면 오히려 가독성을 해칠 수 있기 때문에 최대한 적절히 사용합시다.

❺ 문장을 왼쪽 정렬, 가운데 정렬, 오른쪽 정렬, 양쪽 정렬하는 기능입니다. 이 또한 보통 스킨에서 가장 보기 좋은 스타일로 기본 제공하고 있으니 웬만하면 수정하지 않는 것을 추천합니다.

❻ 보조 기능에 대한 옵션입니다. 왼쪽부터 인용구 글, 이모티콘, 테이블, 링크 삽입/수정, 리스트, 구분선입니다. 이 중에서 가장 많이 사용되는 기능은 바로 링크입니다. 링크를 생성하고자 하는 텍스트를 블록 지정 후 링크 버튼을 눌러서 URL을 입력하면 끝입니다. 매우 간단합니다. 이모티콘 메뉴를 클릭하면 다음과 같은 창이 보입니다.

이모티콘으로 우리에게 매우 친숙한 카카오프렌즈 캐릭터가 제공됩니다. 티스토리 플랫폼은 다음에서 운영하는 서비스였으나 카카오그룹이 다음을 인수하면서 다음카카오로 통합되었습니다. 그리고 티스토리 계정도 카카오 계정으로 통합되었습니다. 그러면서 자연스럽게

Chapter 3 티스토리 시작 | **107**

카카오톡에서만 사용 가능했던 카카오프렌즈 이모티콘이 티스토리 플랫폼에서도 사용할 수 있게 된 듯합니다. 해당 이모티콘은 아직 종류가 많지 않지만 티스토리 계정이 카카오 계정과 통합되었기 때문에 차후에는 자신이 구매한 이모티콘도 티스토리에서 사용이 가능해지지 않을까 생각합니다.

링크가 삽입된 텍스트에서 엔터를 입력하면 위의 이미지처럼 바로 밑줄에 해당 URL의 미리보기 링크가 자동 생성됩니다. 이 기능을 적절히 활용하면 가독성이 좋은 링크를 본문 내에 생성할 수 있습니다. 하지만 남발하면 오히려 지저분해 보이므로 적절히 사용하세요.

❼ 여러가지 특수한 기능들을 사용할 수 있습니다. 지도, 서식, 접은글, 특수문자, 코드블럭, 광고, 단축키 기능을 쓸 수 있습니다.

- **지도**: 지도의 경우는 기본적으로 카카오맵의 링크를 가져오는 방식입니다. 하지만 개인적으로는 구글 지도를 첨부합니다. 아무래도 구글지도가 글로벌 플랫폼 맵이다 보니 접근성이 용이하다고 생각하기 때문입니다. 별도의 앱 설치를 하지 않아도 PC와 노트북, 스마트폰에서 쉽게 사용이 가능한 지도라고 생각합니다. 물론 절대적인 것은 아닙니다. 개인 취향적인 부분도 반영되어 있으니 카카오맵을 사용하셔도 됩니다. 이 부분은 이 글(rgy0409.tistory.com/2455)을 보시면 될 것 같습니다.
- **서식**: 평소 자주 사용하는 글 패턴 등을 미리 프리셋처럼 만들어 별

도로 저장하는 기능입니다. 관리자 페이지의 서식 쓰기에서 서식을 만들고 저장한 다음 글쓰기 시 이 서식 메뉴를 사용하여 저장한 서식을 불러오면 됩니다. 해당 기능에 대해서는 뒤에서 더 자세히 다룰 예정입니다.

- **접은글**: 텍스트를 일부 숨기고 방문자가 클릭하면 열람할 수 있는 방식을 제공할 때 이 기능을 사용합니다. 개인적으로는 거의 사용하지 않는 기능입니다. 방문자 입장에서는 불편하기 때문입니다.
- **특수문자**: 특수 문자를 입력할 때 사용합니다. 다양한 특수 문자가 있습니다.
- **코드블럭**: 코딩 관련 글을 작성할 때 자주 사용하는 기능입니다.
- **HTML 블럭**: HTML 관련 코드를 본문에 삽입할 때 사용하는 기능입니다. 예를 들어 애드센스 광고 코드를 넣으면 본문에 광고가 노출됩니다. 즉 HTML 태그가 작동하게 됩니다.
- **플러그인**: 앞서 소개해드린 플러그인에서 활성화시킨 기능 중 일부를 이곳에서 사용할 수 있습니다. 대표적으로 '이전 글 넣기' 기능이나 'Youtube' 플러그인이 있습니다. 이 메뉴는 티스토리의 관리자에서 플러그인 기능을 활성화했을 때 나타납니다. 단 방금 언급한 이전 글 넣기나 유튜브 플러그인를 사용할 경우에는 보이지만 일부 플러그인은 활성화를해도 보이지 않을 수 있습니다. 주로 글쓰기 에디터에 필요한 플러그인에 한해서 사용하게 되는 경우 메뉴가 나타나게 됩니다.
- **광고**: 애드센스를 비롯하여 수익 연동을 설정한 광고에 대해 본문의 원하는 위치에 해당 광고를 삽입하는 메뉴입니다. 보통 본문 중

간에 수동으로 광고를 넣고 싶을 때 이 기능을 사용한다고 보시면 됩니다. 사용 방법은 4장 "6. 애드센스를 본문 중간에 넣는 방법"에서 자세히 다루겠습니다.

- **단축키**: 티스토리 글 작성 시 사용 가능한 단축키 정보를 확인할 수 있습니다. 기본적인 단축키 정보는 다음과 같습니다.

- **티스토리 메인 페이지**
  Q: 관리자모드 / 메인페이지   A: 이전 글   S: 다음 글

- **글쓰기 모드**

굵게	Ctrl + B	밑줄	Ctrl + U	기울임	Ctrl + I
링크	Ctrl + K	취소선	Ctrl + Alt + J	글자색	Ctrl + Alt + [
배경색	Ctrl + Alt +]	서체 변경	Ctrl + Alr + T	제목 변경	Ctrl + Alt + 1
본문 변경	Ctrl + Alt + 2	인용 변경	Ctrl + Alt + 3	목록 변경	Ctrl + Alt + 4
정렬	Ctrl + Alt + 5	코드블럭	Ctrl + Alt + ,	특수문자	Ctrl + Alt + .
이모티콘	Ctrl + Alt + E	단축키 정보	Ctrl + /	임시저장	Ctrl + S
<address>	Alt + Shift + 9	실행취소	Ctrl + Z	다시실행	Ctrl + Y
<h1>	Alt + Shift + 1	<h2>(제목1)	Alt + Shift + 2		
<h3>	Alt + Shift + 3	<h4>(제목3)	Alt + Shift + 4		
<h5>	Alt + Shift + 5	<h6>	Alt + Shift + 6		
<p>	Alt + Shift + 7	<div>	Alt + Shift + 8		

❽ 기본모드, 마크다운, HTML로 볼 수 있습니다. 일반인이 마크다운 형태로 문서를 작성할 일은 아마 거의 없을 것입니다. 저도 마크다운은 할 줄 모릅니다. HTML을 선택하면 HTML 코드 상태를 볼 수 있는 화면으로 전환됩니다. 한마디로 수동으로 코트 수정을 할 때 이 기능을 선택하면 됩니다.

> **TIP 마크다운이란?**
>
> 마크다운(Markdown)은 HTML을 몰라도 키보드의 몇 가지 특수기호를 사용하여 간단한 태그처럼 표현되어 HTML 형식으로 변환시켜 주는 언어입니다. 사용 방법도 간소해서 입문이 크게 어렵지는 않다는 장점이 있지만 사용 범위가 그리 넓지 않기에 굳이 익힐 필요는 없습니다.

★ 중요포인트

저는 개인적으로 제목을 좀 신중하게 정하는 편이고 글을 쓰기 전에 늘 제목부터 고민합니다. 여러분이 가장 중요하게 생각하여야 할 부분 중 하나입니다. 이렇게 생각해 보세요. 여러분들도 평소 어떤 자료를 찾으려 할 때 어떤 키워드로 검색하는지를 말이죠. 저라면, 예를 들어, 티스토리에서 애드센스 상단 광고를 넣으려면 어떻게 해야 하는지에 대해서 알아보려 한다면 "티스토리 애드센스 상단"이라고 키워드를 조합해서 검색할 것 같습니다. 이런 식으로 특정 주제로 글을 작성하려고 한다면, 사람들이 어떤 키워드로 검색했을 때 가장 잘 노출될지를 고민하여야 합니다. 또한 절대로 제목으로 방문자 수만 늘리기에 급급한 나머지 낚시성 제목을 사용하면 안 됩니다. 반드시 제목에 들어간 키워드에 대한 정보를 본문에서 제대로 풀어 써야 합니다. '티스토리 상단 애드센스'라는 제목으로 글을 작성했는데, 본문에서 정작 한다는 소리는 '애드센스 넣으면 좋지요~' 혹은 '애드센스 같이 넣어보도록 해요' 식으로 해당 내용에 대해 충분한 정보를 제공해 주지 않는다면 상당히 잘못된 글입니다. 차라리 안 쓴 것만 못 합니다. 방문자 수만 늘리겠다는 목적의 글이기 때문에 블로그에 악영향을 미칩니다. 여기서 악영향이란 블로그 지수를 떨어뜨리는 시스템적인 영향이 아닙니다. 해당 방문자는 이런 엉터리 정보를 제공하는 블로그에는 두 번 다시 오지 않을 것입니다. 이 글을 보려고 들어오는 만큼 방문자 수가 앞으로 감소한다는 사실을 꼭 명심하시기 바랍니다.

이렇게 글쓰기의 기본 기능들을 알아보았습니다. 글쓰기가 다 끝났다면 스크롤을 내려 오른쪽 하단의 [완료] 버튼을 누릅니다. 그러면 다음과 같이 발행 창이 활성화됩니다.

❶ 글의 형태를 '공개/보호/비공개'로 선택할 수 있습니다. 공개로 해야 인터넷의 검색엔진이 해당 글을 수집할 수 있습니다. 보호는 공개와 마찬가지로 글을 수집하긴 하는데 방문자가 해당 글을 열람하기 위해서는 관리자가 걸어둔 비밀번호를 입력해야만 가능합니다. 즉 보호 형태의 글은 일부 지인들에게만 알려주는 방식으로 활용이 가능합니다. 하지만 보호 글로 발행하는 경우는 거의 없다고 보시면 됩니다. 저 역시도 지금까지 한 번도 사용해 본 적이 없습니다. 비공개는 인터넷 세상에 공개되지 않고 자기 자신만 볼 수 있는 글입니다.

❷ 홈주제는 티스토리에서 기본으로 제공하는 카테고리를 선택하는 항목입니다. 글의 주제에 맞는 카테고리를 지정하시면 됩니다.

❸ 발행일을 통해시 지금 바로 게시할지, 예약 글로 설정할지 정할 수 있습니다. '예약'은 아래에 날짜를 선택할 수 있는 옵션이 있습니다. 날짜뿐만 아니라 시각까지도 설정 가능합니다. 원하는 날짜와 시각을 선택하시여 예약글로 발행하시면 됩니다.

❹ CCL 설정은 저작권과 관련된 부분입니다.

❺ 본문에 있는 이미지 대신 별도로 대표 이미지를 지정하고 싶을 때 사용합니다. 검색엔진에서는 해당 이미지로 노출되지 않습니다.

❻ [공개 발행]을 클릭해 글쓰기를 완료합니다.

[발행] 버튼을 누르시면 위와 같은 창이 뜰 수도 있습니다. 새로운 PC나 노트북에서 접속 후 글을 작성하셔도 이런 화면이 나옵니다. 이것은 구글 'reCAPTCHA리캡차'라는 일종의 보안 프로그램입니다. 사람이 직접 글을 작성해서 올리는 게 아닌, 봇Bot을 사용해서 블로그 글을 올리는 것을 방지하는 기술이죠. 자주 사용하는 환경에서는 한 번만 인증해두면 되지만, 새로운 환경에서는 늘 이렇게 인증해야 합니다. 하지만 어디까지나 티스토리를 안전하게 관리하기 위한 조치입니다. 리캡차가 지시하는 사진 혹은 이미지를 선택하고 아래 [확인] 버튼을 누르면 됩니다.

리캡차는 초반에만 몇 번 진행되다가 자주 글쓰기를 하다 보면 어느 순간부터는 보이지 않게 됩니다. 여기까지 해서 티스토리의 상단 도구들 및 메뉴들에 대한 기본 설명을 해드렸습니다. 하나씩 다 눌러서 사용해 보시기 바랍니다. 한글이나 워드 프로그램과 거의 사용 방법이 유사하기 때문에 크게 어려운 부분은 없을 것입니다.

★ 중요포인트

Q: 텍스트는 1,500자 이상 작성해야 한다?!
A: 텍스트의 양이 많으면 많을수록 좋은 이유는 바로 키워드의 다양성이 증가하기 때문입니다. 문장은 키워드의 조합입니다. 문단은 문장의 조합이지요. 검색엔진은 본문의 키워드를 찾아 분석해서 노출시킵니다. 그렇기에 글자 수가 많을수록 다양한 키워드를 사용했을 확률이 올라갈 것이고 결국 검색엔진에 집계될 확률 또한 올라갈 것입니다. 그러니 본문 내용이 길면 길수록 좋습니다. 그렇다고 무작정 검색 엔진을 의식한 텍스트 양 늘리기는 좋지 않습니다. 글 쓰는 목적과 내용이 충분히 담길 수 있도록 노력한다면 텍스트는 자연스럽게 늘어날 것이고 방문자들은 글을 보고 도움을 얻게 될 것입니다. 사심 없는 텍스트로 채워나가시기를 응원합니다.

2 사진 첨부하기

티스토리 글쓰기 에디터에서의 사진 첨부는 다음의 방법으로 진행하시면 됩니다.

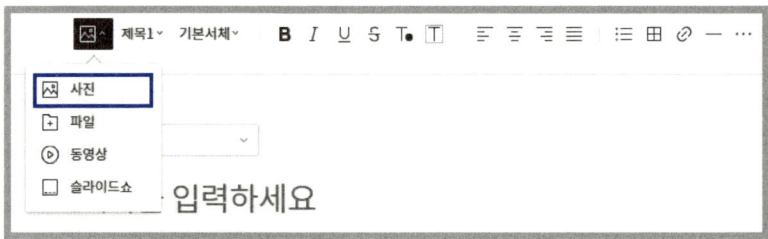

메뉴바의 맨 왼쪽에 있는 사진 아이콘을 누릅니다. 사진 아이콘을 눌러서 본문에 삽입하고자 하는 이미지를 선택하시면 됩니다. 한 번에 여러 장의 이미지를 올릴 수도 있습니다. 단, 현재 사진이 저장되어 있는 위치의 폴더 정리순으로 업로드가 되므로 만약 순서가 있는 이미지라면 반드시 먼저 폴더에서 순차 정리를 완료한 다음에 한 번에 업로드하시는 것을 추천합니다. 여러분들께서 사용하시는 윈도우마다 환경이 다를 수 있습니다만 개인적으로는 정렬기준을 이름순/오름차순으로 하고 있습니다.

 만약 이미지 크기가 커서 못 올리는 경우에는 어떻게 해야 할까요?

두 가지 방법이 있습니다. 스크린샷 프로그램을 활용해서 필요한 부분만 다시 스크린샷을 하거나, 포토스케이프같은 이미지 편집 프로그램을 활용해서 크기를 아예 줄여버리는 방법입니다. 이 방법은 제 블로그 글(rgy0409.tistory.com/2575)을 참고하시면 됩니다.

인터넷에서 퍼온 사진을 사용해도 되나요?

사진은 2D 콘텐츠입니다. 즉 반드시 누군가가 만든 것이기에 제작자에게 저작권이 있습니다. 따라서 웬만하면 본인이 직접 촬영한 사진을 사용하시는 게 가장 좋습니다. 또는 저작권이 아예 없는 무료 이미지 사이트를 이용하는 방법도 있습니다.

3 사진 편집하기

이제 사진을 어떻게 편집하는지에 대해 알아보겠습니다. 사진을 본문에 업로드하고 해당 이미지를 선택하면 다음 화면처럼 나타납니다.

❶ **이미지 편집/크기 변경**: 이미지의 세부 내용을 편집하거나 크기를 변경할 수 있습니다만 매우 불편해서 추천하지는 않습니다. 포토스케이프나 포토샵에서 선편집을 한 최종 이미지를 업로드하는 것을 추천합니다.

❷ **이미지 정렬**: 이미지를 가로 풀 사이즈로 정렬할지, '좌측/가운데/우측/좌측 들여쓰기/우측 들여쓰기'로 정렬할지 선택합니다. 개인적으로는 가운데 정렬을 추천합니다. 기본적으로 이미지를 업로드하면 자동으로 가운데 정렬이 되어 있습니다. 현재 기본값입니다.

❸ **링크 삽입 및 수정/대체 텍스트**: 이미지와 텍스트에 링크를 걸 수 있고, 이미지가 제대로 출력되지 않는 경우에는 입력해둔 대체 텍스트가 대신 출력되게 할 수 있습니다.

❹ **대표 이미지 선택**: 본문에 이미지가 최소 두 개가 있는 경우에 둘 중 어떤 이미지를 대표 이미지로 선택할지 지정합니다.

❺ **이미지 자막(코멘트)**: 해당 이미지에 대한 설명 글을 남길 수 있습니다. 개인적으로 이곳에 이미지의 출처를 남기는 편입니다.

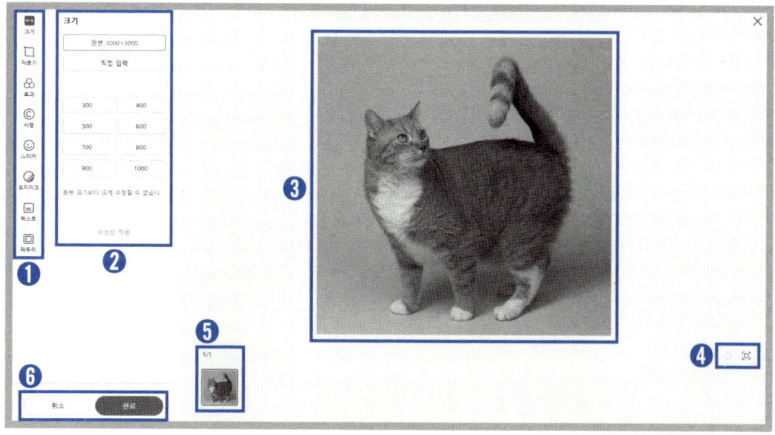

다소 복잡해 보일 수 있지만 이미지 편집 기능은 상당히 심플합니다. 각 UI에 대한 간단한 설명은 다음과 같습니다.

❶ **기능 카테고리** : 크기, 자르기, 효과, 서명, 스티커, 모자이크, 텍스트, 테두리 등을 편집할 수 있습니다. 효과에서는 필터와 보정을 편집할 수 있고 서명에서는 이미지에 워터마크를 넣을 수 잇습니다. 본문에 있는 모든 이미지에 이 기능을 일괄 적용할 수도 있습니다. 특히 스티커에는 자동 인식이라는 옵션이 있는데, 해당 기능은 인물 사진의 경우 AI가 자동으로 얼굴에 스티커를 적용해줍니다. 아직 완벽하지는 않지만 시간이 지나면 많이 발전할 것으로 기대합니다.

❷ 각 기능별 세부 옵션입니다.

❸ 미리보기 이미지입니다.

❹ 편집한 이미지를 다시 원래대로 돌리는 초기화 버튼과 원본크기/화면맞춤으로 볼 수 있는 버튼입니다.

❺ 본문에 사용된 모든 이미지들 목록입니다.

❻ 이미지 편집 취소 및 완료 버튼입니다.

최근 티스토리는 이미지 편집 기능을 대대적으로 업그레이드했습니다. 구 버전에 비해 기능이 많이 향상되고 편리해진 것은 사실입니다만 개인적으로는 이미지 편집을 거의 사용하지 않는 편입니다. 설령 사용하더라도 스티커 기능 정도로 사용하고 있습니다. 나머지는 모두 줌잇 유틸리티를 통해서 편집 후 바로 스크린샷을 캡처해서 이미지를 만들고 있습니다. 또한 픽픽 캡처를 사용하면 이미지에 워터마크와 테두리가 바로 적용되도록 설정했기에 티스토리 이미지 편집에서 수동으로 편집해야 하는 시간을 상당히 아낄 수 있습니다. 이와 관련된 자세한 사용 방법은 문서(https://rgy0409.tistory.com/3863)를 참고하시기 바랍니다.

> **링크 기능에 대하여**
>
> 링크를 걸고자 하는 이미지 혹은 텍스트를 블록 지정합니다. 그리고 링크 아이콘을 눌러 원하는 URL 주소를 입력합니다. 이때 새 창 띄우기에 체크를 하여 현재의 페이지가 아닌 새로운 브라우저 탭을 띄워 링크창이 생성되도록 합니다. 방문자가 티스토리를 이탈하는 경우를 막을 수 있습니다. 또한 링크가 걸린 이미지 혹은 텍스트의 끝에 커서를 놓고 엔터를 누르면 링크 바로 아래에 미리보기 이미지 링크가 생성됩니다. 이 기능은 링크 페이지를 좀 더 직관적으로 집중시키는 효과를 가져옵니다. 하지만 개인적으로 이 기능의 기본 크기가 조금 크다고 생각이 됩니다. 혹시 크기를 줄이고 싶으시다면 이 글(rgy0409.tistory.com/4052)을 참고하시기 바랍니다.

4 맞춤법 검사

한국리서치에서 2020년 10월에 실시한 '한글에 대한 이미지와 인식 조사'에 따르면 국민의 65%가 맞춤법을 틀렸을 경우 글의 내용에 호감이 가지 않는다고 합니다. 더불어 글의 내용에 신뢰가 가지 않는다는 응답도 62%에 달했습니다. 특히 고학력일수록 이런 경향을 보인다고 하므로 지식 콘텐츠를 포스팅한다면 맞춤법이 중요합니다.

티스토리에는 맞춤법 검사 기능이 있습니다. 현재 내가 작성한 단어가 올바른지, 띄어쓰기는 잘 되어 있는지 쉽게 파악이 가능합니다. 또한 수정 버튼을 눌러서 즉시 편집도 가능합니다.

글을 모두 작성했다면 본문의 왼쪽 하단에 '맞춤법검사' 버튼을 누릅니다. 맞춤법상 오류가 있을 경우, 다음과 같이 뜹니다.

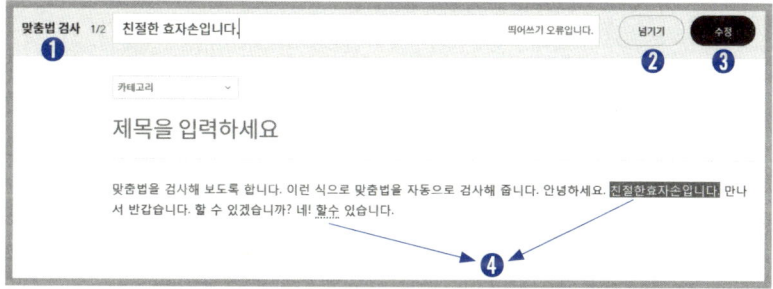

❶ 현재 몇 개의 오류 단어가 있는지 파악이 가능합니다. 본문의 가장 처음에 발생한 단어부터 맞춤법 검사를 진행하게 되는데 확인해 보세요.
❷ 맞춤법 검사에서 이상이 없으면 [넘기기] 버튼을 클릭합니다.
❸ 이상이 있다면 [수정]을 클릭하세요. 다음 오류 단어로 넘어갑니다.
❹ 본문에는 현재 이상이 있는 문장 혹은 키워드들이 표시가 됩니다. ❶번의 맞춤법 검사 오류 개수와 본문의 오류 개수는 일치합니다. 본문을 모두 작성했다면 이 맞춤법 검사 기능을 꼭 사용해 보시기 바랍니다.

3 티스토리 서식 활용하기

글을 작성할 때, 블로거마다 슬로건이라든지, 항상 마무리로 남기는 말이 다릅니다. 예를 들어서 글을 다 작성 후 항상 마지막에 '친절한효자손 취미생활을 검색'이라는 문구를 남긴다고 가정해 보겠습니다. 그렇다면 해당 문구는 항상 글을 작성하고 마무리 지을 때마다 일일이 작성하는 걸까요? 그렇지 않습니다. 서식이라고 하는 기능을 활용하시면 미리 짜인 패턴의 글들을 손쉽게 입력하고 사용할 수 있습니다.

티스토리 관리자에 '서식 관리'라고 하는 메뉴로 들어갑니다.

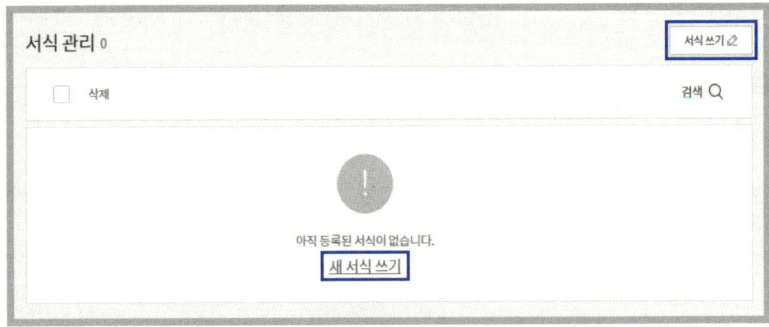

처음 접속하시면 서식 쓰기 항목이 두 곳에 있습니다. 둘 중 아무 곳이나 누르셔서 작업하시면 됩니다. 서식을 만드는 플랫폼은 티스토리 글쓰기와 거의 흡사합니다. 서식은 티스토리 내 서버에 저장되며, 검색엔진에 노출되지 않습니다.

티스토리 서식 작성은 기존의 글쓰기와 차이가 없습니다. 단 하나의 차이점이라면, 카테고리를 설정할 수 없다는 점입니다. 서식 글은 인터넷에 노출되지 않습니다. 자신의 티스토리 개인 계정에 저장되는 문서입니다. 따라서 자유롭게 작성하시면 됩니다. 물론 수정도 여러 번해도 상관없습니다.

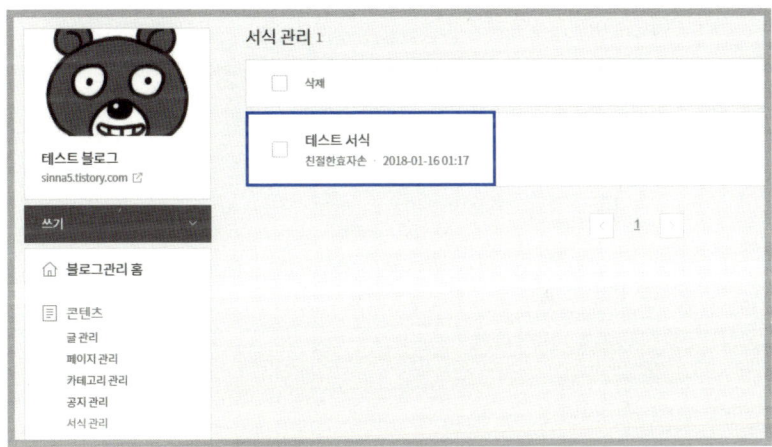

그러면 본격적으로 글을 작성할 때 이 서식을 불러오는 과정을 살펴보겠습니다. '새 서식 쓰기' 버튼이 없어지고 보시는 것처럼 저장된 서식 리스트가 나옵니다. 참고로 이곳에서 필요하지 않는 서식은 삭제도 가능하고, 기존에 만들어 놓은 서식에 다시 들어가서 수정도 가능합니다. 그럼 '글쓰기'에서 완성된 서식을 적용해보겠습니다.

글쓰기 메뉴의 더보기 버튼을 눌러서 '서식'으로 들어갑니다.

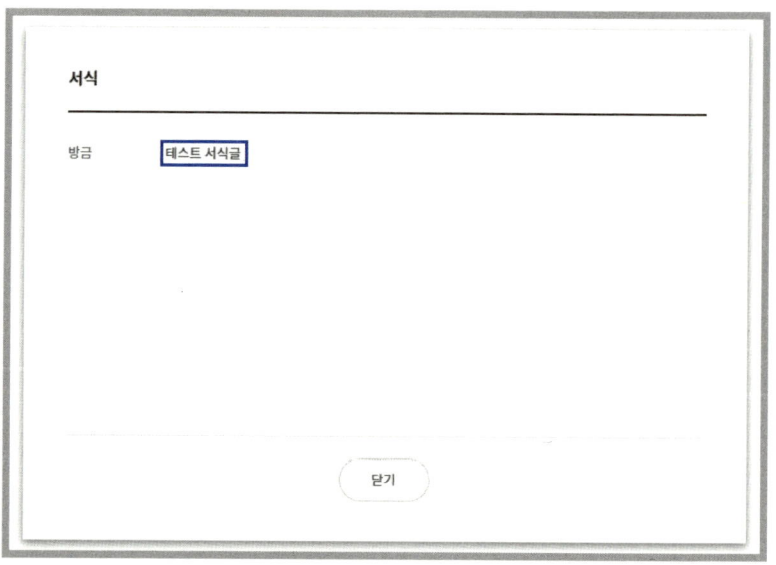

그러면 지금까지 저장해둔 서식 목록창이 뜹니다. 방금 저장한 서식의 제목을 클릭하여 해당 문서를 불러옵니다. 간단하지요?

4 네이버 서치어드바이저에 티스토리 등록하기

사실 이 과정은 엄밀히 말씀드리자면 100% 필요한 과정은 아닙니다. 티스토리 플랫폼이 네이버에서 서비스하는 것이 아니기 때문에 이렇게 별도로 등록해야 검색엔진에 반영된다는 생각을 하실 수 있는데, 네이버도 검색엔진입니다. 따라서 티스토리에 글을 열심히 작성하시면 네이버의 검색봇이 티스토리에도 방문하여 정보를 수집해 갑니다. 하지만 안 하는 것보다는 낫겠지 싶은 마음에서 대부분 네이버 서치어드바이저에 자신의 티스토리 정보를 등록하곤 하지요. 저 역시도 이런 혹시나 하는 마음 때문에 등록한 경우입니다. 한번 편하게 따라서 진행해보시기 바랍니다.

참고로 네이버 서치어드바이저에 등록했다고 자신의 티스토리 글들이 바로 노출되거나 하지는 않습니다. 네이버에 반영되는 시간은 아무도 모릅니다. 열심히 하다 보면 하루 만에 반영이 되기도 하며, 어떤 경우는 한 달이 넘도록 노출이 되지 않는 경우도 있습니다. 제 경험상 일단 IT 관련 정보들은 웬만하면 반영이 잘 되는 것 같습니다. 하지만 방문자 수 늘리기에 급급한 생활 정보라든지, 실시간 검색어라든지, 보험이나 기타 증권, 부업관련 등등의 글들은 노출이 아예 안 되거나 시간이 무척이나 오래 걸리는 것 같습니다. 그러면 본격적으로 어떻게 해야 하는지 알아볼까요? 네이버 서치어드바이저(searchadvisor.naver.com)에 접속하시면 다음과 같이 메인 화면을 확인하실 수 있습니다.

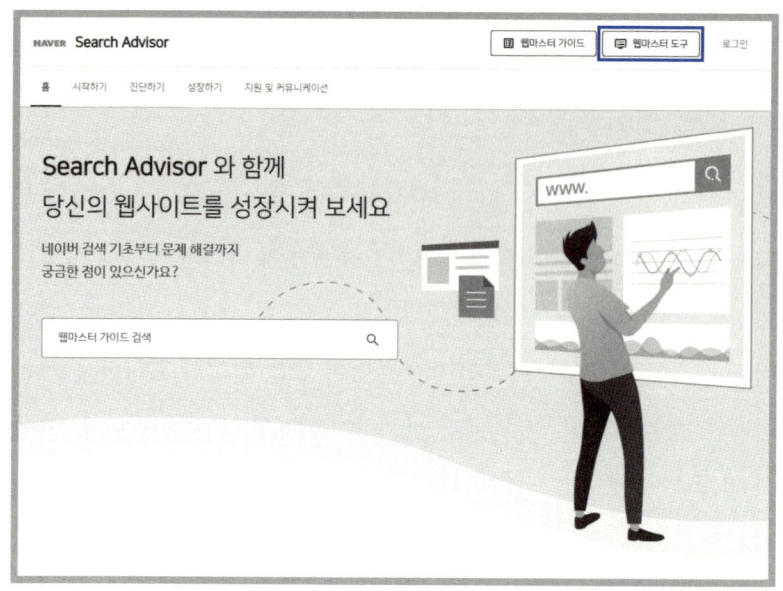

서치어드바이저의 추가기능인 [웹마스터 도구] 도구 버튼은 오른쪽 상단에 위치해있습니다. 그리고 회원가입할 시 별도의 조건이 필요 없습니다. 가입 완료 후, 로그인을 진행하시기 바랍니다. 이후 자신의 티스토리를 등록하는 과정은 제 블로그 글(rgy0409.tistory.com/1405)을 참고하여 진행하시면 됩니다. 여기에서는 각 메뉴별 설명을 간단하게만 하겠습니다. 만약 티스토리를 두 개 이상 관리하셔도 얼마든지 서치어드바이저에 추가로 등록할 수 있습니다.

서치 이드바이저에 가입 완료 후 오른쪽 상단에 있는 로그인 메뉴를 눌러 로그인을 완료합니다. 그리고 계정 아이콘의 바로 왼쪽에 있는 웹마스터 도구 버튼을 누릅니다. 그러면 다음과 같은 화면을 만나보실 수 있습니다.

등록된 자신의 티스토리 URL 주소를 클릭하여 현재 수집현황을 살펴볼 수 있습니다.

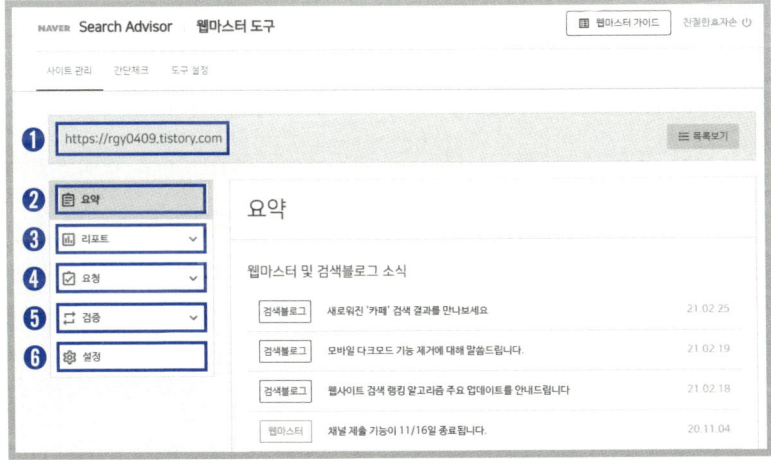

❶ **등록된 URL주소**: 만약 티스토리를 두 개 이상 등록하셨을 경우 다른

블로그로 이동하고 싶을 때 이곳에서 목록을 확인하실 수 있습니다.

❷ **요약**: 현재 자신의 티스토리의 전체적인 내용을 요약된 형태로 한눈에 확인할 수 있습니다. 오늘 수집 현황, 사이트 상태, 사이트 최적화 내용, 수집 현황, 색인 현황 확인이 가능합니다. 그 밖에 서치어드바이저 공지사항에 대한 내용도 확인할 수 있습니다.

❸ **리포트**: 사이트 최적화, 수집 현황, 색인 현황, 콘텐츠 확산, 콘텐츠 노출/클릭 등의 정보를 확인할 수 있습니다. 참고로 티스토리는 네이버 서치어드바이저와의 궁합이 좋지 않습니다. 그렇기에 이곳에서 나오는 모든 정보는 사실상 맞지 않는다고 해석해도 무방합니다. 수집 현황과 색인 현황의 그래프가 0에 계속 머물러 있는 상황이 아니라면 정상이라고 해석하시면 됩니다. 그러면 리포트의 상세 내용에 대해 더 자세히 알아보겠습니다.

- **사이트 최적화**: 현재 자신의 티스토리가 얼마나 네이버 검색에 최적화되어 있는지를 확인하는 곳입니다. '검색 로봇 수집', '콘텐츠 관리', '사이트 구조', '사이트 활성화'에 대해서 확인이 가능합니다. 그중 콘텐츠 관리 부분에서 '제목이 없는 웹 페이지'는 희한하게도 'X'로 표시가 될 것입니다. 아무래도 티스토리의 구조가 네이버에서 요구하는 방식과 다르기에 이런 오류 메시지가 발생하는 듯합니다. 아니면 스킨마다 구성되는 태그가 다르기 때문에 발생할 확률도 있습니다. 하지만 크게 걱정하실 필요는 없습니다. 검색엔진에 노출되는 것과는 상관없습니다. 또한 사이트 구조에서 '링크 관리 부분'에는 느낌표가 나올 수 있는데, 이 부분 역시 티스토리 구조와 네이버 웹마스터도구에서 요청하는 부분이 다르기 때문에 발

생하는 오류입니다.

- **수집 현황**: 이곳에서는 로봇 수집 페이지 수, 웹 페이지 다운로드 크기, 웹 페이지 다운로드 소요 시간을 확인하실 수 있습니다. 정상적으로 수집이 된다면, 수치 그래프가 0이 아닌 그 이상으로 나타납니다. 만약 모두 0이라면 뭔가 티스토리에 문제가 생겼다고 봐야 합니다. 하지만 그 원인을 찾기란 정말 어렵죠. 보통 이럴 때에는 아예 새로 만들어 시작하시는 게 좋습니다.

- **색인 현황**: 이곳에서는 신규 색인 추가 문서 수, 검색 노출 가능 문서 수를 확인할 수 있습니다. 수집 현황과 마찬가지로 0으로만 나오지 않는다면 정상적으로 색인이 진행되고 있으며 문서가 노출되고 있음을 뜻합니다.

- **오류 현황**: 이곳에서는 사이트 상태, 수집 오류 현황, 수집 오류 페이지 리스트를 확인하실 수 있습니다. 사이트 상태에서 DNS상태, 수집 상태, ROBOTS.TXT가 모두 정상이고 수집이 잘 되는 것으로 확인된다면 이상이 없다고 보시면 됩니다. 또한 수집 오류 현황 그래프 중에서 가장 흔하게 볼 수 있는 오류는 'NotFound'입니다. 글 문서 중, 공개였는데 비공개로 변경했거나 삭제한 경우에 모두 이 오류로 출력합니다. 그 밖의 오류는 거의 없다고 보시면 됩니다.

- **콘텐츠 확산**: 이곳에서는 콘텐츠를 링크한 타 사이트의 웹 페이지 수, 콘텐츠를 링크하는 도메인 상위 10개를 확인하실 수 있습니다. 이건 사용자가 어떻게 할 수 있는 부분이 아니라, 티스토리 글의 내용이 너무 좋아서 방문자들이 자신의 SNS 계정으로 퍼가거나, 다른 분들이 링크를 했을 경우에 집계되는 내용입니다. 또는 티스토

리 글을 발행할 시, 페이스북이나 트위터 등의 SNS와 같이 연동되게 해놓는 경우에도 이곳에 집계됩니다. 사실 가장 좋은 건 방문자들이 알아서 공유해주는 것입니다. 이게 진짜 콘텐츠 확산이라고 볼 수 있습니다. 이보다 더 훌륭한 공유는 없다고 생각합니다. 그래서 사람들에게 도움이 될 만한 콘텐츠를 많이 작성해서 올리시는 게 건강한 티스토리를 만드는 지름길입니다.

❹ **요청**: 네이버 검색에서 자신의 티스토리글이 노출이 되지 않을 시 웹페이지 수집을 통해 수집 요청을 할 수는 있습니다. 단 이 방법이 100% 효과가 있지는 않습니다. 수집이 완료되었다고 해도 네이버에서 요청 완료한 글을 검색했을 때, 노출이 제대로 되지 않을 수 있습니다. 또한 네이버에서의 티스토리 노출은 시간이 소요됩니다. 한 달이 걸릴 수도 있고 길게는 그 이상이 걸릴 수 있습니다. 특히나 내가 작성하는 글들이 다른 사람들도 작성할 수 있는 글이라고 한다면 중복 카테고리이므로 하루에 쏟아지는 콘텐츠양이 엄청 많을 겁니다. 결국 경쟁이 치열하기에 검색 반영은 더욱더 오래 걸릴 수밖에 없습니다. 따라서 요청 기능은 티스토리를 대상으로 효력이 없습니다. 요청 내부의 기능에 대해 좀 더 자세히 알아보겠습니다.

- **웹 페이지 수집**: 어렵게 작성한 글이 있는데 검색엔진에 반영되지 않는다면 참으로 속상합니다. 그럴 때 이 기능을 사용해서 네이버에서 검색이 될 수 있도록 만듭니다. 단, 무조건 성공하지는 않습니다. 그래도 혹시 모르니 시도할 만합니다.

자신의 글 문서는 티스토리 계정 뒤에 숫자로 생성됩니다. 이 숫자를 저는 '문서번호'라고 합니다. 문서번호만 입력하시고 확인을 누르시면 되는 아주 간편한 절차입니다. 그러면 바로 아래에 있는 수집 요청 결과란에 방금 등록한 티스토리 글 주소가 보이고, 얼마 지나지 않아 '수집성공'이라고 하는 처리결과를 보실 수 있습니다. 하지만 말씀드렸다시피 100% 검색 반영이 되는 건 아닙니다.

- **웹 페이지 검색 제외**: 위와는 반대의 개념입니다. 어떤 글을 그냥 자신만 보게 만들고 싶을 때, 검색에서 제외시키기 위해 사용합니다. 방법은 아까 설명드린 것과 동일합니다. 보통 문서가 잘 노출되는 경우에 사용되는 것보다는, 이미 삭제되었거나 비공개로 돌렸을 때 사용됩니다.

- **RSS 제출**: RSS란 간단하게 말하면 새로운 소식을 받아본다는 의미입니다. 한 단어로 요약하자면 배급이라고 말씀드릴 수 있을 것 같습니다. 즉, 티스토리의 글을 네이버 웹마스터도구에 배급한다는 뜻이 될 것입니다. RSS 주소는 간단합니다. 자신의 티스토리 URL 주소 끝에 '/rss'만 붙여주시면 됩니다. 저의 티스토리의 경우 RSS 주소는 'rgy0409.tistory.com/rss'입니다. 이 주소를 입력해 주시면 됩니다.

- **사이트맵 제출**: 사실 이 기능이 꼭 필요한지 잘 모르겠습니다. 기본적으로 RSS만 등록해놓으면 수집에서는 전혀 문제가 없습니다. 아마 사이트맵을 등록하는 이유는 네이버 수집 로봇이 좀 더 빠른 시간 내에 자신의 티스토리에 있는 모든 문서를 수집할 수 있도록 돕는 역할을 해주기 때문이라고 생각하고 있습니다. 쉽게 예로 들자면, 유원지나 놀이공원, 박물관 등 이런 공공장소에 가 보시면 입구 쪽에 커다란 안내도를 보실 수 있을 겁니다. 바로 이 안내도가 사

이트맵이라고 보시면 됩니다. 사이트맵 제출 방법은 제 블로그 글 (rgy0409.tistory.com/1407, rgy0409.tistory.com/1408)을 참고하시면 쉽게 등록하실 수 있습니다.

- **신디케이션 핑 제출**: 이 기능은 사실 블로그보다는 일반 웹사이트에서 많이 사용되는 개념입니다. 티스토리 블로그에서는 신디케이션까지 등록할 방법도 없으며, 이미 RSS로 수집을 진행하고 있고 다양한 방법으로 검색봇이 수집을 하기에 이 부분은 신경쓰지 않아도 됩니다.

❺ **검증**: 네이버 검색봇의 접근에 대한 설정인데 기본적으로 티스토리라는 플랫폼은 모든 검색엔진에서 수집이 되도록 허용이 되어있는 상태입니다. 따라서 이곳에서 설정을 따로 진행할 필요는 없습니다. 웹페이지 최적화도 마찬가지입니다. 티스토리 플랫폼은 이미 검색엔진에 최적화된 상태입니다.

❻ **설정**: 이곳에서는 트래픽 제한 요청 혹은 수집 주기 설정을 할 수 있습니다. 별도로 조작할 부분은 없고 그대로 두시면 됩니다.

티스토리 사용 시
네이버 서치어드바이저에서 사이트
최적화 결과는 각양각색?

• • •

그렇습니다. 티스토리에서 제공하는 기본 스킨도 종류가 다양하지만, 공식 스킨과는 별도로 무료로 배포하는 사용자 커스텀 스킨도 저마다 약간씩 태그 구성이 다릅니다. 네이버 웹마스터도구에서는 표준 HTML 가이드를 발표했는데, 이것을 공식적으로 "2017 웹커넥트 데이 발표자료"에서 아래와 같이 명시하고 있습니다.

㉠ 내 사이트의 브랜드에 적합한 도메인을 사용한다.
㉡ 페이지는 가볍게 구성하며, 리치미디어는 필요시에만 사용한다.
㉢ HTTP 프로토콜을 준수하여 삭제(404), 리다이렉트(3xx)를 적절하게 사용한다.
㉣ 검색엔진이 잘 이해할 수 있는 HTML 태그를 사용한다.
㉤ 모바일 등 다양한 환경/사용성을 고려한다.
㉥ 링크의 앵커 텍스트는 해당 문서를 대표할 수 있는 간결한 문구를 사용한다.
㉦ 검색엔진이 풍부한 검색결과를 제공할 수 있도록 구조화된 데이터를 활용한다.
㉧ 웹마스터도구의 수집, 색인, 품질 리포트를 지속적으로 모니터링한다.
㉨ 인위적인 낚시성 키워드를 통한 사용자 방문유도는 사이트의 브랜드를 기억하는 데 도움이 되지 않는다.
㉩ 사이트 구축 시부터 에이전시가 검색엔진이 잘 이해할 수 있는 사이트의 품질 향상에 관심을 기울이고 있다.

그렇지만 이제 막 시작하시는 티스토리 초보 블로거 분들은 도대체 이게 무슨 소리지 알 수 없을 것입니다. 티스토리를 사용하시면 웹마스터도구에서 결과값이 어느 날은 "웹 표준을 준수하는 상위 몇 퍼센트 사이트입니다"라고 나오기도 하고, 또 어떤 날은 개선이 필요하다고 나오기도 합니다. 또 어떤 때는 아예 진단조차 할 수 없기도 합니다. 이럴 땐 그냥 시간이 약입니다. 그냥 간단하게 검색 수집 부분에만 이상이 없으면 된다고 알고 계시면 됩니다.

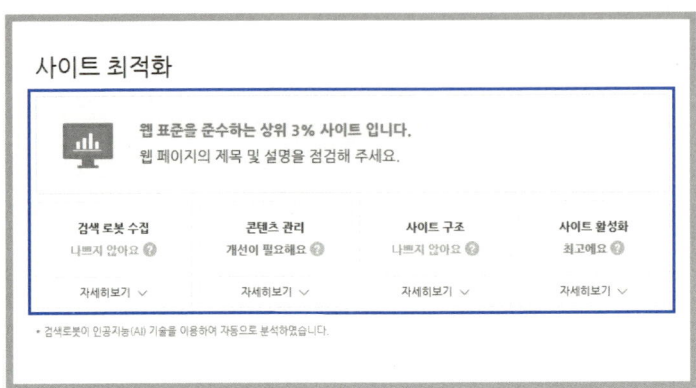

유료스킨을 사용하고 있는 제 티스토리의 현황입니다. 보시면 콘텐츠 관리 부분에서 개선이 필요하다는 경고가 있지만, 노출되고 수집되는 데는 전혀 문제가 없습니다. 사이트 활성화를 보시면 '최고에요' 등급을 받고 있습니다. 이 점이 가장 중요합니다. 지금은 이렇지만, 어떤 날은 아예 측정을 못 하는 날도 있고, 어떤 날은 모든 부분에서 최고 등급을 받기도 합니다. 아무래도 티스토리가 다음카카오에서 운영하는 플랫폼이다 보니 상호간 사인이 좀 맞지 않는 것 같습니다.

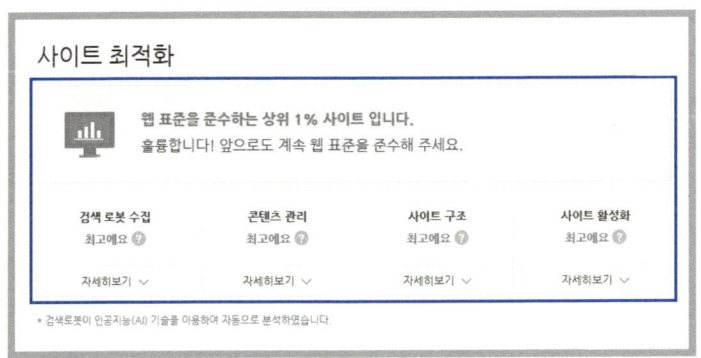

제가 관리하는 또 다른 티스토리 블로그의 상태입니다. 이건 무료스킨을 적용한 블로그입니다. 모든 부분에서 최고 등급을 받고 있습니다. 이 블로그도 마찬가지로 어떤 날은 아예 웹마스터도구에서 '측정 불가'라고 나타날 때도 있습니다.

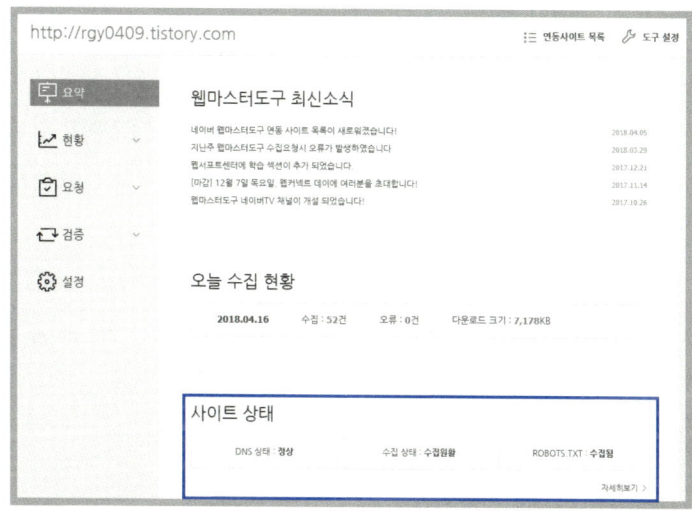

'요약 > 사이트 상태' 부분에서 'DNS 상태'와 '수집 상태', 'Robot.TXT' 부분이 모두 정상인지만 살펴보시면 됩니다. 그리고 네이버의 웹페이지 검색에서 자신의 티스토리 주소 앞에 'site:'를 붙여 검색해보시면 금방 확인 가능합니다.

5 구글 애널리틱스에 티스토리 등록하기

개인적으로 네이버 웹마스터도구보다 더 자주 들르는 곳이 있습니다. 바로 구글 애널리틱스입니다. 구글 애널리틱스는 구글에서 제공하는 사이트 분석 알고리즘입니다. 네이버에도 애널리틱스 프로그램이 있지만, 버그가 많습니다. 세계적으로 알아주는 구글 애널리틱스가 아무래도 신뢰성에 있어서는 단연코 앞서겠지요?

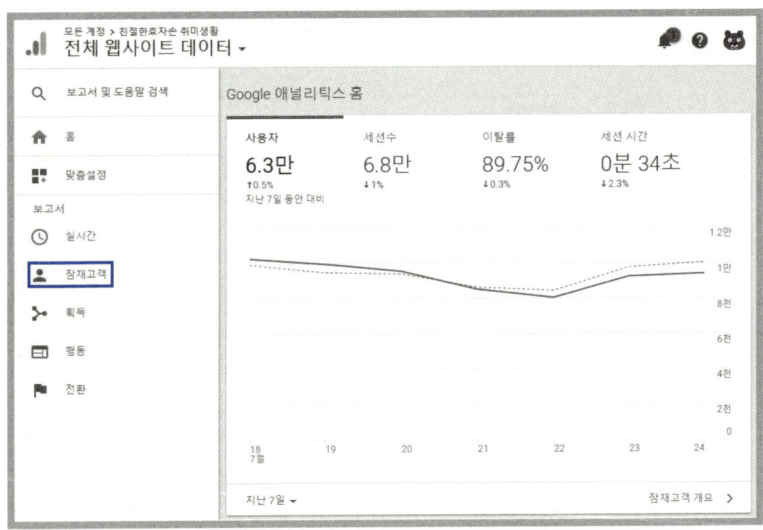

▲ 구글 애널리틱스 홈 화면.

구글 애널리틱스에서 확인할 수 있는 내용은 정말 많습니다. 실시간 접속자 수, 인기가 많은 글, 인기 키워드, 페이지뷰, 접속이 가장 많은 지역, 방문자의 접속 운영체제 및 디바이스, 그리고 브라우저, 남녀비율, 연령대별 비율, 신규방문 VS 재방문 비율 등을 확인할 수 있습니다. 이 중에서도 특히 유심히 보셔야 할 부분은 바로 '잠재고객' 부분입니다. 방문하시는 분들과 밀접한 관련이 있는 통계 부분이죠. 구글 애널리틱스 홈 화면에서 '잠재고객' 메뉴를 클릭해서 들어가면 '잠재고객 개요' 화면을 살펴볼 수 있습니다.

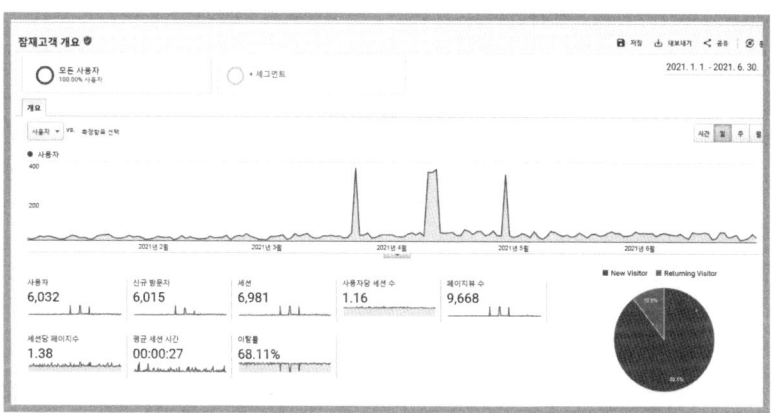

▲ 구글 애널리틱스 잠재고객 개요 화면.

들어가보시면 '사용자, 신규 방문자, 세션, 사용자당 세션 수, 페이지뷰 수, 세션당 페이지수, 평균 세션 시간, 이탈률' 등이 나옵니다. 그리고 맨 오른쪽에는 방문자와 재방문자 그래프도 보입니다. 우선 사용자라 함은 신규 방문자와 재방문자를 합친 숫자입니다. 그리고 페이지뷰 수는 한 명의 방문자가 몇 페이지를 봤는지, 혹은 몇 번 재접속을 했는지에 대한 통계입니다. 사실상 페이지뷰가 가장 높을 수밖에 없습니다. 그리고 세션에 대해서 좀 꼼꼼히 말씀을 드리고 싶습니다.

세션은 방문 카운터와 밀접한 관련이 있습니다. 하지만 차이점 또한 분명합니다. 방문 카운터는 방문한 순간 1이 증가하지만, 세션은 들어오고 나서 나갈 때 1이 증가됩니다. 구글 애널리틱스에서 정의하는 세션의 조건은 세 가지 정도입니다.

- 첫 페이지 방문 이후 아무것도 하지 않을 시, 30분 이후 세션 종료. 혹은 이것저것 다 하고 티스토리 블로그를 나가면 세션 종료.
- 하루가 바뀌는 24시 자정이 되면 세션 종료. 그리고 새로운 세션 시작.
- 다른 콘텐츠를 볼 때 새로운 세션 시작.

저의 애널리틱스 통계로 말씀을 드리자면, 세션당 페이지 수가 평균 '1.15'라고 나옵니다. 사용자당 세션 수는 페이지뷰 수를 세션으로 나눈 값입니다. '1.15'는 한 명의 방문자가 평균 한두 페이지 정도를 소비하고 이탈을 한다는 뜻입니다. 이것이 사용자당 세션 수와 거의 일치합니다. 제 티스토리의 콘텐츠 구성이 대체적으로 하나의 글에 해결할 수 있는 방법들이 담겨 있는 형태로 되어 있기 때문에 사실상 세션이 높을 수가 없다고 생각합니다. 원래 강좌와 관련된 방문자들은 원하는 해답을 얻으면 곧바로 나가버리시는 분들이 대부분이니까요. 저 역시도 그렇게 콘텐츠를 소비하고 있습니다. 또한 이탈률이 90%라는 소리는 비단 나쁘게만 해석할 수는 없습니다. 앞에서 다른 콘텐츠를 볼 때 세션이 새로 카운트된다고 설명했습니다. 제 블로그의 90%는 IT 관련 콘텐츠이기 때문에 다른 콘텐츠의 글이 상대적으로 많이 부족합니다. 때문에 이탈률 또한 높을 수밖에 없습니다. 어떻게 보면 지금 하나의 메인 콘텐츠를 잘 꾸려나가고 있다는 뜻이 되기도 합니다.

결국 애널리틱스든, 웹마스터도구든 탄탄한 콘텐츠만 꾸준히 계속 연재하시면 방문자는 늘어날 수밖에 없습니다. 자신이 좋아하는, 그리고 관심있는 분야의 글을 꾸준히 작성하시면 재방문자 또한 꾸준히 증가할 것입니다. 이런 통계 프로그램은 어디까지나 참고 정도로만 이해하고 넘어가도록 합시다. 그리고 결정적으로 이런 통계에 너무 의존하면 '블로그 관리가 재미없어집니다.' 이게 가장 치명적입니다. 블로그를 일처럼 하면 안 됩니다. 글 쓰는 재미를 느끼고, 그에 따른 보람을 느껴보세요. 방문하시는 분들이 도움을 얻고 갈 때의 쾌감을 만끽해보시기 바랍니다. 그 결과는 애드센스 수익으로 보상받게 될 것입니다.

티스토리는 이렇게 무조건 각종 통계 플랫폼에 등록해야만 하나요?

아닙니다. 네이버 서치어드바이저와 구글 애널리틱스는 통계 플랫폼입니다. 아직도 많은 분들께서 티스토리를 네이버 서치어드바이저나 구글 애널리틱스에 등록해야 검색 엔진에 글이 노출되는 줄 알고 있습니다. 이것은 잘못된 정보입니다. 티스토리라는 블로그 플랫폼은 이미 검색엔진에서 글이 잘 수집될 수 있도록 기본적인 세팅은 완료된 상태입니다. 사용자는 그저 글만 열심히 작성하면 되는 것입니다.

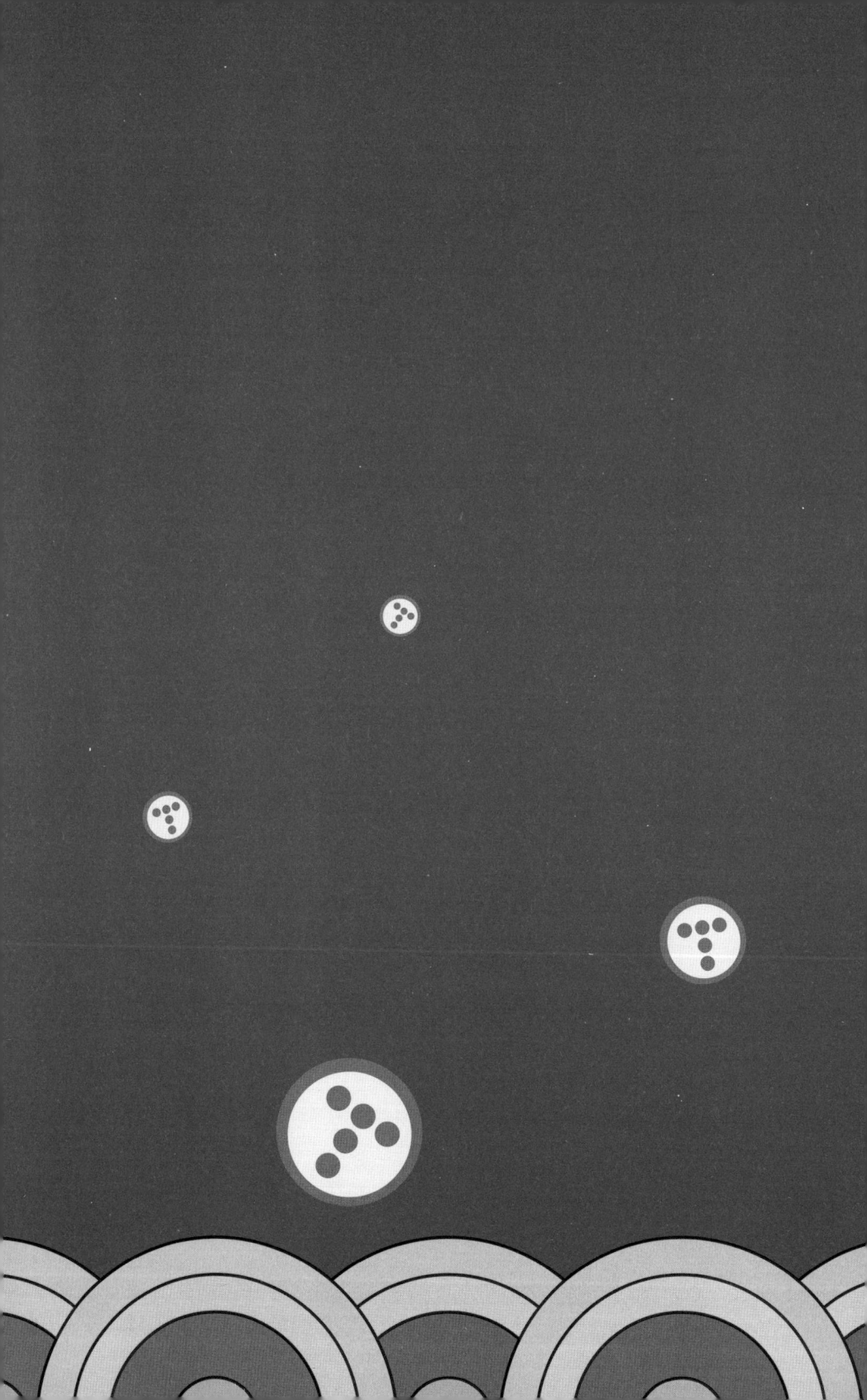

Chapter 04

티스토리에 애드센스 광고를 달아보자!

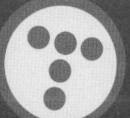

이제 티스토리 글쓰기는 어느 정도 감이 잡혔으리라 생각합니다. 많이 써보는 게 최선의 방법이라고 생각합니다. 글쓰기가 익숙해지면 어느 순간 자신감이 붙을 것입니다. 그리고 자신감이 붙으면 저절로 좋은 글이 나올 것입니다.

이번 4장에서는 티스토리에 설치할 애드센스에 대해서 이론적인 부분을 이해하고, 어떻게 설치하는지에 대해서 더 자세히 알아볼 것입니다. 여러분들의 티스토리가 이제 한층 더 수익화에 가까워졌음을 실감하세요!

★ 중요포인트

티스토리는 2023년 6월 27일부터 자체 광고인 애드센스를 송출하기 시작했습니다. 따라서 여러분께서 티스토리를 운영하시다가 어느 날부터 갑자기 애드센스 광고가 출력되더라도 그것은 시스템에 오류가 생긴 것이 아니라 정상 현상이라는것을 말씀 드립니다. 애드센스와 관련해서 아무런 조치도 안 했는데 애드센스 광고가 나온다면 100% 티스토리 자체 애드센스 광고입니다. 티스토리 자체 애드센스 광고는 본문의 상/하단 중 무작위로 한 곳에 출력됩니다.

Q. 티스토리 자체 광고를 없앨 수 있나요?
A. 있습니다. 단 본인도 애드센스 광고를 절대로 게시할 수 없게 됩니다. 스킨의 HTML 코드 중에서 애드센스와 관련된 모든 항목을 삭제 처리하면 됩니다.

Q. 티스토리 자체 광고만 제거할 수 있나요?
A. 불가능합니다. 티스토리 약관에 위배되는 행동이므로 만약 본인의 애드센스를 게시할 계획이시라면 티스토리 자체 애드센스 광고도 같이 출력되도록 해야 합니다.

1 반응형 광고와 일반형 광고의 차이

구글 애드센스는 크게 두 가지로 나뉩니다. 반응형과 일반형으로 말이죠. 거두절미하고 요즘 대부분의 티스토리 블로그에서는 반응형 스킨을 사용합니다. 반응형 스킨은 2장 '티스토리 준비'에서 설명드렸듯, 스마트폰과 PC의 해상도와 관계없이, 어떤 디바이스에서든지 화면이 자동으로 조정되어 보입니다. 그리고 여기에 사용되는 것이 바로 반응형 애드센스입니다. 따라서 자신의 스킨이 반응형이라면 반응형 애드센스를 설치해야 합니다. 반면 일반 애드센스의 경우, PC와 모바일 등 디바이스에 맞게 나누어 설치해야 합니다. 이처럼 일반 광고는 설치하기가 번거롭기 때문에 저는 티스토리 스킨이든, 애드센스든 반응형을 추천합니다.

일반형 광고와 반응형 광고 수익의 차이에 대해서는 아직까지 이렇다 할 정확한 답은 없습니다. 사실 반응형 애드센스와 일반 애드센스의 수익 차이는 광고 형식이 아니라 콘텐츠가 얼마나 많은 영향력을 지니고 있는지를 통해 나뉘게 됩니다. 사람들이 많이 둘러보는 글일수록 그만큼 클릭률은 올라갈 수밖에 없으며, 그 글에 등록된 광고 또한 노출되는 횟수가 늘어날 수밖에 없습니다. 반응형을 선호하는 이유는 수익이 높아서라기보다는 설치가 간단하기 때문입니다. 따라서 큰 수익을 원하신다면 여러분들께서는 무조건! 애드센스 광고를 게시한 이후에도 자신만의 끊임없는 콘텐츠 연구 개발에 몰두해야 할 것입니다.

2 애드센스 광고 종류

애드센스 광고에 대해서 더욱 자세하게 알아보도록 하겠습니다. 먼저 '네이티브 광고'라는 것에 대해서 살짝 말씀을 드려야 할 것 같습니다. 구글 애드센스가 네이티브 스타일의 광고를 시작한 지는 그리 오래되지는 않았습니다. 2017년 말부터 본격적으로 게시하기 시작했는데요. 네이티브 광고란, 간단히 말씀드려서 광고라는 인식이 거의 들지 않게끔 원래의 블로그나 사이트 스타일에 자연스럽게 녹아드는 스타일의 광고입니다. navtive라는 영어 단어에 '꾸밈없는', '자연스러운', '소박한'이라는 뜻이 있는 것을 생각하면 어떤 느낌의 광고인지 감이 잡히실 겁니다. 드라마나 예능 프로그램을 보시다 보면 작품의 스토리나 흐름을 방해하지 않으면서도 상품을 홍보하는 씬이나 장면을 한 번 쯤은 보셨을 것입니다. 네이티브 광고는 바로 그런 광고라고 생각하시면 됩니다. 콘텐츠와 관련 있으면서도 지나치게 광고라는 느낌을 주지 않는 광고는 독자들도 거부감을 느끼지 않습니다. 티스토리는 설치형 블로그이기 때문에 사용하는 스킨마다 느낌이 달라집니다. 네이티브 광고가 아니라면 블로그 화면에 어색하게 광고가 들어가 방문자 분들에게 불편하게 보일 수도 있습니다. 하지만 이 네이티브 광고를 적절히 이용하면 이질감 없이 원래의 콘텐츠처럼 보일 수 있게 됩니다. 다만 네이티브 광고는 그 스타일에 따라 자신의 티스토리에 사용할 수 있기도 하고 없기도 합니다.

1 디스플레이 광고

▲ 가장 흔하게 볼 수 있는 텍스트 및 디스플레이 반응형 광고.

가장 일반적인 광고 형태입니다. 티스토리 블로그나 기타 사이트에서 흔히 볼 수 있는 애드센스이며, 애드센스 승인 이후에 바로 쉽게 자신의 블로그에 게시할 수 있습니다. 이 안에 일반형과 반응형이 구별되어 있는데, 자신의 스킨이 반응형이라면 당연히 광고도 반응형으로 만들어야 합니다.

2 링크 광고(지원 종료)

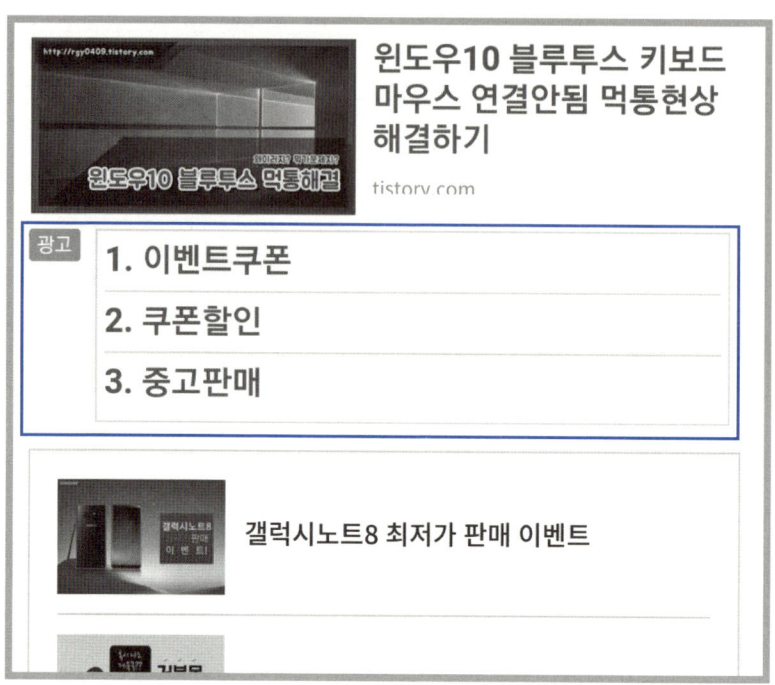

▲ 키워드 스타일의 링크 광고.

키워드만 노출되는 링크 광고입니다. 흔히 본문 중간중간에 적절히 배치하면 좋다고 하는데, 제 생각은 오히려 별로인 것 같습니다. 특히 텍스트 및 디스플레이 광고와 함께 적용되면 너무 정신없어 보이기도 합니다. 발행한 글에 그림이나 사진이 들어가기보다 텍스트 위주로 쓰였는데, 이러한 키워드 광고를 많이 넣으면 가독성을 떨어뜨리고 콘텐츠를 해쳐서 오히려 광고 효과가 떨어질 수 있습니다. 기본적으로 링크 광고는 반응형 광고에 속합니다. 하지만 현재 이 광고는 종료되었습니다.

3 멀티플렉스 광고(네이티브)

▲ 티스토리 글의 마지막을 장식하는 '멀티플렉스' 네이티브 애드센스.

아마 티스토리에 애드센스를 게시하는 블로거 중 대부분은 마지막 부분에 늘 이 광고를 넣을 것입니다. 멀티플렉스라고 하는 스타일의 애드센스 광고입니다. 과거에는 '일치하는 콘텐츠'라는 이름을 사용했으며 작성자의 글 콘텐츠 목록 사이에 광고가 배치되는 형태였습니다. 지금은 멀티플렉스로 이름이 변경되면서 목록이 모두 광고 형태로 출력되도록 바뀌었습니다.

> **TIP** **멀티플렉스 광고에 대해서**
>
> 2022년 3월 1일 이후로 일치하는 콘텐츠 단위에 광고만 표시되며, '멀티플렉스 광고'로 이름이 변경되었습니다. 멀티플렉스의 구버전인 '일치하는 콘텐츠' 광고의 주 목적 중 하나는 사이트(블로그 포함) 방문자에게 자신이 직접 완성한 콘텐츠(글)를 홍보할 수 있게 돕는 것이었습니다. 또한 콘텐츠 링크와 함께 광고를 표시하는 옵션도 함께 제공되었습니다. 콘텐츠 프로모션 서비스의 이용률이 감소하고 광고 전용의 일치하는 콘텐츠 광고 형식이 긍정적인 실적과 고객 의견으로 이어지고 있기 때문에 구글(Google)에서는 콘텐츠 프로모션 서비스를 중단하고 기존의 일치하는 콘텐츠 단위 전체에 광고만 표시하기로 결정했습니다. 이는 구버전인 '일치하는 콘텐츠' 광고 사용자 중에서 '광고를 통한 수익 창출' 옵션을 사용 중지한 경우에도 적용됩니다. 즉 지금의 멀티플렉스 광고 이용자 중에서 '광고' 출력 기능을 비활성화하신 분들도 이제는 무조건 광고만 출력된다는 뜻입니다. 현재는 멀티플렉스라는 광고로 완벽히 변경되었기에 해당 옵션은 삭제된 상태입니다. 무조건 광고만 나오도록 설계되었기 때문입니다.

 인피드 광고(네이티브)

마찬가지로 네이티브 광고 스타일 중 하나입니다. 하지만 불행히도 인피드 광고는 적용시킬 수 있는 스킨이 많이 없습니다. 아니, 거의 없다고 보시면 됩니다. 인피드 광고는 아예 사용하시는 티스토리의 스타일을 분석해서 맞춤형으로 만들어지는 광고 스타일인데, 불행히도 적용할 위치가 마땅치 않습니다. 그래서 인피드 광고 대신 그냥 반응형 애드센스를 사용하는 것이 일반적입니다. 자세한 내용은 제 블로그 글(rgy0409.tistory.com/2511)을 참고하시면 됩니다.

5 인아티클 광고(네이티브)

네이티브 광고 스타일이며 인피드 광고와 거의 비슷합니다. 인피드 광고는 가로 형태의 애드센스라고 한다면 인아티클 광고는 세로 형태의 애드센스라고 할 수 있겠습니다. 티스토리에서는 활용도가 매우 떨어지는 광고입니다. 개인적으로 저는 이 광고를 사용하고 있지 않습니다.

결론적으로, 제가 주로 사용하는 광고는 '텍스트 및 디스플레이 광고'와 '일치하는 콘텐츠' 애드센스라고 할 수 있겠습니다. 나머지는 중복되기도 하며 적용하기도 불편합니다. 사실 광고라는 건 어차피 적재적소에 제대로 된 광고가 나와줘야 하는 부분이 가장 크기 때문에, 어떤 스타일의 광고인지보다는 사용자가 원하는 콘텐츠의 글을 볼 때 제대로 된 광고가 나오느냐가 더 중요하다고 생각합니다.

내가 보는 애드센스와 상대방이 보는 애드센스는 다르다?

그렇습니다. 현재 자신의 블로그에 나오는 애드센스와, 다른 사람이 내 블로그에 방문했을 때, 해당 방문자가 보는 애드센스 광고는 다를 수 있습니다. 그것은 구글 애드센스 알고리즘이 사용자의 패턴을 분석해서 관심사 카테고리를 찾아 송출하는 방식이기 때문입니다. 예를 들어서 A라는 사람은 평소 IT에 관심이 많고, B라는 사람은 패션 쪽에 관심이 많아서 인터넷 사이트를 수시로 드나든다고 가정하겠습니다. 만약 A라는 사람이 제 티스토리를 방문한다면 IT 카테고리와 관련된 애드센스 광고가 송출되고, B라는 사람에게는 패션에 맞는 광고가 자동으로 송출됩니다. 주로 인터넷 브라우저의 쿠키라든지, 임시저장파일 같은 인터넷 문서를 분석해서 이러한 정보를 수집합니다. 그렇기 때문에 애드센스의 뛰어난 알고리즘을 믿으시면 됩니다. 하나하나 관심사 설정을 할 필요는 없습니다. 오히려 그대로 두시는 게 수익을 높이는 길입니다.

6 자동 광고

자동 광고는 말 그대로 애드센스 알고리즘이 사이트의 레이아웃 및 콘텐츠 구조를 파악하여 어떤 페이지에서 방문자가 가장 많이 머물렀으며 또 어떤 위치에서 스크롤을 멈추고 콘텐츠를 많이 소비했는지를 분석해 해당 위치에 적절한 광고를 자동으로 출력하는 광고를 말합니다. 말 그대로 구글의 뛰어난 인공지능이 알아서 광고를 배치하는 방식입니다. 따라서 활성화를 해두는 것을 추천합니다. 설정 방법은 차후에 좀 더 자세히 다루겠습니다.

먼저 자동 광고는 크게 오버레이 형식과 인페이지 형식이 있습니다. 오버레이 광고는 페이지의 레이아웃에 영향을 주지 않으면서 출력되는 장점을 가진 자동 광고입니다. 앵커 광고, 사이드 레일 광고, 모바일 전면광고가 있습니다. 인페이지 형식 광고는 콘텐츠의 양에 따라서 애드센스 기본 형태들이 적시 적소에 알아서 배치되는 자동 광고입니다. 설정 시 배너 광고, 멀티플렉스 광고가 자동으로 출력되며 각 광고마다 관련 검색어 기능을 활성화하여 사용자가 좀 더 적극적으로 키워드 검색을 할 수 있도록 조치 할 수 있습니다.

자동 광고는 티스토리 관리자 화면과 애드센스 홈페이지에서 제어가 가능하지만 자세한 설정은 당연히 애드센스 홈페이지에서 가능합니다. 자동 광고에 대한 내용은 178 페이지에서 더 자세히 다룰 예정이니 꼭 참고해서 여러분들의 티스토리에 잘 적용시켜 보시기 바랍니다.

3 애드센스 신청 방법

우선 신청 전 자신의 콘텐츠가 확실한지 먼저 점검해보시기 바랍니다. 각 게시글마다 텍스트의 양은 충분한지, 그리고 전체 글 개수도 충분한지 말이죠. 대체적으로 많으면 많을수록 승인을 받을 확률이 올라갑니다. 현재 티스토리를 게시한 지도 얼마 되지 않았고, 게시글도 턱없이 부족하며, 한 글당 글자 수도 1000자 미만이라면, 아무래도 좀 더 준비하고 신청하시는 것을 권장합니다. 어떤 분들은 글 두세 개 만에 승인을 얻으셨다고 하는데, 한 글당 엄청난 텍스트를 채우셨을 거라는 추측을 해봅니다. 이런 경우는 흔치 않으니 급하게 서두르지 마시고 느긋하게 신청하시기를 권장합니다.

이제 애드센스 승인을 얻기 위해서 가입 후 신청하는 절차만 남았습니다. 의외로 신청 절차는 복잡하지 않습니다.

구글 검색창에서 "구글 애드센스"를 검색해 해당 링크(google.com/adsense/start/)로 들어가시면 됩니다. 그러면 다음과 같이 메인 화면이 나옵니다.

애드센스 홈페이지에 접속했다면 [시작하기] 버튼을 눌러줍니다. 보통 오른쪽 상단에 위치해 있습니다. (참고로 애드센스 홈페이지는 시간이 지나면 형태가 바뀔 수 있습니다.) 애드센스 가입 과정에서 가장 먼저 해야 할 작업은 구글 아이디로 로그인을 하는 것입니다. 만약 로그인이 안 되어 있다면, 다음과 같이 구글 로그인 화면이 나올 것입니다.

따라서 구글 아이디가 개설이 안 되어 있다면 구글 계정부터 만들어야 합니다. 로그인하시면 다음과 같은 구글 애드센스 가입 양식이 나옵니다.

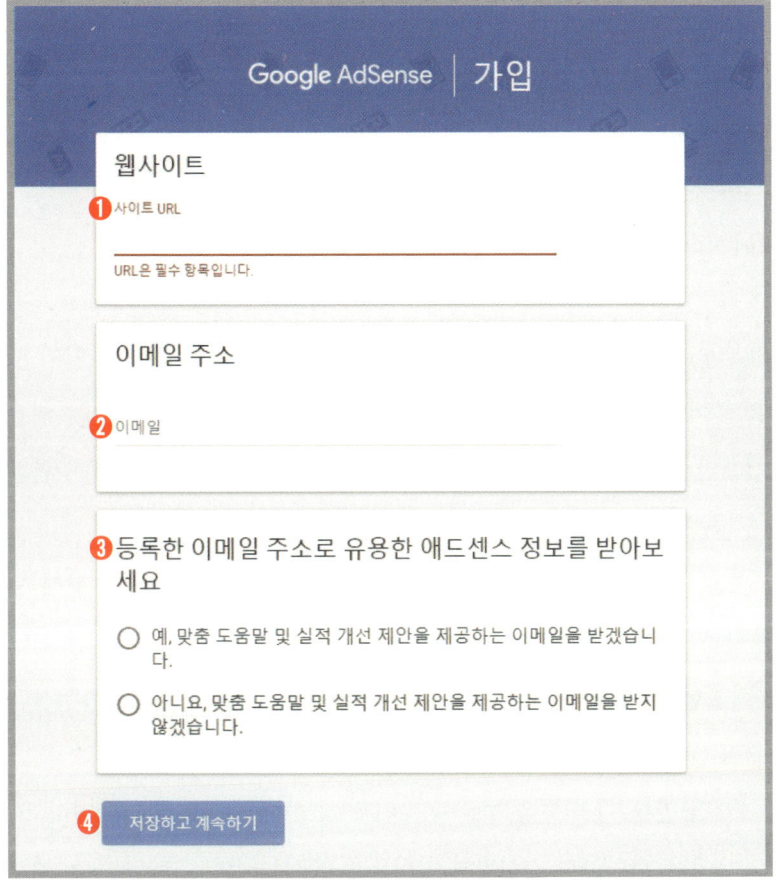

❶ 먼저 웹사이트에는 여러분들의 티스토리 주소를 기입해주세요. 제 경우는 'rgy0409.tistory.com'입니다. 맨 끝에 '/'는 빼든 넣든 상관없습니다.
❷ 구글 이메일 주소를 입력합니다.

❸ 등록한 이메일 주소로 유용한 애드센스 정보를 받아보시겠냐는 선택 창입니다. 기왕이면 받아보는게 좋으니 "예"를 선택합니다.

❹ [저장하고 계속하기]를 클릭합니다.

❺ 국가 또는 지역을 선택합니다. 대한민국을 선택해주시면 됩니다. 가나다 순이므로 찾는 데 어렵지는 않습니다.

❻ 이용약관 동의에 체크를 해줍니다. 약관 내용을 꼼꼼히 읽어보시고 넘어가시는것을 추천합니다. 애드센스 사용 설명서니까요.

❼ [계정 만들기]를 클릭해 주세요.

대부분 약관을 그냥 무시하고 넘어가시는데, 확실히 읽은 것과 읽지 않은 차이는 분명히 있습니다. 약관을 다 읽으셔야 하는 이유는 애드센스 정책위반에 대한 내용이 있기 때문입니다. 어떤 경우에 애드센스 위반이 되는지 꼭 읽어보시기 바랍니다.

  주로 성인물에 대한 콘텐츠, 악성 루머, 정치적 공작, 사생활 침해 등등 도덕적으로 어긋나는 것들에 대한 콘텐츠는 금지라고 보시면 됩니다. 또한 청소년에게 악영향을 미치는 콘텐츠도 부적합합니다. 전자담배 또한 애드센스 정책 위반에 해당됩니다.

  [계정 만들기] 버튼을 누르면 손쉬운 광고 게재 화면이 나옵니다. 카드 내용을 확인하시고 시작하기 버튼을 눌러줍니다. 수취인 주소 세부 정보창이 나옵니다.

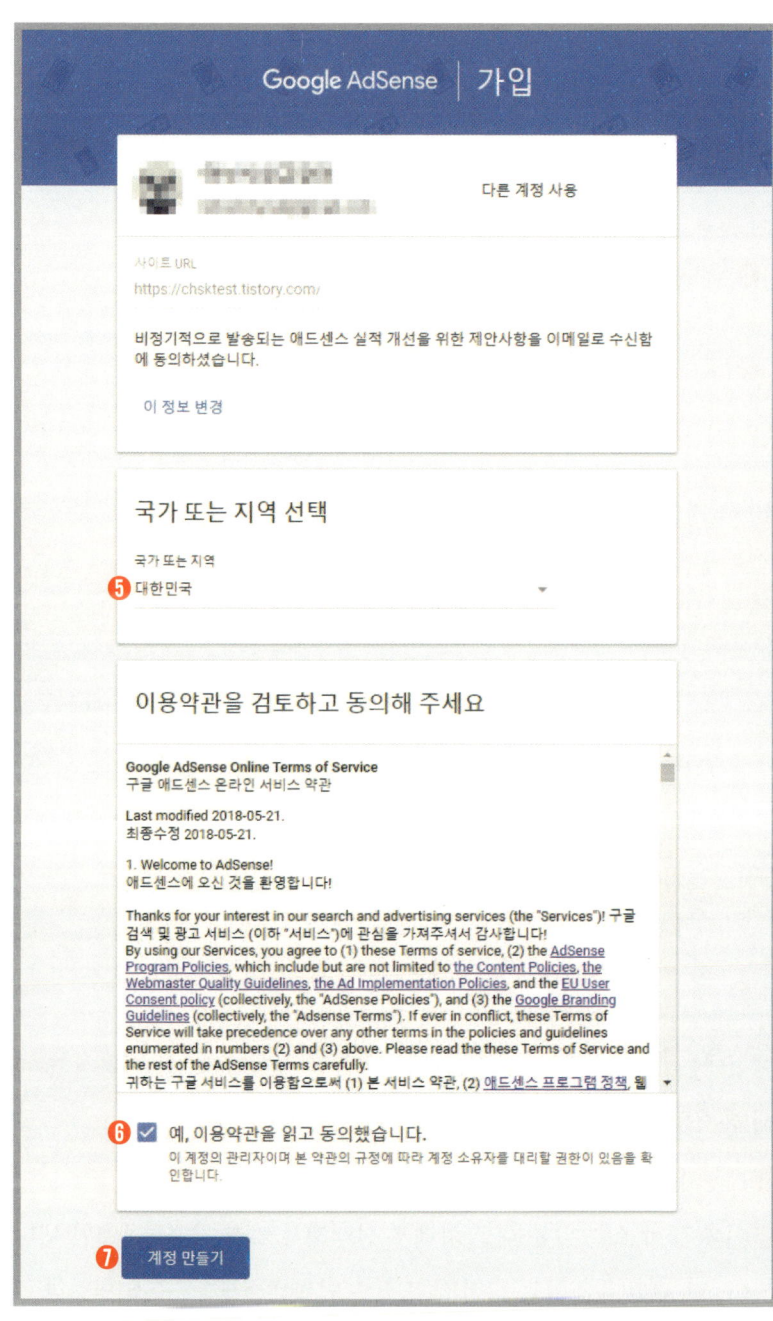

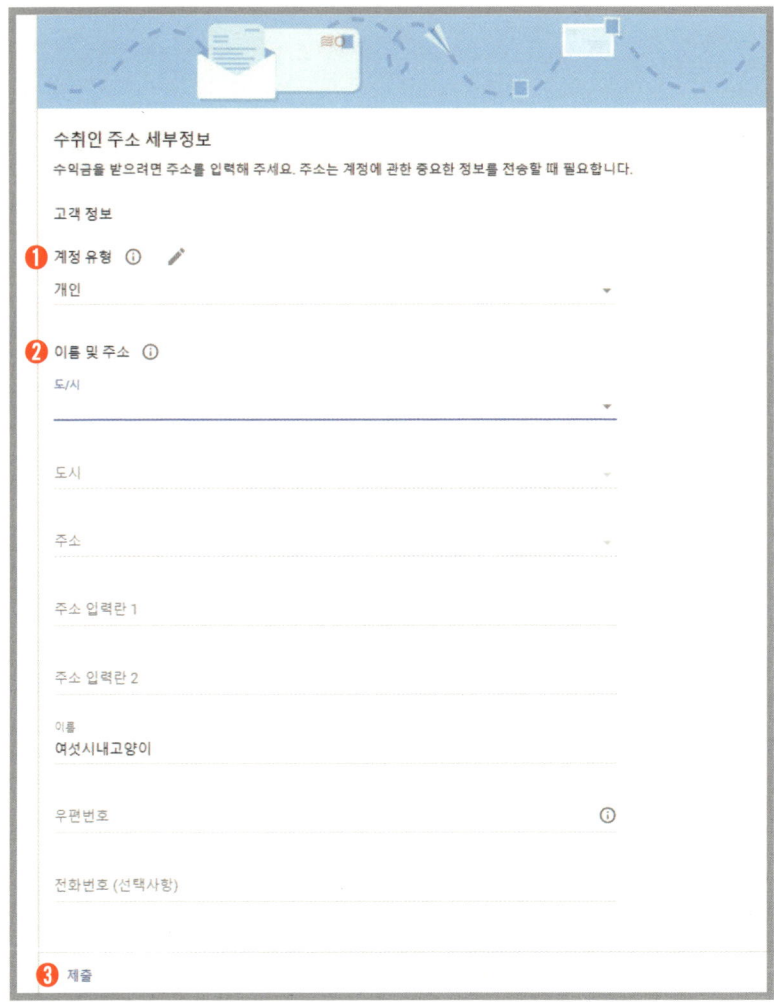

예전에는 영어로 입력해야 했는데, 이제 구글 애드센스를 이용하는 국내 유저들도 늘어나면서 한글도 지원이 됩니다.

❶ 계정 유형은 '개인'으로 합니다.

❷ 이름 및 주소는 나온 대로 차례로 선택해서 맞춰 진행해주시면 됩니다. 그 밑의 주소에는 나머지 주소를 입력해주세요. '주소 입력란 2'

까지 굳이 다 안채우셔도 됩니다. '주소 입력란 2'는 '주소 입력란 1'
이 부족할 때 사용합니다. 참고로 주소는 도로명 주소로 사용합니다.
그리고 이름은 본명으로 입력하시고, 우편번호는 다섯 자리로 입력
하시면 됩니다.

❸ '제출'을 클릭합니다.

위 사항을 '제출'하면 전화번호 확인 과정으로 넘어갑니다.

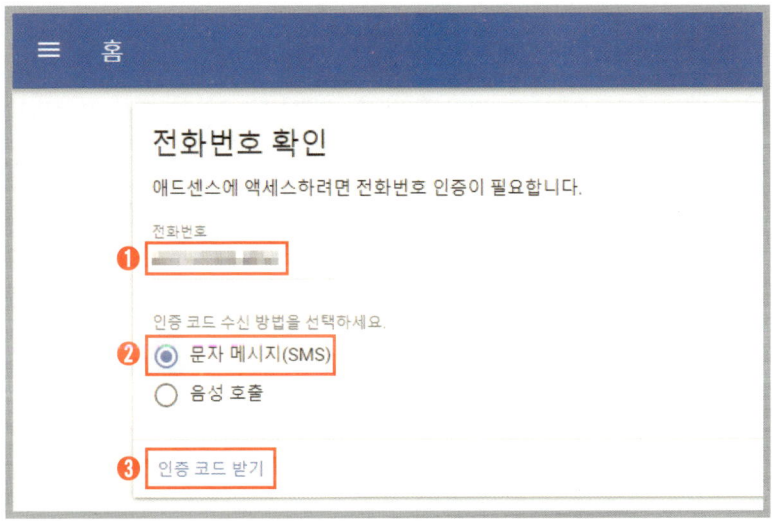

❶ 자신의 전화번호 중 맨 앞의 0을 생략하여 입력합니다.
❷ 원하는 승인 방법을 선택합니다. 문자 메시지가 편리합니다.
❸ '인증 코드 받기'를 누르시면 잠시 뒤 휴대폰으로 국제문자 한 통이
도착합니다. 해당 문자에 나온 코드를 입력하시고 다음으로 넘어가
면 됩니다.

구글 애드센스 계정 A와 구글 애드센스 계정 B의 관계에 대하여

한 사람이 만들 수 있는 구글 계정 수는 엄청 많습니다. 하지만 일반적인 구글 계정과 애드센스 승인을 위한 구글 계정은 엄밀히 다릅니다. 애드센스 가입을 하려면 맨 먼저 구글 아이디로 로그인을 하는데, 이때 같은 사람의 계정인 경우 애드센스에서 걸러집니다. 그런데 구글 애드센스 계정 A를 승인받고, 다른 구글 애드센스 계정 B를 승인받으려고 하시는 분들도 계십니다. 이런 경우에는 승인이 가능할까요? 결론 먼저 말씀드리면 "네"입니다. 단, 여기서 한 가지 전제조건이 있습니다. A와 B가 다른 구글 계정이어야 한다는 것입니다. 이름과 전화번호가 다른 구글 계정 각각 하나씩 애드센스 승인을 받을 수 있습니다. 현재 저는 제 친동생과 애드센스를 사용하고 있습니다. 주소만 같고 나머지는 모두 다릅니다.

이제 마지막 단계입니다. 다음과 같이 구글에서 제공하는 광고 코드를 복사할 수 있는 화면이 나옵니다. 만약 애드센스 승인 스크립트 코드를 놓쳤다면 아래의 경로를 통해 확인할 수 있습니다.

애드센스 홈페이지에 로그인이 되어 있는 상태에서 ❶ 광고 카테고리를 누른 후 ❷ 사이트 기준으로 들어갑니다. 그러면 아래쪽에 ❸ [코드 가져오기] 버튼이 있을 것입니다.

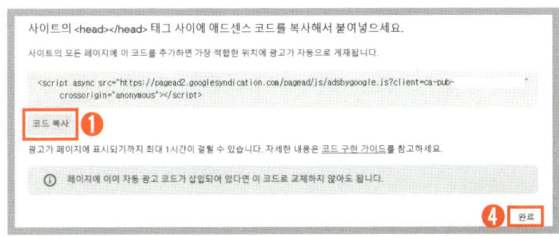

❶ 코드 복사 버튼을 누릅니다.

❷ 복사한 애드센스 스크립트 코드는 현재 사용중인 티스토리 스킨의 HTML 편집으로 들어가서 〈head〉 태그 안쪽에 붙여넣기 합니다. 보편적으로는 〈title〉 태그 아래쪽에 붙여넣기를 하는 편입니다. 티스토리 스킨 편집으로 들어가는 방법은 "티스토리 관리자 〉 꾸미기 〉 스킨 편집"으로 들어가시면 됩니다.

❸ 오른쪽 상단에 있는 적용 버튼을 눌러 스킨을 저장합니다.

❹ 다시 애드센스 페이지로 돌아와서 완료 버튼을 눌러줍니다. 여기까지

가 애드센스 신청 과정입니다. 이제 결과를 느긋하게 기다려줍니다. 애드센스 승인을 기다리는 동안에도 계속해서 글은 작성해도 됩니다.

▲ 구글 애드센스 승인 메일.

빠르면 3~4일 만에 결과가 나오고, 늦으면 한 달 이상 걸리기도 합니다. 그동안은 열심히 블로그 콘텐츠 늘리기에만 신경을 쓰시면 됩니다. 결과는 가입 시 작성한 이메일로 발송됩니다. 승인 여부는 아무도 알 수 없습니다. 그러니 인내를 가지고 기다려주세요. 만약 승인이 된다면, 메일에는 "축하합니다. 애드센스가 완전히 승인되었습니다"라는 내용이 담겨 있습니다. 여러분들에게 어서 그날이 오기를 응원하겠습니다.

애드센스 승인 신청 후, 깜깜무소식을 막는 방법

```
1  <!-- FastBoot v1.6.2 by Readiz
2      Responsive Tistory Skin
3      http://readiz.com/
4      Open sources are copyright of their respective owners.
5  -->
6  <!DOCTYPE html><html><head>
7
8  <meta http-equiv="Content-Type" content="text/html; charset=utf-8" />
9  <meta http-equiv="X-UA-Compatible" content="IE=edge">
10 <meta name="viewport" content="width=device-width, user-scalable=no, initial-scale=1.0">
11 <meta name="author" content="[##_blogger_##]">
12 <meta name="description" content="[##_desc_##]">
13 <meta name="generator" content="FastBoot">
14 <link rel="shortcut icon" href="[##_blog_link_##]favicon.ico" />
15 <link rel="alternate" type="application/rss+xml" title="[##_title_##]" href="[##_rss_url_##]" />
16
17 <script async src="//pagead2.googlesyndication.com/pagead/js/adsbygoogle.js"></script>
18 <script>
19   (adsbygoogle = window.adsbygoogle || []).push({
20     google_ad_client: "                    ",
21     enable_page_level_ads: true
22   });
23 </script>
24
25 <!--F Open Sources are using here: Bootstrap, Bootflat, Fontawesome -->
26 <link href="./images/fastboot.css" rel="stylesheet" />
27 <link rel="stylesheet" media="screen" type="text/css" href="./style.css" />
28 <title>[##_page_title_##]</title>
```

만약 여러분들의 스킨 구성 태그 중, ⟨link⟩ 관련된 태그들이 있다면 그 사이에 애드센스 코드를 넣으시는 것을 추천합니다. 이렇게 하면 애드센스 승인을 신청했는데 아무런 소식이 없는 경우를 방지할 수 있습니다.

> **TIP** **애드센스 승인이 너무 힘듭니다. 뭐가 문제죠?**

애드센스 신청을 했는데, 계속 거절당하시는 분들도 계시고, 감감무소식인 분들도 계십니다. 그런 분들께서 자신의 블로그는 뭐가 문제길래 이러는지 모르겠다고 저에게 문의를 하십니다. 해당 블로그를 방문해보면 거의 십중팔구, 콘텐츠가 너무 형식적이라는 느낌을 받습니다. 이게 무슨 뜻이냐면, 승인을 받기 위해서 콘텐츠를 꾸려나가고 있다는 뜻입니다. 누구나 다 쉽게 접할 수 있는 생활정보거나 맛집, 여행 등등 흔하디흔한 것들입니다. 그리고 글 하나당 텍스트의 양도 적습니다. 그리고 전체 글 개수도 적습니다. 이러면 승인거절이라는 결과가 나올 수밖에 없습니다. 애드센스에서도 양질의 콘텐츠와, 가치 있는 콘텐츠를 좋아합니다. 그렇기 때문에 이 세상에 없는 나만의 특별한 콘텐츠를 한번 생각해보세요. 어렵더라도, 우리나라에 수많은 티스토리 애드센스 유저들 사이에서 살아남기 위해서는 이 방법이 최선입니다.

애드센스 승인 스크립트는 계속 업데이트된다?

현재 본 도서에서 소개해드리는 애드센스 스크립트와 현재의 스크립트 코드 형태는 차이가 발생할 수 있습니다. 시간이 지남에 따라 HTML 문서는 계속 업그레이드가 되고 그에 따라 코드도 조금씩 변하기 마련입니다. 애드센스 스크립트도 마찬가지입니다. 따라서 코드가 달라서 잘못 진행하고 있는지 걱정하실 필요가 전혀 없습니다. 애드센스 승인 신청 스크립트에 표시된 코드 그대로를 사용하시면 됩니다.

```
사이트의 <head></head> 태그 사이에 애드센스 코드를 복사해서 붙여넣으세요.
사이트의 모든 페이지에 이 코드를 추가하면 가장 적합한 위치에 광고가 자동으로 게재됩니다.

<script async src="https://pagead2.googlesyndication.com/pagead/js/adsbygoogle.js?client=ca-pub-XXXXXXXXXXXXXX"
 crossorigin="anonymous"></script>

코드 복사

광고가 페이지에 표시되기까지 최대 1시간이 걸릴 수 있습니다. 자세한 내용은 코드 구현 가이드를 참고하세요.

ⓘ 페이지에 이미 자동 광고 코드가 삽입되어 있다면 이 코드로 교체하지 않아도 됩니다.
```

▲ 애드센스 승인 신청 스크립트에 표시된 코드

2021년 11월 26일을 기준으로 지금의 애드센스 스크립트는 매우 간략해진 상태입니다. 앞으로 시간이 더 지나면 이 코드는 또 변경될 수 있습니다. 그렇다고 해서 변경되기 전의 코드가 사용 불가능해지는 것이 절대 아닙니다. 이미 애드센스 코드를 삽입해서 정상적으로 광고가 노출되고 있는 상태인데 변경된 코드로 굳이 바꿀 필요는 전혀 없다는 뜻입니다.

4 티스토리에 애드센스 적용하는 방법

여기까지 오신 분들은 드디어 자신의 티스토리 블로그에 애드센스 광고를 게시할 수 있게 되었습니다. 티스토리 초창기에는 애드센스와 관련된 플러그인이 없어서 번거롭게 HTML을 편집해서 수동으로 광고 코드를 넣었는데, 이제 그럴 필요가 없어졌습니다. 티스토리에서 제공하는 애드센스 관련 플러그인으로 빠르고 쉽게 광고를 게시할 수 있게 되었습니다. 그럼 티스토리에 광고를 게시하려면 어떤 절차를 거치는지 한번 같이 확인해보도록 하겠습니다.

2021년 초반에 티스토리는 애드센스에 대한 대대적인 업데이트를 진행하였습니다. 이제 애드센스 홈페이지에 방문하지 않아도 티스토리 관리자 화면에서 편리하게 애드센스 광고를 만들어 게시할 수 있게 되었습니다. 하지만 아무래도 조금 더 꼼꼼하게 광고를 배치하기 위해서는 수동으로 설정을 할 필요가 있을 겁니다. 본문에서는 수동으로 광고를 생성 후 배치하는 방법과 티스토리 관리자에 있는 애드센스 활용 방법에 대해서 이야기하겠습니다.

1 애드센스 홈페이지에서 광고 만들기

가장 먼저 작업할 일은 애드센스의 자동 광고 활성화입니다. 자동 광고란 말그대로 별도의 애드센스 스크립트를 티스토리 스킨에 삽입할 필요가 없이, 자동으로 알아서 적시 적소에 배치되는 최신 애드센스 광고 방식입니다. 방법은 간단합니다. 먼저 애드센스 홈페이지에 로그인합니다. 그리고 왼쪽의 카테고리에서 '광고 > 개요'로 들어가시면 다음과 같은 화면이 나타납니다.

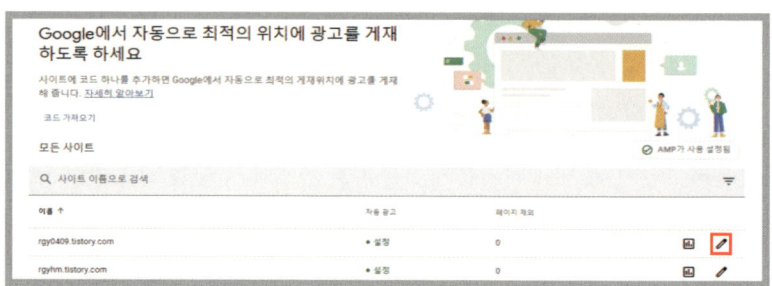

사이트 정보에 있는 자신의 티스토리 URL을 찾습니다. 맨 오른쪽에 있는 볼펜 모양의 아이콘을 눌러줍니다. 그러면 브라우저 화면이 바뀌면서 다음과 같은 정보가 출력됩니다.

❶ 광고 설정에 보이는 자동 광고의 옵션을 활성화해 주세요.
❷ [사이트에 적용] 버튼을 클릭하면 최종적으로 자동 광고 설정은 완료됩니다.

참고로 자동 광고를 활성화했다고 해서 무조건 본문 중간이나 사이드바에 자동으로 광고가 생성되지는 않습니다. 시간이 걸리며 제대로 광고가 노출되지 않을 수 있습니다. 그렇기에 확정적으로 광고가 나타나게 하기 위해서 따로 수동 설정을 하는 것입니다. 이제 수동 광고를 만들어 봅시다. '광고 > 개요'로 들어갑니다.

개요 탭에 있는 세 가지 메뉴 중 '광고 단위 기준'으로 들어갑니다. 그러면 아래에 '신규 광고 단위 만들기'에 약 네 가지 타입의 광고 만들기 버튼이 보일 겁니다. 아마 '일치하는 콘텐츠 광고'는 아직 보이지 않을 것입니다. 이 광고는 애드센스 승인 이후 어느 정도 방문자가 더 발생하면 자동으로 활성화됩니다. 즉 콘텐츠에 꾸준히 신경을 쓰시면 어느 날 알아서 생성되어 있을 것입니다. 그때 이 광고를 사용하시면 됩니다. 각 광고에 대한 설명은 다음과 같습니다.

- 디스플레이 광고: 가장 기본이 되는 광고입니다. 가장 많이 배치하는 광고이기도 합니다.
- 인피드 광고: 티스토리에서는 보통 메인 화면의 글 목록 사이사이에 넣는 목적으로 사용되는 광고입니다. 스킨마다 지원 여부가 달

라집니다.
- 콘텐츠 내 자동 삽입 광고: 자동 삽입 광고라고 하지만 사실 수동으로 넣어야 하는 광고입니다. 보통 본문 중간에 삽입하는 용도로 많이 사용하지만 어차피 자동 광고가 활성화되어 있다면 이 광고는 사용을 하지 않는다고 보시면 됩니다. 활용도가 낮은 광고입니다.
- 멀티플렉스 광고: 이전에 설명드렸듯이 과거에는 '일치하는 콘텐츠'라는 광고였습니다. 총 8개의 목록이 있으며 3개는 광고, 나머지 5개는 광고입니다. 현재는 멀티플렉스 광고로 업데이트되면서 8개의 목록이 모두 애드센스 광고 형태로 출력됩니다.

본문에서는 자동 광고를 만드는 방법에 대해서만 소개를 해드리겠습니다. 이 광고 코드를 사용해서 티스토리에 적용하는 방법은 스킨마다 상이하기 때문입니다. 본 책에서는 공통되는 부분까지만 설명할 수 밖에 없는 점 양해 부탁드립니다. 그러면 반응형 디스플레이 광고를 만들고 코드를 생성 후 이를 티스토리에 삽입하는 과정을 알아보겠습니다.

광고 단위 기준에 있는 [디스플레이 광고] 버튼을 누릅니다. 그러면 다

음과 같이 반응형 디스플레이 광고 생성을 위한 여러 가지 내용을 설정하는 화면으로 넘어갑니다.

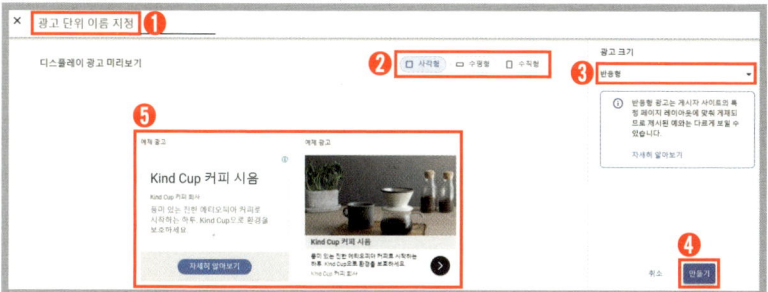

❶ 광고 단위 이름을 지정합니다. 한글로 입력하셔도 됩니다. 자유롭게 입력합시다.

❷ 반응형 광고의 형태(레이아웃)를 선택합니다.

❸ 광고 크기 설정입니다. 반응형으로 설정합니다.

❹ 1~3번 설정이 모두 완료되었다면 [만들기] 버튼을 눌러주시면 됩니다.

❺ 선정한 애드센스 광고에 대한 미리보기 모습입니다.

[만들기] 버튼을 누르면 다음과 같이 애드센스 코드가 생성됩니다.

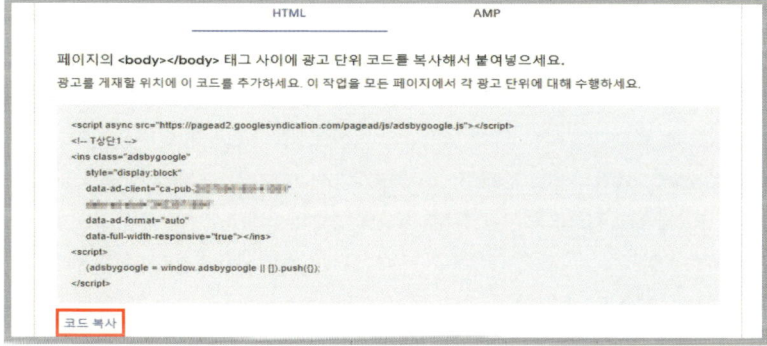

'코드 복사'를 눌러서 애드센스 광고 코드를 복사 후 임시로 메모장에 붙여넣기를 해줍니다. 오른쪽 하단에 있는 [완료] 버튼을 누르면 애드센스 광고 생성 과정이 마무리 됩니다. 신규 광고 단위를 만들면 다음과 같이 아래에 자신이 만든 광고의 목록이 뜹니다.

이런 식으로 반응형 광고를 원하는 개수만큼 생성하시면 됩니다. 혹시라도 차후에 애드센스 광고 코드를 다시 확인해야 하는 상황이 생길 수도 있습니다. 이럴 때는 '기존 광고 단위'의 광고 목록 오른쪽에 있는 아이콘 꾸러미에서 괄호 모양 아이콘을 눌러서 확인할 수 있습니다. 참고로 연필 모양 아이콘은 자동 광고 설정에서 했던 설정 아이콘입니다.

> **TIP 애드센스 광고를 삭제하고 싶으면 어떻게 하나요?**
>
> 애드센스 광고 기능에는 삭제가 없습니다. 대신 보관함에 보관하여 아예 사용하지 않는 방법으로 진행합니다. 애드센스 광고 코드는 생성 후 사용하지 않으면 일정 시간 이후에는 자동으로 파기됩니다. 광고 목록의 맨 오른쪽에 있는 메뉴 버튼(⋮)을 눌러 보시면 '보관처리'라는 옵션이 보일 겁니다. 해당 메뉴를 눌러 보관함에 보관할 수 있습니다.

애드센스 클라이언트와 슬롯 번호란?

애드센스 광고 코드를 살펴보시면 'data-ad-client'라는 코드와 'data-ad-slot'이라는 코드가 있습니다. 이 코드는 애드센스 광고에 없어서는 안 되는 매우 중요한 코드입니다.

- 클라이언트(Client): data-ad-client는 개인의 애드센스 고유 라이선스라고 이해하시면 됩니다. 즉 주민번호와 같은 것입니다. 애드센스를 승인받는 순간 발급받게 되는 코드입니다. 코드 형태는 "ca-pub-숫자"로 이루어져 있습니다. 만약 5개의 애드센스 코드를 생성하면 각 코드마다 클라이언트 값이 포함되어 있는데 방금 말씀드렸듯 이것은 주민번호와 같은 개념이니 절대 바뀌지 않는 값입니다. 광고 100개를 만들어도 그대로입니다. 주민번호가 바뀌지는 않으니까요.
- 슬롯(Slot): data-ad-slot은 광고를 생성할 때마다 발급되는 랜덤 번호입니다. 이것은 자동차 번호라고 생각하시면 됩니다. 개인이 꼭 한 대의 차량만 가질 수 있다는 법은 없습니다. 두 대가 될 수도 있고 능력이 되면 그 이상 보유하는 사람도 있습니다. 즉 슬롯 번호는 무제한으로 광고를 생성할 때마다 받게 되는 랜덤 번호입니다. 숫자로만 이루어진 코드입니다. 슬롯번호는 번호가 절대로 겹치지 않습니다. 자동차 10대를 뽑았을 때 이 10대의 차량 번호가 다 다른 것과 같은 원리입니다.

애드센스 클라이언트 값과 슬롯 값의 개념을 이해하고 있으면 차후에 스킨을 변경할 때 상당히 편리합니다. 최근 티스토리 스킨이 상당히 사용자 입장에서 접근하기 쉽도록 설계된 반응형 스킨들이 많습니다. 제가 만든 친효스킨도 그중 하나입니다. 스킨편집 페이지를 살펴보시면 클라이언트 값과 슬롯값을 입력하는 항목이 있는데 애드센스 코드 개념을 정확히 이해한다면 이런 스킨의 기능들을 손쉽게 사용할 수 있습니다. 따라서 스킨에서 제공하는 애드센스 광고 기능을 편리하게 사용하면 광고 배치가 용이합니다.

사실 애드센스 광고는 하나만 만들고 그 코드를 여러 곳에 배치시켜도 상관은 없습니다. 하지만 많은 애드센스 사용자들은 광고를 각 위치별로 여러 개를 생성합니다. 그 이유는 바로 통계를 알아보기 위해서입니다. 어떤 위치의 광고가 가장 수익이 좋은지를 알기 위해서이지요. 그 기준이 바로 슬롯번호입니다. 만약 자신이 여러 대의 자동차를 보유 중이라면 그중 가장 사용 빈도가 높은 차량 번호가 반드시 존재하지 않겠습니까? 그렇기 때문에 애드센스 코드를 위치별로 여러 개 만들어 배치하는 것입니다.

2 티스토리 본문에 애드센스 삽입하기

티스토리에서 새롭게 추가된 애드센스 관리 기능을 통해서 클릭만으로 편리하게 광고를 배치할 수 있습니다. 단 이 부분도 스킨마다 상이하기 때문에 자신이 현재 어떤 스킨을 사용하고 있느냐에 따라 적용이 잘 될 수도 있고 잘 되지 않을 수 있는 점 참고하시기 바랍니다. 관리자 페이지에서 '수익' 카테고리로 들어가면 다음과 같은 화면이 보입니다.

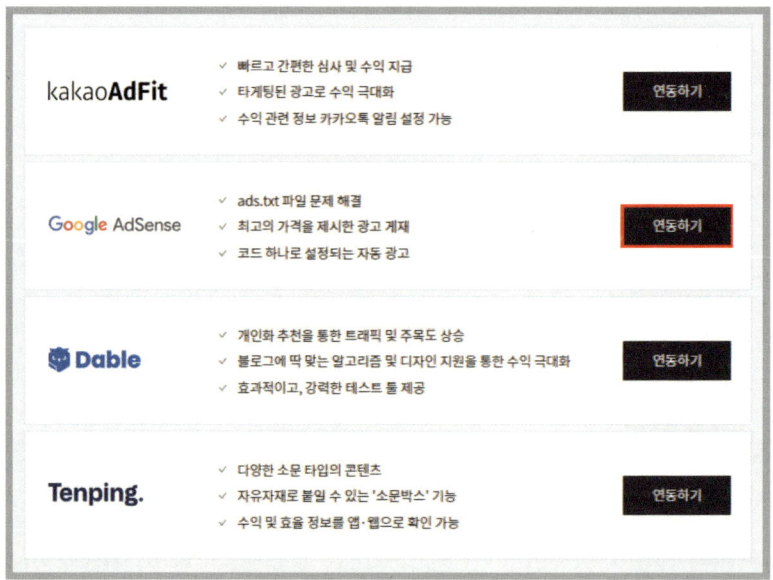

광고 플랫폼이 총 4개가 보입니다. 구글 애드센스 [연동하기] 버튼을 클릭해 주세요. 그러면 다음과 같은 화면이 나옵니다.

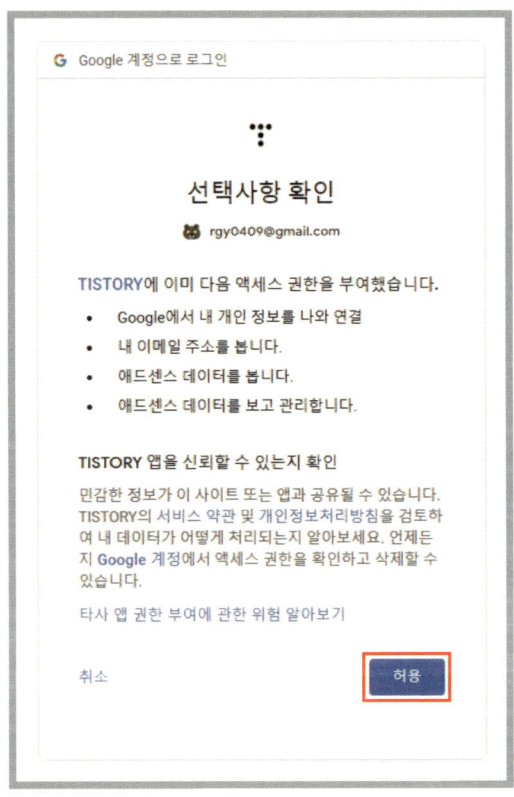

[연동하기] 버튼을 누르면 구글 애드센스의 경우에는 구글 계정으로 로그인됩니다. 이 과정에서 티스토리의 여러 권한을 허용하게 되는데 기본 허용 항목은 자동 체크되어 있으니 바로 다음 과정으로 넘어가시면 됩니다. [허용] 버튼을 눌러서 구글 애드센스 계정과의 연동을 마무리합니다. 연동이 완료되면 다음과 같이 수익 카테고리 아래에 애드센스 관리 항목이 생성됩니다.

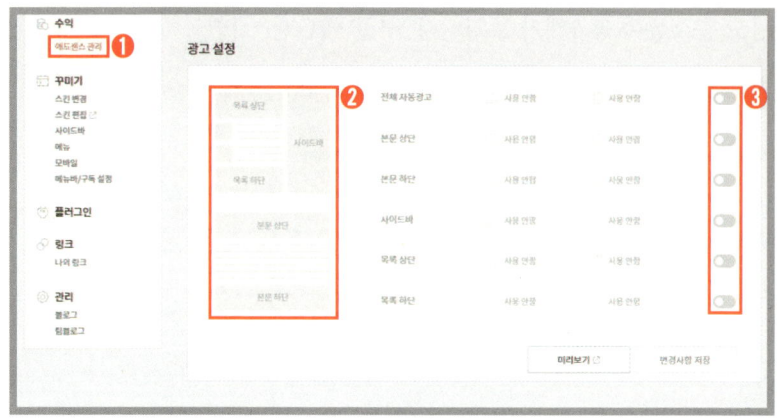

'수익' 카테고리에서 ❶'애드센스 관리'로 들어가 보시면 '광고 설정' 화면을 만날 수 있습니다. ❷ 레이아웃 영역을 클릭하거나 ❸ 오른쪽의 스위치를 클릭하여 광고를 활성화할 수 있습니다.

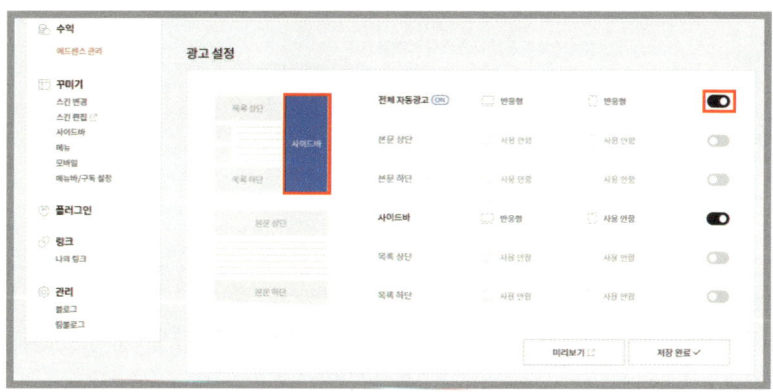

이런 식으로 원하는 영역을 활성화하시면 됩니다. 단 앞서 설명해드렸듯이, 스킨마다 일부 적용이 안 되는 경우도 있습니다. 티스토리에서 기본적으로 제공하는 반응형 스킨의 경우에는 대다수 정상 작동합니다. 사이드바의 경우에는 애드센스 모듈 위치를 변경할 수 있습니다.

5 애드센스를 사이드바에 넣는 방법

이제 하나의 애드센스 코드만을 남기고 있습니다. 이 애드센스 광고는 티스토리 사이드바에 넣도록 할 것입니다. 사이드바가 없는 스킨에서는 이 방법을 사용할 수 없습니다. 티스토리 스킨 2단형부터 사이드바가 존재하므로, 2단형 혹은 3단형을 선택하신 분들만 이 글을 참고하시기 바랍니다.

먼저 사이드바에 넣을 플러그인을 설정해줘야 합니다. '관리 페이지 > 관리 및 통계 플러그인'으로 들어가 '배너 출력'을 클릭해 적용합니다.

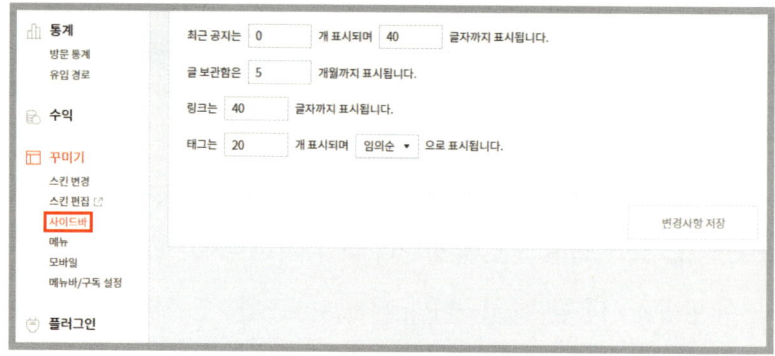

그리고 '꾸미기 > 사이드바'로 들어갑니다. 그러면 다음과 같이 'HTML 배너출력'이라고 하는 기본 모듈이 생성됩니다.

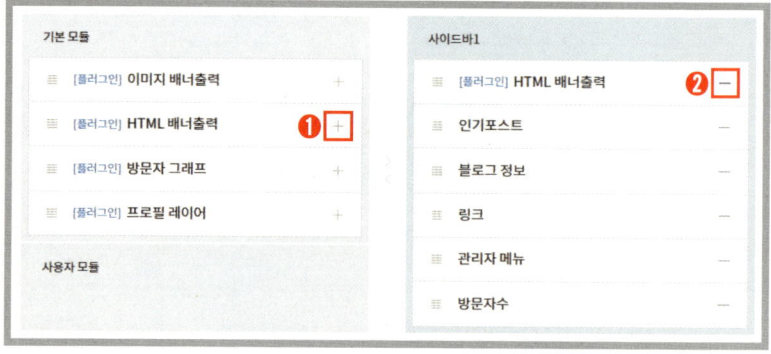

❶ 해당 플러그인 오른쪽의 '[+]' 버튼을 눌러서 사이드바에 추가합니다.
❷ 추가된 플러그인 오른쪽에 있는 '편집'을 눌러줍니다.

그러면 다음과 같이 'HTML 배너출력' 창이 뜹니다. 이름과 HTML 소스를 입력하면 됩니다.

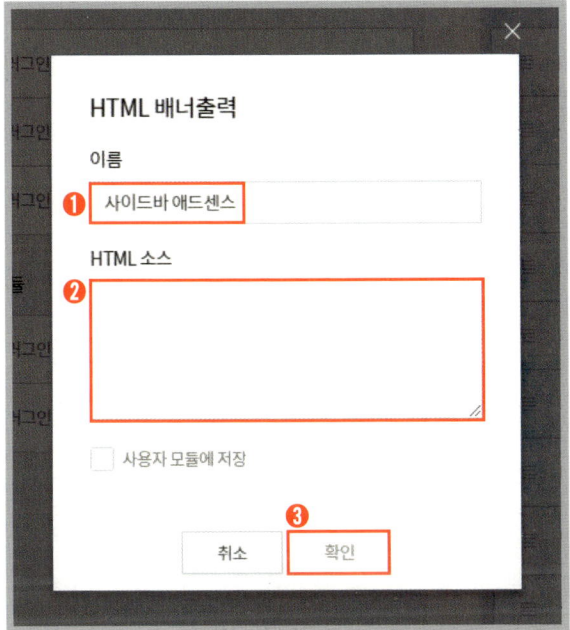

❶ 이름은 그냥 본인이 알아보기 쉽게 설정해주시면 됩니다.

❷ 생성해 놓은 애드센스 코드를 붙여넣습니다.

❸ [확인] 버튼을 눌러주시면 됩니다.

 사이드바 애드센스 위치를 옮기고 싶어요.

간단합니다. 사이드바의 모든 모듈은 드래그가 가능합니다. 따라서 원하는 모듈을 마우스로 선택 후 원하는 위치로 그대로 드래그해주시면 됩니다.

'사용자 모듈에 저장'은 뭐죠?

'사용자 모듈에 저장' 옵션에 체크를 하시면, 사이드바의 사용자 모듈 항목에 방금 추가한 HTML코드에 대한 소스가 등록됩니다. 나중에 필요하면 언제든 추가하고 삭제할 수 있습니다.

6 애드센스를 본문 중간에 넣는 방법

티스토리 블로그를 살펴보면 본문 중간에도 애드센스가 들어가 있는 것을 확인하실 수 있습니다. 이건 어떻게 넣는 걸까요? 이 또한 간단하게 적용시킬 수 있습니다. 단, 이 방법은 글을 작성할 때마다 수동으로 넣는 방법입니다.

과거에는 티스토리 글쓰기 에디터에서 기본 모드를 HTML 모드로 변경 후 원하는 위치에 광고 코드를 삽입하는 수동 방식으로 본문 중간에 광고를 삽입할 수 있었습니다. 하지만 지금은 수익 연동 기능으로 인해 매우 편리하게 광고를 본문에서 원하는 위치에 삽입할 수 있습니다. 티스토리에는 여러 광고 플랫폼이 있지만 여기에서는 대표적으로 애드센스를 기준으로 설명해드리겠습니다. 방법은 모두 비슷합니다.

'티스토리 관리자 > 수익 > 애드센스'로 들어갑니다. 애드센스와 연동이 끝났다면 다음과 같이 광고 설정에서 '본문 중간(에디터)'라는 항목을 찾아볼 수 있습니다.

'본문 중간(에디터)'를 클릭하면 다음과 같이 본문 중간(에디터) 광고에 대한 안내문이 팝업창으로 뜹니다.

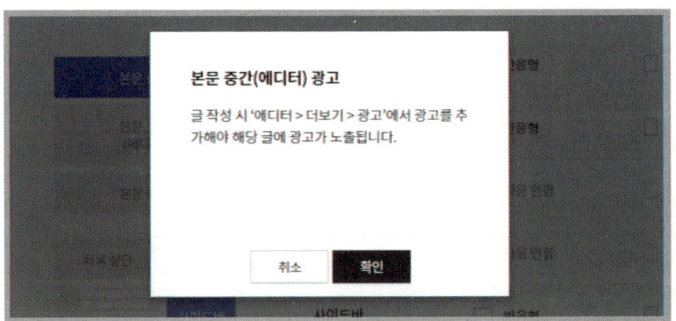

글 작성 시 '에디터 > 더보기 > 광고'에서 광고를 직접 수동으로 추가해야 해당 글에 광고가 노출된다는 내용입니다. [확인] 버튼을 눌러서 적용합니다. 그러면 다음과 같이 본문 중간(에디터) 부분이 파란색으로 변경되면서 기능이 활성화됩니다.

그리고 반드시 광고 설정 완료 이후에는 [저장 완료] 버튼을 눌러줘야 완벽히 적용이 됩니다. 이렇게 하면 본문 중간에 애드센스 광고를 넣을

준비가 끝납니다. 이제 관리자 메인 화면에서 화면 오른쪽 상단에 있는 [글쓰기] 버튼을 눌러 '글쓰기' 창으로 들어갑니다.

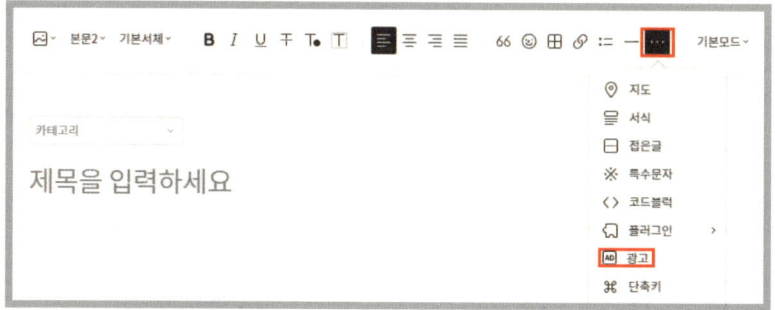

티스토리 글쓰기 모드의 도구툴에서 더보기 버튼(■)을 눌러서 '광고'로 들어갑니다. 그러면 다음과 같이 광고 설정창이 뜹니다.

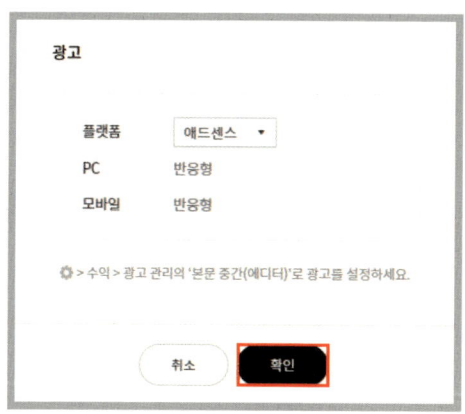

'플랫폼'에는 본문 중간 광고를 활성화한 광고에 대해서만 사용이 가능한 상태로 목록화됩니다. 예를 들어서 애드센스와 애드핏 두 개의 광고를 '본문 중간(에디터)'으로 활성화했다면 이 두 개의 광고 목록이 플랫폼 안에 들어있게 되는 것입니다. 사용자는 그때그때 사용하고자 하는 광고를 선택하여 적용만 시켜주면 됩니다. 이 상태로 [확인] 버튼을 누르면 이제 현재 커서가 활성화 되어있는 위치에 애드센스 광고가 들어가게 됩니다.

애드센스 본문 중간 광고

여기는 본문 내용입니다. 여기는 본문 내용입니다.

여기는 본문 내용입니다. 여기는 본문 내용입니다. 여기는 본문 내용입니다. 여기는 본문 내용입니다. 여기는 본문 내용입니다. 여기는 본문 내용입니다. 여기는 본문 내용입니다. 여기는 본문 내용입니다. 여기는 본

현재 커서 위치란 바로 이 부분을 의미합니다. 원하는 위치에 마우스 커서를 활성화해두고 본문 중간 광고를 적용해야 해당 위치에 광고가 들어갑니다. 광고를 삽입하면 글쓰기 모드에서는 다음과 같이 보입니다.

애드센스 본문 중간 광고

여기는 본문 내용입니다. 여기는 본문 내용입니다.

여기는 본문 내용입니다. 여기는 본문 내용입니다. 여기는 본문 내용입니다. 여기는 본문 내용입니다. 여기는 본문 내용입니다. 여기는 본문 내용입니다. 여기는 본문 내용입니다. 여기는 본문 내용입니다. 여기는 본문 내용입니다. 여기는 본문 내용입니다. 여기는 본문 내용입니다. 여기는 본문 내용입니다. 여기는 본문 내용입니다. 여기는 본문 내용입니다. 여기는 본문 내용입

'Google AdSense'라고 표시된 박스가 삽입되면 정상적으로 적용이 완료된 것입니다. 참고로 이 상태에서 미리보기를 해보면 광고가 보이지 않습니다. 왜냐하면 구글 애드센스 서버와의 송수신이 아직 정상적으로 완료되지 않는 상태이기 때문입니다. 글쓰기를 모두 완료하고 최종 발행을 한 이후, 해당 글에 대해 어느 정도 방문자 트래픽이 발생해야 광고가 노출되기 시작합니다.

7 자동 광고 설정

방금 전까지는 티스토리에서 가장 기본이 되는 광고 설정 방법에 대한 설명이었습니다. 이번에는 사이트 전체적으로 일괄 적용시키는 애드센스 광고 설정에 대한 부분입니다. 먼저 각 광고에 대해 설명을 해드리겠습니다.

  자동 광고의 경우는 두 가지 방법이 있습니다. 첫 번째는 티스토리에 연동된 애드센스 설정에서 진행하는 방법이고 두 번째는 애드센스 홈페이지에서 설정하는 방법입니다. 둘 다 결과적인 차이는 없습니다. 하나씩 설명해드릴게요.

1 티스토리에서 애드센스 자동 광고 설정하기

먼저 티스토리에 연동된 애드센스에서 자동 광고를 활성화하는 방법입니다. '수익 > 애드센스 관리'로 들어갑니다.

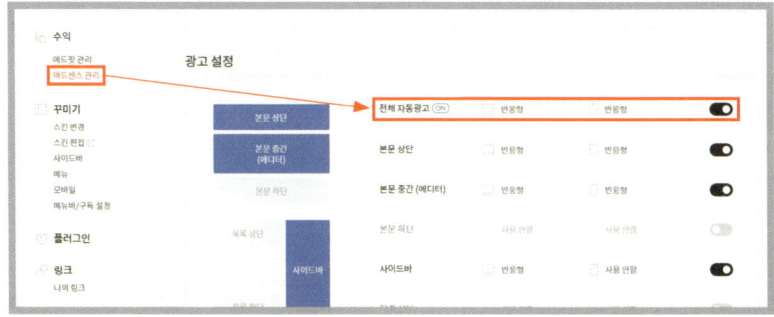

'광고 설정' 옵션에 있는 '전체 자동 광고'를 활성화하면 끝입니다. 이후 일정 시간이 흐른 뒤부터 여러분의 티스토리에 애드센스 자동 광고가 노출되기 시작할 것입니다. 자동 광고는 랜덤으로 발생합니다.

2 애드센스 홈페이지에서 자동 광고 설정하기

이번에는 애드센스 홈페이지에서 설정하는 방법입니다. 먼저 애드센스에 로그인을 합니다. '설정 > 광고 > 개요 > 사이트 기준'으로 들어가면 다음과 같은 화면이 보입니다.

그러면 아래의 모든 사이트 항목에 자신의 티스토리 주소가 있을 것입니다. 맨 오른쪽에 있는 펜 모양의 [수정] 버튼을 눌러줍니다.

애드센스 자동 광고 화면입니다. 오른쪽 상단에는 ❶ 자동 광고에 대한 활성화 버튼이 있습니다. 자동 광고를 사용하고 싶다면 해당 스위치를 클릭해 활성화하면 됩니다. 자동 광고는 별도의 코드 삽입 과정이 필요 없는 애드센스 광고여서 많은 사람들이 기본적으로 사용합니다. 애드센스 자동 광고는 크게 ❷ 오버레이와 인페이지 형식으로 나뉩니다. 또한 애드센스 출력을 막을 수도 있는데 ❸ 영역 또는 페이지의 두 가지 방식으로 제외시킬 수 있습니다.

먼저 오버레이 형식을 눌러보시면 3개의 광고 형태가 있음을 알 수 있습니다. 각 광고에 대한 설명을 하나씩 이야기해보겠습니다. 먼저 앵

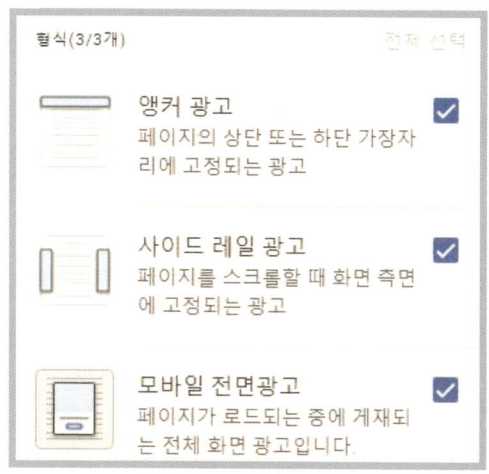

커 광고는 디스플레이 최상단이나 최하단에 임의로 슬라이드 형태로 나타나는 고정형 광고입니다. 다음으로 사이드 레일 광고는 접속 중인 페이지(스킨) 레이아웃의 양 측면 빈 공간에 나란히 출력되는 세로 형태의 고정형 광고입니다. 만약 사용하고 있는 스킨의 가로 길이가 화면 가로 전체를 채울 때에는 이 광고가 출력되지 않을 수 있습니다. 티스토리의 경우에는 애드센스 자체 광고를 송출하기 시작한 시점부터 사이드 레일 광고가 출력되지 않습니다. 이것은 티스토리 운영팀에서 설정한 것이기에 사용자가 따로 조치할 수 있는 방법은 없습니다. 따라서 사이드레일 광고를 활성화해도 티스토리에서는 출력이 되지 않는다는 점을 알아주시기 바랍니다. 마지막으로는 모바일 전면광고가 있습니다. 현재 보이는 화면에서 다른 페이지로 이동할 때 화면 전체에 출력되는 광고로 애드센스 광고 중에서 가장 크기가 큽니다. 과거에는 스마트폰 같은 모바일 해상도에서만 출력되었지만 이제는 데스크톱 해상도에서도 출력됩니다. 이 광고들을 활성하려면 항목들을 체크해주면 됩니다.

> **전면 광고 게재 빈도**
>
> 사용자가 페이지로 이동할 때 새 전면 광고가 게재
> 되기까지의 시간
>
> [10분 ▼]
>
> 넓은 화면에 오버레이 광고 게재 ⓘ
>
> ☐ 너비가 1,000픽셀을 넘는 화면(예: 데스크톱)에
>   앵커 광고를 게재하지 않음
>
> ☐ 너비가 1,000픽셀을 넘는 화면(예: 데스크톱)에
>   전면 광고를 게재하지 않음

　오버레이 광고에 대한 제한 설정을 할 수 있습니다. 레이아웃의 가로 너비가 1,000px이 넘는 경우에 앵커 광고 및 전면 광고에 대한 제한을 걸 수 있습니다. 만약 데스크톱 해상도에서 이 두 개의 광고가 불편해 보인다면 체크하시기 바랍니다. 또한 2023년 10월 17일자에 새롭게 업데이트된 전면 광고 게재 빈도 시간을 설정하는 옵션이 있는데 이것은 말 그대로 방문자가 티스토리 블로그 내에서 다른 글로 페이지 이동을 할 때 전면 광고의 출력 빈도 시간을 사용자가 직접 설정할 수 있는 옵션입니다. 기본값은 10분입니다.

　다음으로 인페이지 형식은 앞서 설명했던 디스플레이 광고나 멀티플렉스 광고 같은 형태의 기본 반응형 광고를 자동으로 알아서 배치되도록 합니다. 이 형식에는 세 가지 광고 형태가 있습니다. 먼저 배너 광고는 가장 기본 형태의 광고가 자동으로 페이지 내에 적절히 배치되도록 합니다. 가장 많이 사용하는 자동 광고 형태입니다. 다음으로 멀티플렉스 광고는 보통 본문 하단에 많이 배치됩니다. 따라서 이 광고는 자동

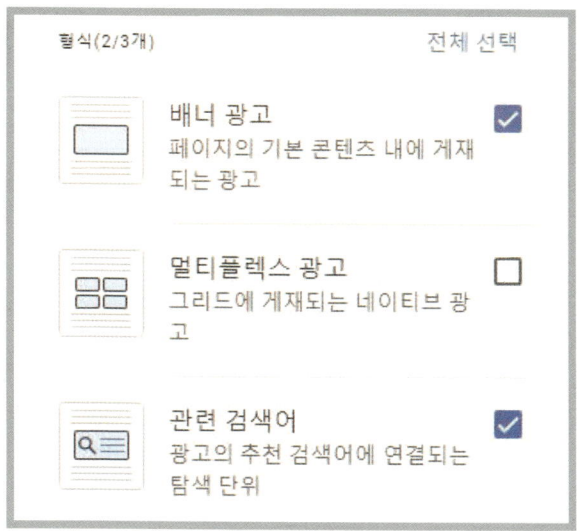

으로 삽입되게 하는 것보다 수동으로 삽입 여부를 설정하는 것을 추천합니다. 마지막으로 관련 검색어는 새롭게 추가된 애드센스 광고 형태입니다. 기존 애드센스 광고에 검색 아이콘이 표시되고 클릭해서 원하는 키워드로 검색하면 구글 검색 결과 페이지로 넘어갑니다. 해당 결과 페이지에는 스폰서 광고 문구도 함께 출력됩니다. 과거에 애드센스 검색어 광고라는 것이 있었는데 해당 광고가 업그레이드가 되어 돌아온 셈입니다. 하지만 이 광고는 쓰임새가 매우 낮습니다.

인페이지 광고는 자동 광고 개수도 설정할 수 있습니다. 막대바를 오른쪽 끝까지 움직이면 자동 광고 개수도 최대로 출력됩니다. 하지만 광고가 많이 출력된다고 해서 수익도 무조건 그만큼 늘어나는 것은 아닙니다. 티스토리에 쓴 자신의 글이 짧은 것이 많다면 자동 광고 수를 최대한 줄이는 것을 추천합니다. 콘텐츠보다 광고가 많으면 방문자에게 좋은 인상을 줄 수 없기 때문입니다. 이러한 대표적인 사례가 지금의

```
설정 더보기

자동 광고 수  ⓘ                    최댓값
────────────────────────●

기존 광고 최적화  ⓘ
☑ Google에서 기존 광고 단위를 최적화하도록
   허용함
```

뉴스 사이트들입니다. 최근 뉴스 사이트에는 기사 내용보다 광고가 압도적으로 많이 나타납니다. 본문 중간에 광고가 들어가 있어 기사의 가독성을 떨어뜨리고 화면 양쪽을 비롯한 나머지 영역에는 각종 성인 광고들이 덕지덕지 붙어 있는 것을 한 번은 보셨을 것입니다. 대단히 불편하고 좋아 보이지 않은 만큼 자신의 평균 글 분량을 고려해서 막대바를 설정하시는 것을 추천합니다. 기존 광고 최적화에는 체크를 해두시면 됩니다.

 티스토리 관리자 화면과 애드센스 홈페이지에서 설정하는 자동 광고 중 하나만 사용해야 하나요?

경험에 근거해 말씀드리면, 현재 저는 두 방식 모두 활성화해 둔 상태입니다. 애드센스 홈페이지에 있는 자동 광고도 켜두있고 티스토리에 있는 애드센스 연동에서의 자동 광고도 사용 중입니다. 그렇다고 자동 광고가 두 배로 노출되지는 않습니다. 결과는 동일합니다. 그리고 자동 광고 두 개를 활성화했다고 수익이 두 배가 되는 일 또한 절대 없고요. 원하는 방식으로 하나만 활성화해도 결과는 비슷하리라 생각됩니다.

8 수익금을 받기 위한 준비과정

1 애드센스 수익금을 지급받을 은행계좌 등록 방법

먼저 은행정보를 등록해봅시다.

애드센스에 로그인하고, '지급 > 결제 수단 관리'로 들어갑니다.

'결제 수단 추가'를 눌러 새로운 결제 수단을 추가합니다.

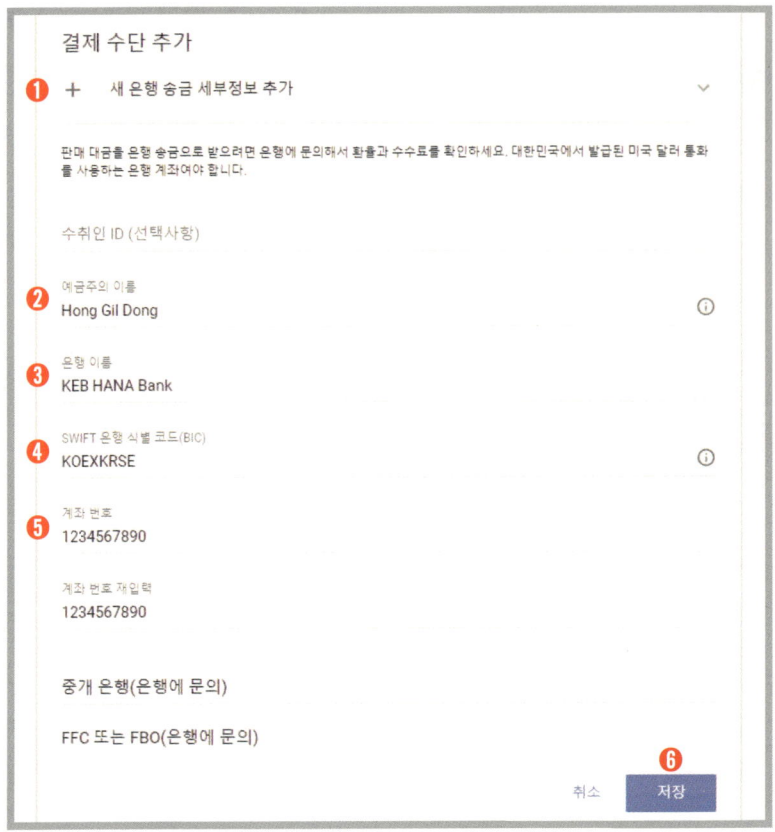

❶ '새 은행 송금 세부정보 추가'를 선택합니다. 그리고 아래 네 개 항목만 입력해주시면 됩니다. '수취인 ID'를 입력하실 필요는 없습니다. 한국 은행에서는 거의 필요 없는 항목입니다.

❷ '예금주 이름'을 영문으로 입력합니다.

❸ '은행 이름'을 영문으로 입력합니다.

❹ 'SWIFT 은행 식별 코드'의 경우, 각 은행별로 고유의 코드가 있습니다. 인터넷에 검색해보시면 금방 확인하실 수 있습니다. 아니면 제 블로그 글(rgy0409.tistory.com/1622)을 참고하셔도 좋습니다.

❺ 계좌번호는 ' - '를 빼시고 숫자만 입력하시면 됩니다.

❻ 모두 입력하신 다음 [저장] 버튼을 누르시면 완료됩니다.

>
> **가장 수수료가 저렴한 은행이 어딘가요?**
>
> 과거에는 SC제일은행이 300달러 미만 송금 시 수수료가 무료였지만 현재는 다른 은행처럼 10달러의 수수료가 발생합니다. 따라서 애드센스를 위한 수익금 지급 은행은 자유롭게 선택하시면 됩니다. 기왕이면 본인이 현재 이용하는 주 은행으로 설정하시면 좋겠지요.

2 10달러 달성 시 해야 할 것

이제 광고를 게시했으니 열심히 글을 작성하시면 방문자도 늘어나고, 그에 따른 애드센스 수익도 증가하게 될 것입니다. 그러면 수익금은 언제 받을 수 있을까요? 수익금은 누적 100달러 이상 적립이 되면 다음 달 22일쯤(평일기준) 신청해둔 은행으로 입금이 됩니다.

최초 10달러가 적립이 되면 최초 애드센스 가입 시 입력했던 주소로 국제 우편이 발송됩니다. 구글로부터 발송된 우편으로, 안에는 PIN번호가 들어 있습니다. 이 PIN번호를 애드센스에 로그인 후, 최종 승인 항목에 입력하시면 됩니다.

10달러가 누적 되면, 애드센스 메인 화면 상단에 '주소를 확인하지 않아 지급이 보류 중입니다'라는 안내가 나오는데 오른쪽에 있는 [작업] 버튼을 눌러서 PIN 번호를 입력하여 주소 인증을 하시면 끝납니다. 자세한 사항은 제 블로그 글(rgy0409.tistory.com/1730)을 참고하시기 바랍니다.

구글에서 싫어하는 게시글(애드센스 정책위반)은 뭐가 있나요?

블로그의 내용이 구글 애드센스 정책에서 위반되는 콘텐츠일 경우 광고게시가 중단될 수 있습니다. 예를 들자면 19금 요소가 담긴 내용이나 사진도 여기에 포함되며, 전자담배 콘텐츠도 포함입니다. 청소년(미성년자)에게 악영향을 미치는 콘텐츠도 포함된다는 뜻이죠. 저작권을 위반하는 PC파일 등을 업로드하는 것도 위반입니다. 방문자 수 늘리기에 급급해서 이런 콘텐츠를 사용하시면 절대로 안 됩니다.

제 티스토리에 광고가 흰색 빈칸으로 나와요. 광고가 중단된 건가요?

자신의 블로그를 들어가 봤더니 애드센스가 흰색 빈칸으로만 나오고 광고가 나오지 않는다면 광고 중단을 의심해볼 필요가 있겠지만 보통 브라우저 오류이거나 티스토리 오류일 확률도 많습니다. 이런 경우 다른 브라우저에서도 동일한 증상이 일어나는지를 체크하셔야 합니다. 크롬, 익스플로러, 파이어폭스, 오페라, 사파리, 안드로이드 웹 어플리케이션 등등 체크할 수 있는 브라우저 프로그램은 많습니다. 자신의 티스토리를 이 각각의 프로그램으로 접속해보시고 정상적으로 잘 나오는지 확인을 해보세요. 그래도 나오지 않는 것을 확인하셨다면, 다른 사람의 PC에서 접속해서 확인하는 방법이 있습니다. 악성코드나 바이러스에 감염되었을 경우에도 나오지 않을 수도 있기 때문입니다. 마지막으로 애드센스 홈페이지로 로그인하셔서 '설정 > 정책센터'로 들어가시면 애드센스에 대한 현재 상태를 확인하실 수 있습니다. 광고가 중단되었다면 이곳에 안내가 되어있을 것입니다.

그런데 애드센스 정책을 위반하거나 불법을 저지르지 않고 정당하게 블로그를 운영했는데 어느날 갑자기 광고가 중단되는 황당한 일을 겪는 분들이 종종 있습니다. 이런 경우 이의신청을 진행해야 합니다. 이의신청 방법은 제 블로그 글(rgy0409.tistory.com/1129)을 참고하면 됩니다.

> 그리고 이런 현상도 있습니다. 분명 메인 페이지에서는 애드센스가 잘 나오고 있는데, 특정 글 페이지에서는 광고가 나오지 않는 경우가 있습니다. 이것은 지극히 정상입니다. 티스토리의 각 글들은 서로 다른 웹 페이지입니다. 따라서 이런 경우는 조회수에 따른 광고의 노출도가 달라져서 발생하는 것입니다. 이에 대한 자세한 내용은 제 블로그(rgy0409.tistory.com/3643)를 참고하시기 바랍니다.

9 기타 광고 게시 방법

애드센스는 승인 뒤에 광고를 게시할 수 있지만, 텐핑이라고 하는 한국형 광고 플랫폼은 티스토리를 시작하자마자 설치할 수 있습니다. 애드센스보다 수익은 떨어지지만, 그래도 아예 없는 것 보단 낫겠죠? 또한 데이블이라고 하는 플랫폼도 존재합니다. 다만 데이블은 애드센스와 마찬가지로 어느 정도 콘텐츠가 갖춰져야 하며, 방문자로 인한 트래픽도 일정하게 나와줘야 하기 때문에 바로 시작할 수는 없습니다. 하지만 애드센스보다는 승인을 빨리 받을 수 있기 때문에 데이블도 요즘 많이 진행하는 추세입니다. 또한 데이블에는 새로운 상단 광고 스타일이 최근 업데이트되었기 때문에 조금 더 수익이 올라갈 것으로 기대됩니다. 이 두 가지의 광고 플랫폼은 어디까지나 개인의 선택 사항입니다. 따라서 하셔도 되고 하지 않으셔도 됩니다. 관심이 있으시다면 제 블로그 글(rgy0409.tistory.com/1540, rgy0409.tistory.com/2031)을 참고하시기 바랍니다.

10 애드센스 실험실 (선택사항)

애드센스에는 실험실이라고 하는 카테고리가 있습니다. 정식 출시 전에 일종의 테스트를 하는 베타 버전이라고 생각하시면 됩니다. 저는 애드센스 실험실에 새롭게 도입된 광고 시스템들을 적극적으로 이용해 왔고 그로 인해서 수익이 올라간 적은 없으나 손해를 보거나 문제가 발생한 적도 아직까지 한 번도 없습니다. 다른 사람들보다 좀 더 빨리 사용해보고 싶은 그런 마음에 때문에 선택했던 것이지 다른 큰 의미는 전혀 없습니다. 따라서 애드센스 실험실은 지극히 선택적인 부분이며 절대 필수는 아니라는 점을 다시 한 번 안내해 드립니다.

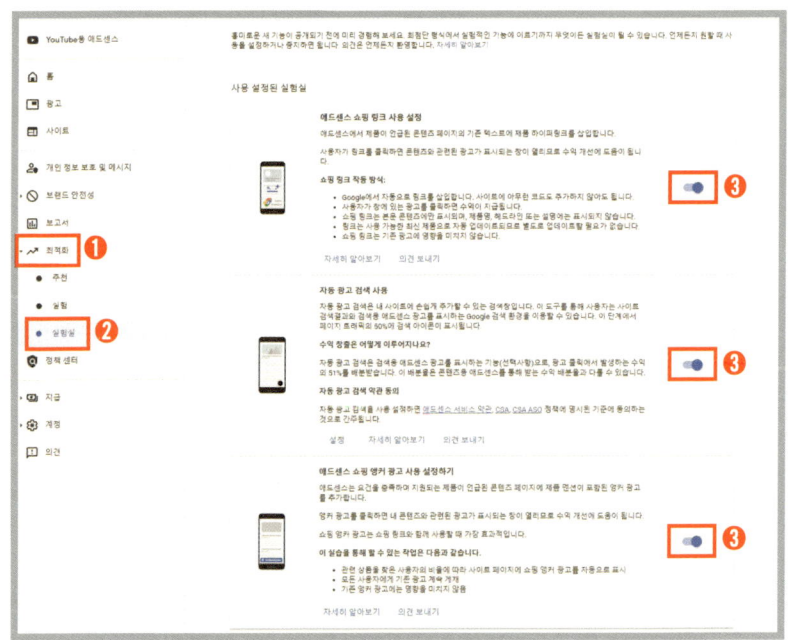

애드센스 실험실로 들어가는 방법은 먼저 애드센스 홈페이지에 접속 후 왼쪽 카테고리에 있는 ❶ 최적화를 클릭하여 ❷ 실험실로 들어가시면 됩니다. 이후 오른쪽에 보이는 여러 개의 실험 목록 중에서 마음에 드는, 혹은 미리 사용해보고 싶은 기능이 있다면 ❸ 스위치를 클릭해 활성화 하시면 됩니다. 반대로 기능을 중지하고 싶다면 비활성화하시면 됩니다.

Chapter 05

블로그 수익 방식에 대하여

2015년도 4월부터 본격적으로 블로그 라이프를 시작했습니다. 생각보다 블로그의 비전은 크다고 생각합니다. 제가 생각하는 비전은 딱 이겁니다. "나는 이 분야에서 그 누구보다 열정적이며 전문가이다"라고 말할 수 있는 객관적 지표가 되는 것입니다. 그것은 곧 방문자 수와 닉네임 인지도로 보여질 수 있지요. 어느 분야에서든 마케팅은 꼭 필요한데, 그걸 가장 잘 살려주는 플랫폼이 블로그라고 생각합니다.

일단 블로그는 누구나 쉽게 시작할 수 있습니다. 진입 장벽이 거의 없다고 볼 수 있지요. 그리고 특별한 제한도 없습니다. 별도의 홈페이지가 필요 없으며, 한글이나 워드처럼 키보드로 타자를 칠 줄만 알면 됩니다. 이 기본적인 작업만으로도 홈페이지를 능가하는 사이트를 가질 수 있습니다. 블로그 중에서도 저는 티스토리를 택하였고, 결국 티스토리는 저에게 무한한 비전을 제시해주었습니다. 제가 가장 좋아하는 IT 제품에 대해서 이런저런 리뷰 그리고 개인적인 생각들을 자유롭게 이야기할 수 있는 공간이 되었습니다. 그로 인해 방문자가 점차 늘어나고, 애드센스 광고를 게시함으로써 얻어지는 수익 노하우들을 사용자들과 공유하며 또 다른 콘텐츠를 만들 수 있었습니다. 애드센스뿐만 아니라, 기타 다른 수익들을 발생시킬 수 있도록 도와주기도 했습니다. 더 나아가 IT 관련 업체에서 컨택이 와서 제휴를 맺고 같이 윈윈하는 효과까지 벌어지고 있습니다.

앞에서 우리는 애드센스 광고 배치에 대해 알아보았습니다. 이제는 좀 더 폭넓게 설명해드리도록 하겠습니다. 블로그로 할 수 있는 일은 무궁무진한데, 그중 제가 실제로 수익을 내고 있는 부분에 대해 알려드리겠습니다.

1 애드센스 광고의 수익 구조

애드센스 광고 스타일은 일반 이미지와 텍스트가 결합된 형태의 배너형 광고가 대부분입니다. 이런 배너형 광고에 대해서 대략적으로 세 가지 수익 루트가 있습니다. 보통 배너광고 형태의 수익은 많아야 두 가지 정도입니다. 하나는 클릭했을 때의 수익이며, 또 다른 하나는 클릭 후 제품이 마음에 들어 구매했을 경우입니다. 애드센스는 여기에 다른 하나가 더 있습니다.

우선 몇 가지 중요한 용어의 개념을 짚고 넘어가도록 하겠습니다. 용어를 설명하는 이유는 블로그나 기타 사이트를 통한 광고계에서 공통으로 쓰이는 용어이기 때문입니다. 여러분께서 별도로 인터넷으로 검색해서 공부한다면 이와 관련된 전문용어들을 접하시게 될 것입니다. 그렇기 때문에 가장 기초적인 것들에 대해서 이해해두시면 좋습니다.

- **광고주:** 구글 애드센스 광고를 신청하신 분들입니다. 광고주는 애드센스 광고에 대한 클릭단가를 정하고, 1천 뷰당 지불 비용을 정합니다. '구글 애즈'라고 하는 키워드 광고 플랫폼이 있는데, 이곳에 광고주가 해당 키워드에 대한 단가를 정하면 이 단가에 따라 수익이 달라집니다. 카테고리나 키워드에 따라서도 달라집니다.
- **CPC:** Cost Per Click의 약자로, 앞에서 설명했던 클릭했을 경우의 수익을 의미합니다. 이 광고를 클릭했을 때, 광고주가 정해둔 클릭 수당을 받게 됩니다.
- **CPM:** Cost Per Millenium의 약자로, 하나의 글에 게시된 애드센스의 뷰 수가 1천 회를 넘게 될 때, 광고주가 책정한 수익을 받게 됩니다. 이것은 애드센스의 훌륭한 장점 중 하나입니다. 무조건 방문자만 늘리면 CPM 수익은 증가할 수밖에 없기 때문입니다. 그래서 대부분 티스토리를 운영하시는 분들은 방문자 늘리기에 혈안이 되어 있는데 CPM 수익 때문이라고 보셔도 무방합니다.(한국

형 광고 데이블도 CPM 수익이 있습니다.)
- **CPA**: Cost Per Action의 약자로, 광고주가 정한 특정 행위까지 완료했을 경우 수익이 발생합니다. 하지만 이 수익은 정말 발생 빈도도 낮고, 카테고리가 상당히 한정적이기 때문에 거의 없다고 보시는 게 낫습니다. 예를 들자면 오픈마켓에서 5천 원 할인 쿠폰을 다운받기 위해서 특정 보험 상담예약을 먼저 신청해야 하는 식의 구조입니다. 번거롭기 그지없기 때문에 방문자들은 거의 이런 광고를 누르지도, 진행하지도 않습니다.
- **CPS**: Cost Per Sale의 약자로, 방문자가 광고를 보고 해당 제품을 구매했을 때 광고주가 정해둔 수익을 받게 됩니다. 수익이 큰 편입니다.
- **CPE**: Cost Per Engagement의 약자로, 확장형 광고를 뜻합니다. 예를 들자면, 게임 사용자가 무료 아이템을 얻기 위해서 제휴 동영상 광고를 끝까지 시청 시, 광고주에게 수익이 발생하는 방식과 비슷합니다.

티스토리는 지하철 역이다.

여러분께서 운영하시는 티스토리는 지하철 역입니다. 지하철 역에 가보신 분들은 아시겠지만 사람이 많은 지하철 역에는 늘 광고가 붙어 있습니다. 강남역, 삼성역, 역삼역을 가보셨으면 아실 겁니다. 광고로 가득합니다. 여러분이 광고주라면 어떤 지하철 역에 광고를 게시하고 싶으신가요? 그것을 생각하면 답이 나올겁니다. 그래서 우리가 운영하는 티스토리는 유동인구가 많은, 늘 붐비는 그런 지하철 역으로 만들면 좋습니다. 현재 기준에서 가장 광고 효과가 높은 지하철 역을 꼽는다면 아무래도 서울 지하철 2호선 강남역의 광고 효과가 가장 높아서 광고 게시 비용도 다른 지하철 역에 비해 가장 비쌀 것입니다. 가치가 있는 역이기 때문입니다. 그러므로 티스토리를 가치 있는 지하철 역으로 만드는것이 정말 중요합니다. 가치 있는 티스토리가 되면 티스토리의 CPC, CPA 등등이 올라갑니다. 애드센스 입장에서는 이 사이트(티스토리)는 방문자수도 좋고 오래 머무른다는 것이 데이터로 적립되면서 광고주에게 좋은 사이트로 평가받을 수 있는 것입니다. 따라서 방문자수도 중요하지만 얼마나 오래 머물렀는지도 굉장히 중요합니다. 그렇기에 콘텐츠의 퀄리티가 너무나도 중요합니다. 특히나 블로그 광고가 난무하는 현재 시점에서는 절대적으로 필요한 것이 자신만의 콘텐츠입니다.

2 블로그 수익을 어떻게 늘릴 것인가?

이렇게 해서 애드센스에서 중요한 핵심 키워드들을 몇 가지 알아봤습니다. 이제 기본 용어는 알았는데, 그러면 대체 어떻게 해야 좋을지 많은 분들께서 고민하십니다. 애드센스 수익을 높일 수 있을까, 애드센스 효과를 극대화할 수 있을까 등등 여러 가지를 말이죠. 제 블로그에 방문해 질문하시는 대다수 분들께서도 이런 궁금증을 품고 계십니다.

사실 정확한 정답은 없습니다만, 현재 애드센스 수익을 많이 받고 계시는 분들 중 대다수는 키워드로 승부를 보고 있다는 것만큼은 확실합니다. 이는 키워드를 이용한 정보성 글들을 많이 작성해서 방문자를 유입시킨다는 뜻입니다. 하지만 여러분은 당장 경쟁이 심한 키워드를 노리는 것보다는 경쟁이 약한 키워드를 많이 작성하시는 것이 방문자 수를 꾸준히 늘리는 데 더 유리합니다. 경쟁이 심한 키워드는 노출되기도 어려울 뿐 아니라 생각보다 방문자를 늘리는 데 큰 효과를 주지 못합니다. 이미 유리한 위치를 점하고 있는 유명 블로그가 많기 때문이죠. 또한 네이버에서 저품질의 블로그로 분류해버릴 수 있는 리스크가 있습니다. 그러니 경쟁이 약한 키워드부터 차근차근 하나씩 공략하시는 것을 추천합니다.

그러나 저는 키워드를 노리는 방법보다는 개인의 고유 콘텐츠를 늘려가는 방법이 더 낫다고 봅니다. 그 이유에 대해서는 이렇게 말씀드릴 수 있습니다.

- **재방문자(단골)를 많이 만들어야 한다**

식당을 오랫동안 유지하기 위해서는 단골을 확보해놓으면 된다는 말이 있습니다. 블로그 사정도 마찬가지입니다. 단골을 많이 만들면 좋습니다. 늘 들어오는 고정 방문자 수가 어느 정도 유지되고 여기에 새로운 글을 작성할 때마다 그에 따른 방문자 유입을 기대할 수 있습니다. 또한 구글 애드센스는 방문자가 들쑥날쑥한 블로그보다는 거의 유사한 방문자 수를 보이는 블로그를 더욱 선호합니다. 때문에 키워드에 쫓기는 블로그보다는, 콘텐츠를 가치가 있게 만드는 블로그가 더욱 오랫동안 장수할 수 있습니다.

- **검색 엔진은 계속 업데이트된다**

현재 우리나라에서 가장 많이 검색을 하는 포털 사이트는 다들 아시다시피 네이버입니다. 하지만 이 네이버 검색 로직이 계속 변하고 있습니다. 지금은 C랭크라고 하는 알고리즘으로 운영한다고 하지만, 이 C랭크 알고리즘도 끊임없이 버전이 업데이트되고 있습니다. 늘 상위노출이 되어 있다고 해서 안심할 수도 없고, 잘 노출되던 글들이 어느 날 이유 없이 사라질 수 있습니다. 특히나 C랭크의 특성상 하나의 카테고리를 꾸준히 작성한 블로그보다는 여러 주제를 다루는, 그야말로 키워드를 쫓는 블로그가 더욱 치명적일 수 있기 때문에, 개인의 고유 콘텐츠 보유는 반드시 필요한 상황입니다.

- **제2의 수익을 창출할 기회가 찾아온다**

블로그를 어느 특정분야의 전문가 수준으로 발전시키게 되면, 반드시 그와 관련된 곳에서 연락이 옵니다. 가령 그림을 잘 그리는 일러스트 작가가 개인 작품활동을 꾸준히 블로그에 올리고 있다고 가정해봅시다. 그러면 그 그림을 좋아해주는 팬들이 생기기 마련이고, 점점 방문자는 많아집니다. 물론 키워드를 쫓는 블로그보다는 방문자 수는 다소 떨어지겠죠. 하지만 분명히 이 그림을 가지고 차후에 제2의 수익을 만들 수 있습니다. 관련 업체에서 연락이 오게 되니까요!

결국 애드센스 수익은 방문자 수와 밀접한 관련이 있다는 게 가장 핵심입니다. 절대적인 경우는 아니겠지만, 정말 이 둘의 관계는 떼려야 뗄 수 없는 그런 사이입니다. 그러니 단골을 많이 만드는 게 핵심이라고 생각합니다. 저는 지금도 블로그의 고정 방문자 수를 최소 1만 명 이상으로 만들기 위해서 노력하고 있습니다. 여기에서의 노력이란 당연히 그 어떤 블로그에서도 명쾌하게 다루지 못하고 있는 애드센스 관련 지식, 그리고 티스토리 입문 관련 글들을 맛깔나게 저만의 스타일대로 작성해 나가는 콘텐츠를 말합니다. 그래야 타 블로그와 경쟁에서 밀리지 않으니까요.

그 어떤 콘텐츠든 상관은 없습니다. 다만, 이미 다른 블로그에서 다루고 있는 내용들을 그대로만 카피해서 쓰진 마세요. 여기서 카피라는 게 '복사+붙여넣기'를 의미하지 않습니다. 내용적인 면에서 저 글이나 이 글이나 별반 차이가 없다면 그게 카피해서 쓴 글입니다. 카테고리는 가지고 오되, 살을 붙이는 게 가장 핵심입니다.

제가 티스토리에 입문하던 시기에 애드센스 관련 설명들이 하나같이 너무 어려웠습니다. 특히 애드센스 승인 이후, 광고를 어떻게 붙여야 하는지에 대한 명쾌한 해설집 같은 글이 필요했습니다. 하지만 찾는 게 너무 어려웠습니다. 그래서 제가 불편했던 그 과정들을 다른 분들에게는 겪지 않도록 하게끔 나름 티스토리 바이블을 작성하기 시작한 것입니다. 이처럼 다른 사람들에게 도움이 되는 콘텐츠들을 많이 만드신다면, 하루 방문자 1천 명은 우습게 넘어갈 수 있습니다. 더 나아가 하루 방문자 2만 명만 만들게 된다면 한 달 애드센스 수익은 1천 달러 이상 무조건 달성할 수 있습니다.

 하루 방문자가 1천 명 정도면 애드센스 수익이 얼마인가요?

콘텐츠에 따라 다릅니다. 보험, 병원, 대출, 증권 같은 카테고리는 CPC, CPM 단가가 높다고 들었습니다. 그냥 평균 수익만 말씀드리자면, 대략 하루에 2~3달러 내외입니다. 하지만 어디까지나 추정일 뿐, 실제 수익은 카테고리마다 조금씩 다릅니다.

3 제휴 콘텐츠로 수익을 창출하자

저 같은 경우는, IT 관련 글을 끊임없이 작성하다 보니 어느 날 중국의 '기어베스트'라고 하는 곳에서 연락이 왔습니다. 기어베스트는 아마존과 같은 중국의 오픈마켓입니다. 한국시장으로 진출하려는데 저의 도움이 필요하다고 연락이 온 것이죠. 처음에는 관심이 없었지만, 제가 좋아하는 IT 쪽이기도 하고, 중국의 다양한 기기들을 알 수 있는 좋은 기회인 것 같다는 생각에 지금은 '기어베스트코리아'라고 하는 티스토리 공식 블로그를 같이 운영하고 있습니다. 여기에서 발생되는 수익의 8~12%는 모두 저의 통장으로 들어오고 있습니다.

애드센스 수익은 기본 베이스로 두시고, 이런 제2의 수익까지도 노려볼 수 있을 겁니다. 또한 여러 유료 포스팅 제안도 받게 되실 겁니다. 이때부터는 신중해야 합니다. 어렵게 키운 블로그가 한순간 나락으로 빠질 수 있는 지름길이 될 수 있기 때문이죠. 따라서 자신의 블로그 카테고리를 생각하지 않고, 무조건 돈 되는 유료 포스팅을 하시게 되면, 분명 나중에 저품질의 공포를 맞이하는 순간이 올 수 있습니다. 기왕 하시는 거라면 자신의 카테고리에 맞는 포스팅 위주로 진행하시는 게 훨씬 좋습니다.

유료 포스팅이란 방문자가 많은 블로그를 통해 광고나 마케팅을 하려는 업체가 자신들이 원하는 내용의 글을 블로그 주인에게 써달라고 의뢰하면 블로그 주인이 대가를 받고 포스팅해주는 것입니다. 주로 업체에서 쪽지나 이메일, 아니면 티스토리 댓글이나 방명록을 통해 접촉을 해오는 게 보통입니다. 유료 포스팅의 카테고리 종류는 다양합니다. 그리고 정해진 가격은 없습니다. 이름이 알려진 회사인 경우는 공식적으로 모집하는 경우가 대부분입니다. 그리고 고료도 꽤 많이 받습니다. (저 같은 경우는 최소 10만 원이었습니다.) 그렇지 않은 업체는 대체적으로 가격을 먼저 협상 후 진행합니다. 업체에서도 제시하는 가격이 있지만, 다시 협상할 수도 있고 너무 타산이 맞지 않는다면 결렬될 수도 있습니다. 하지만 너무 돈이 급하다고 해서 무조건 맞춰주지 마시길 바랍니다. 최소 이 정도는 받아야 한다는 원칙을 지켜보세요. 이런 유료 포스팅에 대해서는 철저한 자기만의 원칙을 만들고 진행하시는 게 도움이 될 것입니다. 저는 다음과 같은 원칙을 지키고 있습니다.

> 1. 절대로 돈을 쫓는 포스팅을 하지 않겠다.
> 2. 유료포스팅을 진행하더라도 정성껏 포스팅을 하며, 해당 분야에 대해서 검색엔진에 노출이 가능한 것만 진행하도록 하겠다.
> 3. 블로그 방문자 수 향상에 도움이 되는 알찬 포스팅을 하겠다.
> 4. 사실을 바탕으로 거짓과 꾸밈 없이 작성하겠다.

특히나 상위노출에 대한 두 번째 원칙의 경우는 정말 중요하게 생각하는 부분입니다. 업체에서도 이 부분을 원하기도 합니다. 만약 자신의 블로그에 업체에서 제시하는 키워드를 사용해서 해당 글을 작성했는데 상위노출이 되지 않을 것 같으면 작성하면 안 됩니다. 돈 때문에 무작정 글을 작성했는데 결과가 만족스럽지 못해서 업체 입장에서 블로거의 이미지가 떨어지게 하는 분들이 많다고 합니다. 이것은 정당한 방법이 아닙니다. 그러니 여러분들은 블로그를 운영하다가 만약 유료 포스팅을 하시게 되면 선불이 아닌 후불 방식을 택하시기 바랍니다.

후불로 하는 이유는, 해당 글을 작성했을 때, 원하는 키워드로 검색 시, 상위노출이 되는지에 대한 여부가 아직 불투명하기 때문입니다. 저는 먼저 글을 작성해보고, 상위노출이 되면 비용을 받고, 그렇지 않은 경우는 그냥 글을 다시 비공개로 돌리거나 삭제를 합니다. 이렇게 되면 당연히 손해라고 생각할 수 있을 텐데요, 블로그 지수 부분에서는 크게 문제가 되지는 않습니다. 또한 글을 작성해 보면서 글 연습도 할 수 있으니 개인적으로는 결코 마이너스라고는 생각하지는 않습니다. 뭐든지 긍정적으로 다가가는 자세가 필요하다고 생각합니다.

4번도 개인적으로 정말 중요하다고 생각합니다. 유튜브 뒷광고 논란이 한때 이슈였습니다. 유튜브보다 규모가 작아서 그렇지 블로그 생태계에서도 이런 일들이 존재합니다. 제가 운영했던 블로그가 망했던 이유 중 하나가 바로 이렇게 사심을 담아 대가성 글들을 작성했기 때문이라고 생각합니다. 저는 현재 IT 카테고리에 대한 광고 제안만 받고 광고주에게 "느낀 그대로 장단점을 솔직하게 작성하는 조건하에 광고글임을 밝히고 작성하겠다."라고 사전에 고지합니다.

4 재능거래 사이트를 이용하자

이제 방문자 수도 제법 되고, 블로그의 영향력도 어느 정도 커졌다고 판단이 되신다면, 직접 재능거래 사이트에 자신의 블로그를 과시하면서 영업도 할 수 있습니다. 현재 국내 재능거래 사이트 중 가장 큰 곳은 '크몽'이라고 하는 사이트입니다. 이곳에서 자신의 블로그 포스팅 능력이나 배너광고 제작 능력을 상품으로 내걸고 거래할 수 있습니다. 동 재능 시세를 파악한 후 그에 맞는 합당한 가격을 스스로 산출해서 크몽에 등록하시면 됩니다.

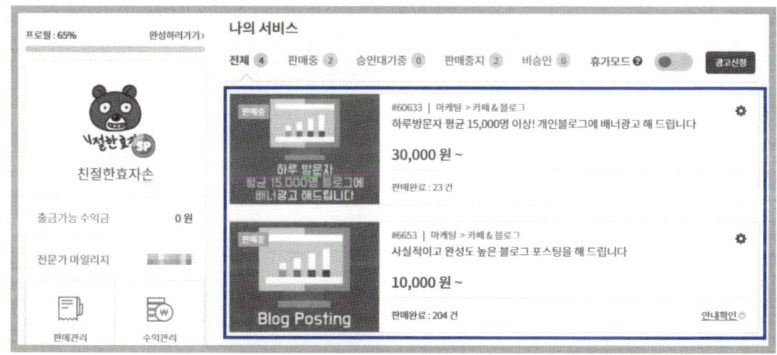

▲ 크몽 재능 판매. 다양한 재능을 판매할 수 있다.

저는 보시는 것처럼 포스팅에 대한 재능과 블로그 방문자 수를 내세워 마케팅 카테고리에서 배너광고를 진행하고 있습니다. 많은 수익을 내고 있는 건 아니지만, 그래도 블로그로 보조수익을 만드는 꽤 짭짤한 기회가 될 수 있습니다.

5 어필리에이트 프로그램을 활용하자

어필리에이트Affiliate는 흔히들 제휴마케팅이라고 부르기도 합니다. 오늘날 많은 블로거의 수익 창출 방법 중 하나입니다. 널리 쓰이고 있고 기업에서도 적극 활용하기도 합니다. 방금 전 2번 항목에서 제휴 콘텐츠에 대해 이야기를 했을 때 언급한 기어베스트라는 해외 오픈마켓도 어필리에이트 시스템을 도입해 활용하고 있습니다. 어필리에이트라는 용어는 처음 들어보셨을지 모르겠지만 블로그에 조금이라도 관심 있는 분이라면 아마 쿠팡 파트너스는 들어보셨을 겁니다. 어필리에이트는 해당 플랫폼의 마케팅을 대신해주는 조건으로 구매 시 수익 일부를 홍보한 사람이 갖는 커미션 시스템으로 운영된다고 할 수 있겠습니다. 보통 이런 수익을 CPSClick Per Sell라고 부르죠. 애드센스 광고에도 있는 가장 기본적인 수익 형태입니다. 이 단원에서는 제가 알고 있는, 그리고 사용하고 있는 어필리에이트 종류를 간략히 소개만 해드리려고 합니다.

1 쿠팡 파트너스

한국형 어필리에이트 프로그램이 적용된 플랫폼은 방금 이야기한 쿠팡 파트너스Coupang Partners가 가장 대표적인 곳입니다. 하지만 저는 잘 사용하지는 않는데요, 아시다시피 국내에 판매되는 제품들은 최저가 비교 사이트에서도 가격을 쉽게 확인할 수 있습니다. 제 경우는 당연히 IT 관련 제품들을 많이 구매하겠죠? 그러면 최저가 비교 사이트에서 해당 제품을 검색해보는데 공교롭게도 쿠팡이 아닌 다른 판매 사이트의 가격이 최저가일 때가 많습니다. 현실이 이렇다 보니 쿠팡에서 구매하는 일은 거의 발생하지 않는 것입니다. 만약 제가 개인적인 수익 창출을 목표로 쿠팡에서 구매하지도 않았는데 쿠팡 파트너스 링크를 제품 후기 글에 슬그머니 넣어둔다면 어떨까요? 분명 사람들도 저처럼 최저가를 비교해볼 것이고 그 결과 쿠팡보다 더 저렴하게 판매하는 곳을 알게 된다면 이건 누가 봐도 개인 목적을 위해 억지로 쿠팡 파트너스 링크를 사용했다는 사실이 알려집니다. 즉 방문자 기만으로 이어질 수 있다는 것입니다. 어차피 방문자들도 조금만 찾아보면 다 아는 사실이기에 양심상 쿠팡 파트너스 링크를 억지로 본문에 넣는 그런 행동을 할 수 없는 이유인 것입니다. 그래서 저는 쿠팡에서 정말로 제품을 구매했을 때만 사용합니다. 이러면 방문자를 속인 것도 아니고 기만도 아닙니다. 그렇기에 쿠팡 파트너스 수익은 정말 가뭄에 콩 나듯 합니다. 쿠팡 파트너스 가입부터 사용 방법까지 일목요연하게 작성한 글은 제 블로그 글(rgy0409.tistory.com/5332)을 참고하시기 바랍니다.

2 알리익스프레스 어필리에이트 포탈스

가장 주력으로 이용하는 어필리에이트 플랫폼은 바로 알리익스프레스 AliExpress Affiliate Portals입니다. 일반적으로 사용자들은 줄여서 알리라고 부르고요. 저도 지금부터는 편의상 알리라고 하겠습니다. 알리는 2023년 하반기부터 배우 마동석 씨를 전속 모델로 캐스팅하면서 한국에 본격적인 마케팅을 시작했습니다. 알리바바라고 혹시 들어 보셨나요? 중국 최초이자 온라인 최대 전자상거래 플랫폼이 알리바바이며 이로 인해 창업자인 마윈은 엄청 인지도가 오른 인물 중 하나입니다. 이 알리바바 그룹의 해외 직구 플랫폼이 바로 알리익스프레스인 것입니다. 제가 알리를 정말 자주 이용하는 이유는 딱 두 가지인데, 첫 번째 이유는 사람 빼고 다 팔기 때문이고 두 번째 이유는 가격이 저렴하기 때문입니다.

한국 사람들 중에서는 다이소를 싫어하시는 분은 왠지 거의 없을 것 같습니다. 제 주변 지인들만 봐도 다이소를 좋아합니다. 저도 그중 한 사람이고요. 알리는 마치 다이소 같은 느낌입니다. 저렴한데 왠지 모르게 쓸 만할 것 같은 제품들이 대단히 많습니다. IT 관련 상품들도 마찬가지고요. 그래서 자주 이용하게 됩니다. 자주 구매를 하니까 글 소재가 늘어날 수밖에 없어요. 또한 한국 마케팅에 가속화가 진행됨과 동시에 결제 시스템도 한국 사용자에게 편리하도록 많은 부분이 개선되었습니다. 대표적으로 카카오페이, 네이버페이로 결제가 된다는 부분입니다. 이건 엄청난 것입니다. 해외 직구 사이트 중에서 한국형 결제 플랫폼이 도입된 곳은 거의 없으니까요. 제 티스토리를 자주 오시는 분들은 아마 알리 제품 관련 글이 꽤나 자주 업로드된다는 사실을 아실 겁니다. 그 알리 제품 후기 글 하나 하나에 알리 어필리에이트 제휴 링크가 들어 있습니다. 가입 방법 및 사용법은 블로그 글(rgy0409.tistory.com/5333)을 참고하시기 바랍니다.

3 아이허브

아이허브jHerb라는 해외 직구 사이트는 건강보조식품, 건강기능식품을 판매하는 곳입니다. 건강이라면 아마 누구나 관심이 많은 카테고리라고 생각합니다. 특히 관심도는 연령에 비례해서 올라가게 되죠. 어쩔 수 없는 자연의 섭리가 아닐까 싶습니다. 해외 플랫폼인데 한국 사용자가 워낙 많아서 이미 100% 한글화가 완료된 상태입니다. 또한 국내 배송도 대단히 빠른 편입니다. 올리브영 같은 로드숍에서 판매되는 건강식품 브랜드 중 일부가 아이허브에서도 판매가 되고 있는 정도로 영향력이 꽤 큽니다. 이런 아이허브에서도 어필리에이트 프로그램이 존재합니다. 이와 관련된 내용은 블로그 글(rgy0409.tistory.com/5334)을 참고하시기 바랍니다.

4 기타 어필리에이트

주력으로 사용하고 있는 위의 세 어필리에이트 플랫폼 외에도 아마존과 큐텐Qoo10이 있습니다. 모르는 사람이 없을 아마존에도 어필리에이트가 있습니다. 다만 어필리에이트 활동하기가 매우 번거롭고 어렵습니다. 여러 제한 중 가장 기억에 남는 게 바로 아마존이라는 명칭 제한입니다. 아마존 어필리에이트 링크를 사용할 때는 영문으로 된 AMAZON이라는 카테고리 명을 사용해서는 안 됩니다. 또한 아마존과 직접 관련 있는 이미지도 사용할 수 없습니다. 어길 시에는 수익화 일시 정지라는 패널티가 적용되고 해결 전까지는 절대 풀어주지 않습니다. 또한 이 기간 동안 발생한 수익은 환수해 갑니다. 제가 아마존 어필리에이트를 사용하는 시기는 1년에 딱 한 두 번 정도입니다. 그중 하나가 블랙프라이데이입니다. 이 시기에 제가 이런 약관을 제대로 지키지 않아 블랙프라이데이 기간을 모두 날려버렸던 기억이 있습니다. 너무나도 통탄스러운 일이었죠. 약관을 꼼꼼히 확인하지 못한 저의 문제가 가장 큽니다만 너무 제한이 많아서 조금 어려움이 있더라고요. 또한 아마존에서 구매하는 일이 거의 없기에 쿠팡 파트너스와 같은 이유로 아마존 어필리에이트 사용 횟수도 그만큼 적을 수밖에 없습니다.

큐텐은 주로 일본 라멘이 먹고 싶을 때 이용하는 플랫폼입니다. 알리가 중국 제품 전용이라고 한다면 큐텐은 일본 제품도 꽤 많이 올라와서 일본 물품을 직구할 때 간간이 이용하는 편입니다. 하지만 큐텐의 수익은 너무나도 낮습니다. CSP 커미션 퍼센트가 현저히 낮다는 뜻입니다. 거의 1~2% 수준입니다. 또한 사용 횟수도 적기에 정말 가뭄에 콩 나듯 간간히 사용하고 있습니다. 이런 이유로 큐텐 어필리에이트는 거의 이용하지 않습니다.

Chapter 06

블로그를 키워주는 키워드

글을 쓸 때 가장 고민하는 부분이 제목입니다. 제목을 어떻게 작성하느냐에 따라 열심히 작성한 글의 노출 여부가 결정됩니다. 제목은 검색의 90%를 차지할 정도로 중요한 역할을 하게 됩니다. 그런데 너무 길어서도 안 되며, 너무 짧아서도 안 됩니다. 제목이 곧 방문자 수를 결정지을 정도로 중요한 역할을 하기 때문입니다. 블로그 재방문자를 제외한 나머지 방문자는 결국 검색을 통해 블로그로 유입되는데, 이 검색에서 노출이 잘 되도록 하는 부분이 바로 제목입니다. 이 장에서는 어떤 식으로 제목을 작성하면 좋을지, 제목을 결정하는 데 도움을 주는 요소들은 어떤 것들이 있는지 한번 알아보도록 하겠습니다.

1 글 제목은 신중하게!

포스트는 글이라는 뜻을 이제 아시겠죠? 앞으로는 따로 또 설명하는 것은 생략하겠습니다. 글의 제목을 어떤 식으로 결정짓는지 한번 알아보도록 합시다. 우선 저는 '키워드의 조합'으로 제목을 작성합니다. 여기에서 키워드는 바로 '이 글에 대한 핵심 단어'라고 말씀드릴 수 있습니다.

예를 들어서 윈도우10 기능 중 '원드라이브'라고 하는 잘 쓰지 않는 클라우드 시스템이 있는데, 이것을 강제로 지우는 방법에 대한 글을 작성한다고 해보겠습니다. 글의 내용은 당연히 이 부분에 대해 설명이 들어가 있겠죠? 그런데 제목은 어떤 식으로 정하면 좋을까요? "윈도우10에서 원드라이브 삭제하는 방법" 혹은 "윈도우10 원드라이브 삭제 방법"

이라고 정해주시면 좋을 것 같습니다. 저는 이 둘 중 키워드로만 조합된 후자를 선호합니다.

이 두 가지 스타일 모두를 실험해봤는데 결과는 키워드만으로 조합된 글이 검색엔진에서 더 잘 노출되었습니다. 마치 신문의 헤드라인처럼 제목을 구성하는 게 검색엔진에 유효하다는 것이죠. 그렇기 때문에 검색엔진이 바뀌지 않는 한, 저는 지금까지 그랬던 것처럼 키워드만 조합하여 제목을 만들 것입니다.

▲ 네이버에서 '원드라이브 삭제'로 검색하면 상위노출이 되는 것을 알 수 있다. (2018.2.6. 기준)

그리고 또 하나 중요한 것! 제목에만 너무 신경을 쓰면 본문의 내용을 망각한 나머지 키워드를 남발할 수 있다는 점입니다. 방문자 수를 늘리기에 급급하여 제목을 낚시성으로 만드는 경우가 생각보다 많습니다. 이건 블로그에 악영향을 미치는 일입니다. 방문자로 하여금 사기를 치는 거나 다름이 없기 때문입니다. 재방분율도 낮아지고 소중한 단골 손님을 잃게 되는 것입니다. 그러니 반드시 본문의 내용과 제목의 키워드를 일치해서 작성해야 합니다.

2 제목을 정할 때는 헤드라인 식 문장으로!

보통 다른 블로거분들도 그렇지만, 제목에는 최소 두세 개의 핵심 키워드가 들어있는 게 보통입니다. 이게 바로 중요한 포인트입니다. 의외로 사람들이 키워드를 하나만 써서 검색하지 않습니다.

N	[메디방 만화] m.search.naver.com/search.naver?sm=mtb_hty.top&···	2018-02-06 02:27:53
N	[샤오미 어메이즈핏 빕] m.search.naver.com/search.naver?query=%E···	2018-02-06 02:26:47
G	www.google.co.kr/	2018-02-06 02:25:25
N	[리니어 클릭] m.search.naver.com/search.naver?sm=mtb_hty.top&···	2018-02-06 02:24:55
N	[appear.in] m.search.naver.com/search.naver?sm=mtb_hty.top&w···	2018-02-06 02:24:50
N	[DIY3D프린터] m.search.naver.com/search.naver?sm=mtb_sug.top···	2018-02-06 02:24:38
G	www.google.co.kr/	2018-02-06 02:24:30

▲ 블로그 검색 통계.

앞의 이미지는 제 티스토리 블로그에서 그대로 퍼온 사진입니다. 검색 통계를 살펴보면, 키워드를 두 가지 이상 섞어서 검색한 분들이 많이 유입되고 있다는 것을 확인할 수 있습니다. 저는 이렇게 키워드를 잘 조합해서 사람들이 어떤 식으로 이 글을 검색할지를 예측하고, 해당되는 키워드를 띄엄띄엄 넣는 것이 아니라 제목에 꼭 서로 붙여 씁니다. 이런 키워드로 검색했을 때 이 글이 나올 수 있도록 해야겠다는 생각을 먼저 하고 제목을 정하는 것입니다. 그러면 제목을 정하는 일이 조금 수월해집니다.

  키워드를 세 개 이상 조합하는 경우를 생각하셔도 상관없습니다. 다만 앞서 말씀드렸듯 너무 제목이 길어지는 것을 의식하시고 조심스럽게 완성하셔야겠죠?

  예를 들어서 애드센스를 여러 블로그(티스토리)에 사용해도 된다는 이야기를 하고 싶어서 작성한 포스트가 있습니다. 여기에서 사람들이 이 글을 검색할 때에는 대략 세 가지 키워드를 조합해서 노출되게 하고 싶습니다. "애드센스 여러 티스토리" 이 정도로 말이죠. 그래서 이렇게 세 개의 키워드로 검색해서 노출되는지 확인해보시면 이렇게 제 글이 정상적으로 검색이 되는 것을 알 수 있습니다.

▲ 세 가지 키워드를 조합한 제목.

키워드를 많이 조합할수록 좋은 점과 나쁜 점이 분명하게 구분됩니다. 장단점이 뚜렷하다는 것이죠. 간단하게 요약해서 다시 한 번 말씀드리겠습니다.

- **단일 키워드 검색 시 (상위)노출**
  장점 : 많은 방문자를 유입시킬 수 있다.
  단점 : 상위노출을 하기가 대단히 어렵다.

- **키워드 조합으로 (상위)노출**
  장점 : 상위노출을 하기 쉽다.
  단점 : 방문자 수는 크게 늘어나지 않는다.

서로 반대의 개념이라고 생각하시면 좋을 것 같습니다. 그러나 사람들이 알고 싶어 하는 정보를 얻기 위해 해당 키워드를 검색했을 때, 많은 블로거들이 자신의 글이 검색되도록 하는 이유는 단순히 애드센스 수익을 위해서가 아닙니다. 블로그는 사람들에게 정확한 정보를 전달하는 것을 목적으로 해야 합니다. 이게 가장 중요한 일입니다. 이 점을 꼭 명심해주시기 바랍니다.

3 상위노출만을 노리는 글은 피하자

키워드에 대한 중요성을 많이 강조했는데, 여기서 또 짚고 넘어가야 할 부분이 있습니다. 바로 상위노출입니다. 상위노출이란 해당 글에 대한 키워드 검색 시 가장 첫 페이지에 노출되는 것을 뜻합니다. 국내에서는 네이버 검색을 가장 많이 하고 있어서 블로그를 운영하시는 대부분의 블로거 분들은 바로 이 네이버 상위노출을 노리고 있습니다.

상위노출을 한다는 건 대단히 어렵습니다. 특히 네이버에서는 더더욱 그렇습니다. 그러니 상위노출만을 노리는 포스팅은 정말 어렵습니다. 제목이 중요하다고 말씀드렸는데, 그래서 그런지 제목에 억지로 여러 가지 키워드들을 끼워 넣어서 글을 쓰시는 분들이 많습니다.

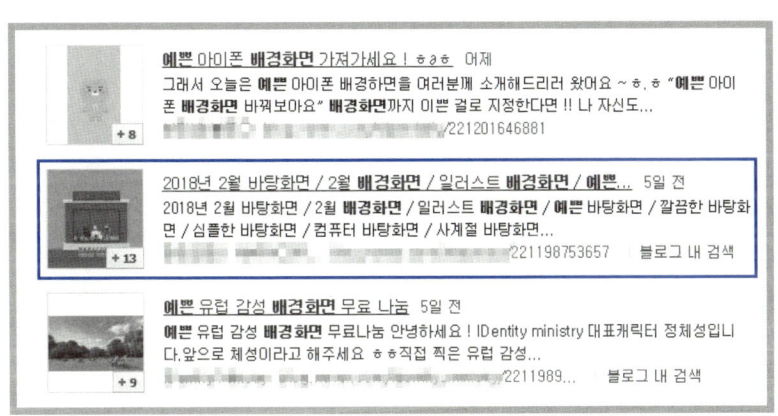

▲ "예쁜 배경화면" 검색결과.

네이버에서 "예쁜 배경화면"이라고 검색하고 최신순으로 나오도록 했습니다. 그랬더니 이렇게 제목에 무리하게 키워드를 집어넣은 글들을 심심찮게 볼 수 있었습니다. 이 제목은 상당히 좋지 않습니다. 오히려 맨 위에 있는 깔끔하게 정리된 제목의 글이 더욱 좋습니다. 검색엔진은 키워드를 마구잡이로 넣어 만든 제목보다는 하나의 완벽한 문장으로 이루어진 제목을 더욱 좋아합니다.

제목에 키워드를 억지로 넣는 분들도 계시는데, 본문 끝자락에 키워드를 남발한다거나, 중간중간 문맥상 어색한데도 불구하고 검색에 노출되게 하기 위해서 키워드를 넣는 경우가 많습니다. 이 방법은 결코 좋지 않습니다. 특히 이 방법은 현재 네이버 카페 중 가장 규모가 큰 '중고나라'에서 상업적 글들을 올리는 분들이 많이 사용하는 방법이기도 합니다. 일부러 키워드 부분은 보이지 않게 하기 위해서 흰색으로 변경해서 집어넣습니다. 온갖 키워드들을 다 넣어서 자신이 작성한 키워드가 검색되게 하는 방법입니다.

다행히도 요즘 블로그를 운영하시는 분들은 이 방법을 거의 쓰시진 않습니다. 과거에 많이 썼던 방법인데, 혹시 몰라서 한번 더 언급을 해드립니다. 예를 들어서 "티스토리 애드센스 승인"이라고 하는 키워드로 글을 작성한다면, 본문 중간중간에 이 세 개의 키워드를 적절히 넣게 됩니다. '티스토리 애드센스 승인 어렵지 않아요!'라든지, '이런식으로 티스토리 애드센스 승인 부분을 어렵지 않게 받을 수 있어요'라든지 연달아서 작성합니다.

차라리 이 방법보다는 제가 쓰는 방법을 추천합니다. 키워드들이 최대한 어색하지 않도록 만들어주는 것입니다. '이렇게 하면 티스토리를 활용해 애드센스 승인을 받으시는 데 어려움이 없을 것입니다'라는 식으로 자연스러운 문장으로 만들어줍니다. 살짝 떨어져 있어도 검색엔진은 오히려 이런 완벽한 문장을 좋아합니다. 이것이 검색결과에 더욱 잘 반영됩니다.

또한 개인적으로 생각하는 상위노출만을 위한 글의 단점은 '의욕 상실'입니다. 저 역시 블로그 풋내기 시절이 있었습니다. 오로지 상위노출만을 위해 글을 쓰다 보니 너무 억지로 글을 쓴다는 느낌을 많이 받았습니다. 그리고 막상 글을 작성하고 그 결과를 보면, 터무니없는 검색결과에 좌절을 했습니다. 검색결과가 너무 뒤로 밀려있는 것을 많이 경험하다 보니 힘이 빠지고 글 쓰기도 싫어졌습니다. 이 책에서 가장 강조하는 부분이 뭔지 다들 알고 계시죠? 그렇습니다. 바로 콘텐츠입니다. 내 글이 누군가에게 반드시 도움이 된다는 마음을 가지고 글을 쓰세요. 그리고 상위노출을 바라지 마시고, 두 개 혹은 세 개 이상의 키워드 조합에서 적절히 노출될 때를 노리세요. 키워드를 여러 개 검색한다는 건 그만큼 정확한 정보를 원한다는 뜻입니다. 검색결과 내 글이 나타나 방문자가 해당 글을 읽고 도움을 받을 때! 그때가 최고의 순간입니다. 그리고 그 방문자는 반드시 또 옵니다. 이제는 검색이 아닌 즐겨찾기를 해서 바로 다이렉트로 여러분들의 블로그로 찾아오게 될 것입니다.

1 상위노출 방법이 있을까요?

블로그를 시작하는 분들을 노리고 상위노출을 위한 방법들을 유료로 판매하거나 "카더라"(불확실한 방법이 마치 정통 방식인 것처럼 일반화된 상황을 일컫는 말) 통신처럼 확실하지도 않은 이야기들을 작성하는 분들이 많습니다. 개인 경험상 상위노출을 위한 100% 정확한 방법은 존재하지 않는다고 생각합니다. 이제 막 시작한 블로그들, 그러니까 신생 티스토리에서도 얼마든지 상위노출을 하는 경우도 보았고 다년간 꾸준히 관리해도 그렇지 못한 블로그도 많이 보았습니다. 상위노출을 할 수 있는 필승 전략이 있다고 하면 모두들 그 방법을 사용할 것이고 결국 상위노출 사이에서 치열한 경쟁을 펼치는 결과를 낳게 됩니다. 앞서 이야기했듯이 검색엔진의 알고리즘은 늘 변화합니다. 그렇기 때문에 오늘 통했던 방법이 내일, 혹은 일주일, 한 달 뒤에는 먹히지 않을 확률도 있습니다.

　사람마다 글을 작성하는 스타일은 다릅니다. 상위노출을 하는 방법이 있다면 결국 글 작성 스타일이 딱 하나로 정해져 있다는 뜻인데 그러면 굳이 복잡한 알고리즘 생태계를 유지할 필요가 있을까요? 그림으로 비유하자면, 유명 웹툰이 조회수도 높고 인기도 좋아 그에 따른 수익이 쏠쏠하다는 이유로 모든 작가들이 그와 똑같은 그림체와 스토리로 작품을 그리는 상황입니다. 그러면 과연 이게 무슨 의미가 있을까요? 말도 안 되는 상황입니다. 그러므로 상위노출에 대해서 너무 신경 쓰지 않으셨으면 좋겠습니다. 어차피 방법도 없으며 방법을 알아도 100% 사용할 수 없습니다.

2 상위노출보다 더 중요한 건?

다른 사람은 어떨지 모르겠지만 개인적으로는 저만의 글 스타일이 있습니다. 문장이 짧고 간결하며 어려운 단어를 거의 쓰지 않습니다. 누가 봐도 이해하기 쉽고 술술 읽을 수 있도록 최대한 편하게 글을 작성하는 편입니다. 그냥 제가 옆에 없을 뿐이지 마치 옆에서 설명해주듯 글을 작성하는 게 제가 추구하는 방식입니다. 실제로 소리 내어 글을 쓰기도 합니다. 옆에서 지금 내가 말을 하고 있다는 마음으로 말입니다.

　상위노출보다 더 중요한 건 앞서 몇 번 언급했듯 '꾸준함'입니다. 현재 저는 딱 하루 실수로 예약글 날짜를 잘못 설정해서 빼먹은 부분을 제외하고는 티스토리를 시작한 이래 단 하루도 빠짐없이 글을 작성하고 있습니다. 아니, 정확히 말씀드리면 하루 최소 하나의 글이 꾸준히 업데이트되고 있습니다. 다른 사람들은 오늘은 무슨 주제를 가지고 글을 작성하나 많은 고민을 한다고 하지만 제 경우는 이미 정해져 있습니다. 관심사가 너무나도 뚜렷하기 때문입니다. 관심사가 있다는 건 참 행운입니다. 관심사는 자신이 좋아해서 자연스럽게 생긴 카테고리입니다. 그러니 심심하면 찾아보고 구매해서 경험하게 되고 그로 인해 글을 작성할 소재가 끊이지 않게 됩니다. 새 경험을 했으니 이것을 사람들에게 알려야겠다는 마음이 저절로 생깁니다. 어떻게 하면 사람들이 해당 글을 많이 찾아볼지 절대 고민하지 않습니다. 그냥 누군가가 찾아보겠지라는 단순한 마음으로 시작합니다.

하지만 많은 사람들은 잘못 생각하고 있습니다. 이 글이 많은 방문자를 유도하기를, 그로 인해 많은 수익을 가져다주기를 바랍니다. 이건 사실상 불가능합니다. 왜냐하면 너도나도 이런 마음을 가지고 시작하기 때문입니다. 저 역시 블로그라는 플랫폼을 처음 만났을 때 그렇게 시작했고요. 결국 그 방법은 제게는 맞지 않았고 지금은 저만의 패턴대로 꾸준함을 유지하며 티스토리를 운영해 나가고 있습니다. 그 원동력은 상위노출만을 위한 콘텐츠가 아닌, 그냥 순수하게 제가 관심있고 좋아하는 카테고리를 꾸준히 유지하는 것입니다.

4 연관검색어를 활용하자!

네이버 검색결과 화면 상단을 보시면 '연관검색어'라는 것을 보실 수 있을 것입니다. 이 연관검색어를 잘 활용하시면 제목을 짓는 데 많은 도움을 받을 수 있습니다. 제목을 '원드라이브 삭제 방법'이라고 짓는 것이 마음에 들지 않으시면, 우선 해당 키워드로 먼저 검색을 해봅니다. 그리고 연관검색어는 뭐가 있는지 살펴보세요. 여기에서는 '원드라이브 제거'도 괜찮은 제목이 될 것 같습니다. 그래서 '원드라이브 제거 방법'이라고 제목을 정하셔도 크게 무리는 없습니다.

▲ 연관검색어 예시.

단 연관검색어는 이와 관련된 글을 작성했을 때, 누구라도 이런 비슷한 제목을 써서 글을 작성하시는 분들이 많을 수 있으므로 최대한 활용해서 제목을 살짝 수정하여 만드시는 게 좋습니다. 비슷한 제목이 겹치면, 언젠가는 최신 문서 뒤로 밀려날 수 있기 때문입니다.

연관검색어가 다양하게 나오는 키워드는 그만큼 검색량이 많다는 뜻입니다. 그러면 여기에서 욕심이 생길 수 있습니다. 이 모든 연관검색어를 사용해서 글을 작성하겠다는 목표가 생길 수 있습니다. 나쁜 목표는 아니지만, 중요하게 생각하셔야 할 부분은 키워드는 달라도 내용이 겹쳐버리면 별로 좋지 않다는 것입니다. 연관검색어라는 건 내용이 비슷하지만 키워드가 다른 경우가 많아 주의해서 작성하셔야 합니다. 검색엔진은 내용이 중복된 글들도 체크를 합니다. 이것을 보통 '중복문서'라고 표현합니다. 하지만 크게 걱정하실 필요는 없습니다. 텍스트가 완전히 다르다면 중복문서로 걸릴 확률은 거의 없습니다. 제가 우려하는 점은 같은 내용의 글들을 여러 번 올리면 블로그 방문자에게 좋지 않은 이미지를 심어줄 수 있다는 것입니다. '이 블로그 주인은 방문자 수 늘리려고 같은 주제로 여러 번 글을 올리는구나' 하고 말이죠. 사사로운 부분이지만 이런 것까지 신경써주시는 게 좋습니다.

5 키워드 도구를 활용하자!

네이버에서 제공하는 키워드 검색 기능이 있습니다. 이것을 활용한다면 키워드를 선정할 때 조금 더 편리합니다. 어떤 키워드가 경쟁이 높은지, 이 키워드의 한 달 검색량은 어떻게 되는지를 알 수 있습니다. 경쟁이 심한 키워드는 되도록 사용하지 않고, 경쟁이 적은 키워드를 사용하는 방법으로 진행할 때 유용합니다. '네이버 광고 > 도구 > 키워드 도구'로 들어갑니다. 그러면 다음과 같은 화면이 보입니다. 네이버 아이디와는 별개로 회원가입 후 로그인하셔서 접속하시면 됩니다. 비용 또한 별도로 들어가지 않습니다. 이 키워드 도구를 사용하는 방법은 간단합니다.

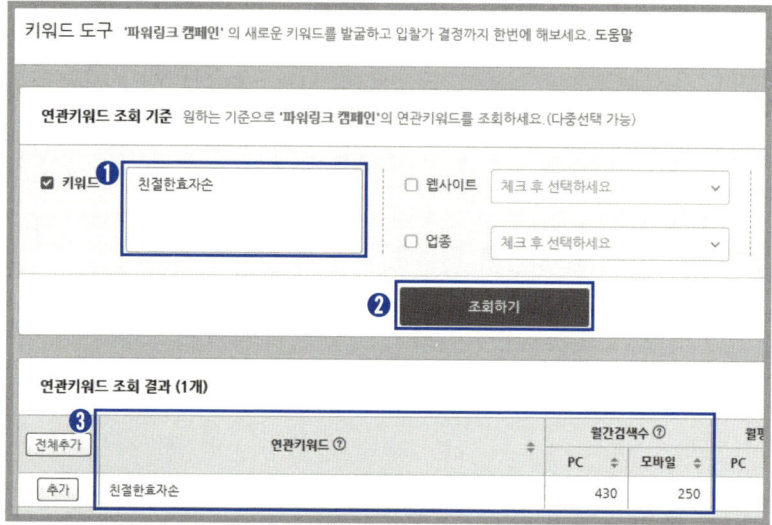

▲ 네이버 키워드 도구.

❶ 먼저 검색하고자 하는 키워드를 입력합니다. 참고로 띄어쓰기를 하셔도 결과에 자동적으로 붙어서 나옵니다. 따라서 띄어쓰기는 너무 신경 쓰시지 않으셔도 됩니다.

❷ 키워드를 입력하셨으면 [조회하기] 버튼을 누릅니다.

❸ 연관키워드 조회 결과가 나옵니다. 여기서 눈여겨보셔야 할 부분은 바로 '월간검색수'입니다. 보시면 PC와 모바일로 나눠어 있습니다. 대부분 경쟁이 심한 키워드의 경우는 둘 다 높습니다. 어떤 키워드는 PC에서 높지만 모바일에서는 검색이 약합니다. 또는 반대인 경우가 있습니다. 자신의 글이 어떤 환경에서 노출이 쉽게 될지는 이 숫자를 보고 대충 판단을 할 수 있습니다.

초반에 티스토리 블로그를 운영하실 때에는 월간검색수가 3,000 미만인 키워드들을 추천합니다. 대략 하루에 100건 정도 검색을 한다는 뜻이고, 경쟁이 크게 심하지 않으니 해볼 만한 키워드입니다. 그리고 맨 오른쪽에 '경쟁정도'가 나오는데 이 부분은 크게 신경 쓰시지 않으셔도 될 것 같습니다. 예시로 제 닉네임인 "친절한효자손"을 검색해봤는데, 경쟁정도가 '높음'으로 나왔습니다. 이 닉네임으로 상업적 활동을 하는 것도 아닌데도 경쟁이 높다고 나오다니 대체 무슨 기준인지 알 수 없습니다. 크게 신뢰하지 않아도 될 부분이라고 생각합니다. 저도 네이버 키워드 도구를 이용할 때 숫자만 보고 경쟁정도는 신경쓰지 않습니다.

연관키워드 조회 결과 (3개)		월간검색수		월평균클릭수		월평균클릭률	
전체추가	연관키워드	PC	모바일	PC	모바일	PC	모바일
추가	애드센스	6,720	5,730	5	65	0.09%	1.22%
추가	ADDSENSE	420	1,240	21.9	148.8	5.66%	12.77%
추가	애드센스	1,360	2,170	15.3	175.5	1.21%	8.48%

▲ '애드센스' 연관키워드 조회 결과.

또한 주목해야 할 부분은 '월평균클릭수'와 '월평균클릭률'입니다. 이번에는 "애드센스"라는 키워드로 검색해봤습니다. 보시면 연관키워드에 이와 관련된 키워드 'ADSENSE'와 '애드센스'가 더 나왔습니다. 특히 'ADSENSE'의 경우 키워드 경쟁은 심하지 않으면서 클릭률이 높습니다. 따라서 애드센스에 관한 글을 쓰더라도 기왕이면 영어키워드인 'Adsense'를 넣어서 제목을 정해도 꽤 노출될 확률이 올라갈 것입니다. 이런 식으로 클릭률도 살펴보시면 제법 도움이 됩니다.

▲ 구글 키워드 플래너.

구글애즈에서도 간단하게 해당 키워드의 '월간 평균 검색량', '경쟁정도', 그리고 연관 키워드를 한눈에 확인할 수 있습니다. 구글 키워드 플래너(adwords.google.co.kr/KeywordPlanner)라고 하는데, 여기에서는 월간 평균 검색량에 대해서만 알 수 있기 때문에 이 키워드와 관련된 글을 쓴다면 방문자가 늘어날 것이라는 근거는 없습니다. 그나마 경쟁정도를 확인해보고 낮은 키워드를 공략해서 글을 작성함으로써 방문자 유입을 꾀할 수는 있습니다. 하지만 이 방법을 통해서 똑같이 글을 작성하는 티스토리 유저 분들이 한두 명일까요? 생각보다 많습니다. 그리고 이렇게 작성된 글이 과연 얼마나 많은 정보를 가지고 있을까요?

네이버에 키워드 분석 도구가 있다면 구글에는 구글 트렌드라는 키워드 통계 플랫폼이 있습니다. 개인적으로 어떤 주제의 글을 써야 좋을지 모를 때 가끔씩 이용하는 플랫폼입니다. 구글에서 "구글 트렌드"라고 검색하시면 쉽게 찾을 수 있습니다.

관련 주제		급상승		관련 검색어		급상승	
1	마이크로소프트 엣지 - 웹 브라우저	+600%		1	윈도우 10 20h2	급등	
2	가상화 - 주제	+500%		2	윈도우 10 동영상 편집	급등	
3	프리징 - 주제	+350%		3	화면 녹화 프로그램 윈도우 10	급등	
4	녹음 - 주제	+350%		4	인공 학원 2 윈도우 10	급등	
5	동기화 - 주제	+250%		5	윈도우 10 마이크 증폭	급등	
	16개 주제 중 1-5번 표시 중				25개 검색어 중 1-5번 표시 중		

▲ 구글 트렌드 검색 결과.

예를 들어서 윈도우10에 관련된 글을 작성하고 싶을 때 구글 트렌드에 "윈도우10" 키워드를 입력 후 검색해봅니다. 그러면 해당 키워드에 대한 '관련 주제'와 '관련 검색어'를 파악할 수 있습니다. 검색 결과를 살펴보면 사람들이 윈도우10 동영상 편집에 대해서 많은 관심이 있다는 것을 파악할 수 있습니다. 그러므로 윈도우10 동영상 편집에 대해서 다시 한 번 구글에 검색하여 대략 어떤 내용인지를 파악합니다.

여기서부터 진짜 중요한 부분입니다. 윈도우10 동영상 편집에 대해 파악했다면 이제 본인이 직접 경험을 해야 합니다. 경험을 통해서 주제는 같아도 자신만의 새로운 콘텐츠로 만들 수 있습니다. 경험을 해야만 어떤 식으로 글을 작성할지 머릿속에 계획이 세워집니다. 따라서 해당 주제에 대해 직접 실천을 해봅니다. 원인을 파악하고 해결 방법을 몸으로 체험해봅니다. 그래야 어떤 식으로 글을 작성해야 할지 가이드가 머릿속에 떠오릅니다. 이제 머릿속에 완성된 가이드대로 글을 작성하기만

하면 됩니다. 이렇게 해야 다른 블로그와의 차별성을 높일 수 있으며 동시에 방문자가 콘텐츠를 소비할 확률도 올라갑니다.

6 본문에 억지로 키워드를 넣지 말자!

제목에 키워드를 억지로 넣는 분들과 유사하게 본문 끝자락에 키워드를 남발한다거나, 문맥상 어색함에도 불구하고 검색에 노출되게 하려고 무작정 넣는 경우가 많습니다. 마찬가지로 이 방법은 결코 좋지 않습니다. 글과 무관한 키워드를 흰색으로 변경해서 검색에는 노출되지만 정작 들어가보면 보이지 않게 하거나 아예 버젓이 보이기도 합니다.

앞서 말씀드렸듯이, 네이버 검색엔진 시스템이 바뀌면서 요즘은 이런 방법으로 글을 쓰는 사람이 많이 없어졌습니다. 이런 방법으로 글을 쓴다 하더라도 과거처럼 효과를 얻기 힘들며, 오히려 블로그에 악영향을 끼칩니다. 그럼에도 키워드를 억지로 넣어 글을 쓰시는 분들이 계실 것입니다. 당장 큰 고민 없이 비교적 빠른 시간에 블로그 글을 작성할 수 있기 때문일 것입니다. 하지만 이는 뒷일은 생각하지 못하는 어리석은 방법입니다. 하나의 포스트를 쓰더라도 성심성의껏 작성하여 보는 이로 하여금 만족할 만한 정보를 주어야 합니다. 무작정 키워드를 남발하여 작성하지 말고, 제목을 짓는 것과 마찬가지로 해당 키워드를 포함하여 완벽한 문장으로 다듬어 글을 쓰시기 바랍니다. 검색결과에 잘 반영되는 글은 키워드로 도배된 글이 아닌 신뢰할 수 있는 글입니다.

네이버 검색엔진의 특징

• • •

네이버는 2018년 2월 22일부터 그리핀 프로젝트라고 하는 서비스 때문에 웹문서의 검색 노출이 엄청나게 늘어났습니다. 웹문서에는 티스토리도 포함이 되기 때문에 좀 더 상위노출에 유리해졌다고 볼 수 있습니다. 예를 들어서 특정 업체명을 네이버에 검색해보면 웹문서와 사이트가 통합문서의 최상단에 상위노출되고 카페나 블로그의 글들이 하위노출되고 있습니다. 웹문서와 사이트의 구분이 없어지고 기존에 블로그, 카페, 지식인, 포스트가 노출되었던 '통합웹'이라는 카테고리와 합쳐졌습니다. 따라서 통합웹에는 블로그, 카페, 지식인, 포스트가 노출됨과 동시에 웹문서와 사이트가 같이 노출이 되고 있습니다. 이로 인해서 엄청난 순위 변화가 발생하게 됩니다. 웹사이트들이 블로그, 카페, 지식인, 포스트보다 더 상위에 노출되는 결과가 나타나기 시작했습니다. 물론 아직까지 완벽하게 이런 건 아니지만, 앞으로 업데이트가 꾸준히 진행되면서 어뷰징 사이트도 걸러지고 안정적인 검색노출이 이루어지지 않을까 싶습니다.

이 책에서는 오로지 좋은 콘텐츠를 육성하면 알아서 블로그가 커나갈 것임을 핵심으로 교육하고 있지만, 그래도 적을 알면 백전백승할 수 있으니, 네이버 검색엔진에 대해서 핵심적인 부분만 짚고 넘어가보도록 하겠습니다.

① 신뢰도 있는 출처는 일단 믿고 노출

말 그대로 이미 검증된 출처를 가장 먼저 노출시킨다는 것입니다. 여기에서 말하는 신뢰도 있는 출처로는 첫 번째로 공식블로그가 있습니다. 또한 지식인답변 중 전문가 답변이 있고, 동영상 카테고리의 경우는 네이버TV가 가장 상위에 노출될 확률이 높습니다. 그러면 일반 블로거의 경우는 어떨까요? 블로그 카테고리에서도 마찬가지로 가장 인지도가 높은 블로그의 글들이 상위노출될 가능성이 큽니다. 이것은 C랭크와 연관이 있는 부분으로, 해당 카테고리의 분야에서 두각을 나타내는 블로그를 가장 상위로 노출시키고 있습니다. 제 경험상 티스토리는 신뢰도 출처 부분까지 인지하고 있는건지는 모르겠지만, 특정 카테고리가 한번 제대로 자리 잡히면 꽤 오랫동안 노출되었던 것으로 기억합니다. 예전에 티스토리의 'Fastboot'라고 하는 반응형 스킨 강좌에 대한 글이 오랫동안 상위노출된 적이 있었습니다. 그렇기에 우리가 티스토리를 운영해서 네이버에서 빛을 받기 위해서는 지금까지 설명했듯이 하나의 메인 카테고리를 꾸준히 개발하시는 것이 가장 빠른 길입니다. 여러 개의 카테고리를 중구난방으로 안고 가시면 오히려 더욱 어려울 수 있습니다.

② 어뷰징을 막기 위한 잦은 검색엔진의 변화
블로그의 세계는 정말 치열한 전쟁터와 같습니다. 하루에 수백 개의 콘텐츠가 생성되어 쏟아집니다. 특히 블로그를 상업적으로 이용하는 업체의 경우는 더 심하죠. 그래서 피해를 보는 건 아무래도 일반 블로거들이라고 생각합니다. 이런 치열한 전쟁터를 방불케 하는 블로그 영역이다 보니 네이버에서도 더 이상 두고 볼 수 없어서 잦은 업데이트를 통해 어뷰징을 막고 있습니다. 뚫으려는 자와 막으려는 자의 전투인 셈입니다. 이런 치열한 싸움은 특히 인기 있는 키워드일수록 심합니다. 대기업 브랜드라든지, 제품명이라든지, 대부분 상위노출이 꼭 되어야 매출 변화가 있는 키워드들이 다 그렇습니다. 그러니 이런 경쟁을 뚫기 위해서는 일반 블로거 분들은 우회해서 안전하고 잔잔하게 블로그를 운영해나가는것이 좋다고 생각합니다. 정면 돌파를 시도해봐야 답이 없기 때문입니다.

③ 상위노출은 질보다는 양이 중요
앞에서도 팁으로 한 번 설명했지만 어떻게 보면 중요한 부분이므로 한 번 더 과거 경험담을 통해서 이야기하겠습니다. 양이 중요한 이유는 일종의 낚시 시스템과 같습니다. 고기를 잡을 때, 하나의 낚싯대와 여러 대의 낚싯대 중 어느 쪽이 고기를 잡을 확률이 더 높을까요? 여러 대의 낚싯대를 설치해야 고기를 잡을 확률이 더 높아집니다. 여기에서 고기는 상위노출을 의미하고 낚싯대는 포스팅 글 개수를 의미합니다. 제 경우는 초반에 정말 빨리 방문자가 늘어난 케이스라고 생각합니다. 시작 20일 만에 하루 방문자 1천 명을 만들었으면 빠른 편이죠? 어찌 되었든 그렇게 빨리 1천 명 방문자를 만든 원동력은 바로 포스팅 수였습니다. 직업전문학교를 다니면서 배운 노하우들을 까먹지 않기 위해서, 나중에라도 복습하기 위해서 열심히

강좌로 만들어 포스팅했는데 하루에 많게는 일곱 개까지도 글을 썼습니다. 그러다 보니 해당 카테고리 부분(프로그램 강좌: IT/인터넷)에서 노출이 빨리 진행되지 않았나 싶습니다. 특히 이 카테고리는 어뷰징으로 걸릴 일도 거의 없습니다. 왜냐하면 어뷰징 업체에서 해당 카테고리에 관심이 없기도 하고 강좌글은 제품에 대한 글도 아니기 때문입니다. 아무튼 초반에는 저도 확실히 포스팅의 퀄리티보다는 양으로 승부를 본 케이스입니다. 시간과 아이디어만 충분하다면 지금도 하루에 최소 세 개 이상씩 작성할 수 있습니다. 확실히 포스팅의 질도 중요하지만 양 또한 무시할 수 없을 만큼 중요하다는 사실은 변함이 없습니다.

④ 티스토리 글이 네이버 검색 결과에 반영되지 않아요.
결론부터 말씀드리자면 이것은 정상입니다. 네이버 입장에서는 티스토리는 타회사 플랫폼입니다. 따라서 네이버 검색은 자회사 인프라를 최대한 활용합니다. 그러므로 다른 회사 입장인 티스토리의 글은 네이버 블로그 글 대비 상대적으로 검색 순위에서 많이 밀립니다. 특히나 이제 막 티스토리를 시작하시는 분들은 아예 검색 결과에 누락되기도 합니다. 이때문에 네이버 서치어드바이저에 열심히 글 반영 신청을 하실텐데 사실 소용 없습니다. 티스토리의 네이버 검색 반영은 시간만이 해결을 해 줄 것입니다. 차라리 구글 검색 결과에 노출되는게 훨씬 유리합니다. 네이버는 검색에 반영이 된다해도 업데이트 주기가 잦아서 너무나 변화무쌍한 반면 구글 검색은 한 번 노출되면 결과 반영이 상당히 오래 지속되기 때문입니다.

**관심사 분야는 있는데 어떤 글을 작성할지 모르겠다면?!
구글 트렌드를 활용하자!**

구글 트렌드라는 플랫폼이 있습니다. 구글에서 서비스하고 있는 또 다른 통계 플랫폼입니다. 대부분의 사람은 키워드를 잘 선택해야 한다거나, 황금 키워드나 돈 되는 키워드 등에 초첨을 맞추고 있습니다. 이런 식으로 글을 창작하기 시작하면 자신이 관심도 없는 카테고리의 글을 억지로 끼워 맞추듯 만들어가야 해서 스트레스가 동반됩니다. 직장 생활의 연속이라는 느낌으로 이해하시면 좋을 것 같군요. 돈 되는 키워드가 아니고 내가 관심 있는 관심사에 대한 세부 키워드를 알아보고자 할 때 저는 구글 트렌드를 활용하고 있습니다. 어떤 식으로 사용하는지 안내해 드리겠습니다.

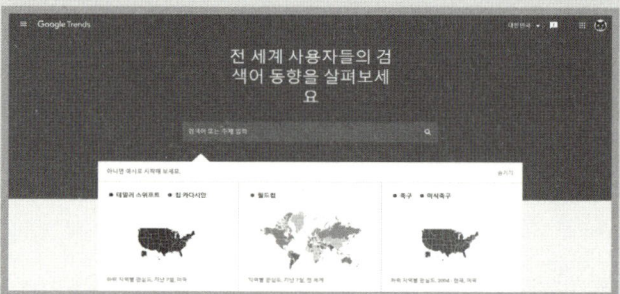

위의 이미지가 구글 트렌드 플랫폼의 모습입니다. (2022년 11월 기준) 구글에서 "구글 트렌드"라고 검색하시면 쉽게 찾으실 수 있습니다. 로그인할 필요 없이 바로 사용할 수 있습니다.

그럼 상황을 설정해 보겠습니다. 저는 HTML과 CSS에 많은 관심이 있습니다. 스킨을 개발하기 때문에 늘 끊임없이 탐구하고 알아가는 중이지요. HTML과 CSS에 대한 전반적인 지식들은 많이 가지고 있지만 문제는 이것을 어떻게 시작하면 좋을지 햇갈릴때가 있습니다. 또한 지금 한국의 많은 분들은 CSS 관련으로 어떤 부분이 궁금할지가 저 역시 궁금할때가 있습니다. 이럴 때 바로 구글트렌드를 활용하는 것입니다. 구글 트렌드 검색 창에 CSS라고 입력을 하고 엔터를 눌러봅니다.

그러면 CSS와 관련된 여러 결과가 나옵니다. 시간의 흐름에 따른 관심도 변화를 시작으로 어떤 지역에서 가장 많이 검색하는지, 관련 주제도 나옵니다. 여기에서 가장 중요하게 보는 부분은 바로 "관련 검색어"입니다. 자세히 보시면 현재의 검색량을 퍼센테이지로 보여줍니다. 이 글을 작성하는 시점에서는 mui라는 관련 키워드가 무려 1,000% 이상을 차지하고 있습니다. 사람들이 엄청 검색을 많이 하는 모양입니다.

다음으로 현재 CSS와 관련해서 어떤 키워드들이 인기가 좋은지 확인을 했습니다. 여기서부터는 자기 자신의 영역입니다. 현재 저는 mui에 대해서 정확히 모릅니다. 샤오미 스마트폰의 mui는 알고 있는데 CSS 계열의 mui는 모르기 때문에 가장 먼저 선행되어야 할 것은 "스스로가 개념을 이해하는 것"입니다. 즉 정확히 알아내고 경험을 하여 완벽히 자신의 콘텐츠로 만들어야 하는 것입니다.

모르면 어떻게 할까요? 간단합니다. 검색해서 알아보는 것입니다. 방금 구글에 CSS mui로 검색을 해보니 진짜로 샤오미 MUI가 맞았습니다. CSS

로 UI를 만드는 방법에 대해 인기가 많은 모양입니다. 하지만 저는 관심이 없으니 그 다음 주제인 figma에 대해 검색을 해봤습니다. 검색 이후 알게 되었습니다. Figma(피그마)는 CSS로 앱 UI를 만들 때 사용하는 전용 프로그램이라는 사실을 알았습니다. 만약 제가 App 개발에도 많은 관심이 있었다면 분명 Figma를 설치하고 사용을 해봤을 것입니다. 피그마라는 새로운 프로그램을 알았으니 뭔가 새롭고 신기하기 때문에 호기심이 생길 수 밖에 없었으니까요. "Tailwind CSS 사용법"에 대해서도 검색을 해봤습니다. 그리고 알게 되었습니다. 테일윈드라는건 일종의 완성된 CSS 스타일 시트라는 것을 말입니다. 폰트어썸도 대표적인 CSS 꾸러미라고 할 수 있는데 테일윈드가 바로 폰트어썸 같은 개념인 것입니다. 이런 식으로 몰랐던 사실들을 알아가는 재미도 더해집니다. 이런 상황이므로 콘텐츠 내용이 생성됩니다. 즉 글감이 만들어지는 것입니다. 구글 트렌드는 이렇게 활용하면 됩니다. 참 재밌고 신나는 일이 아닐 수 없습니다.

Chapter 07

애드센스 수익 극대화 노하우

애드센스의 수익 방식, 블로그를 통한 여러 가지 수익 창출에 대해서 배웠으니, 좀 더 심화과정으로 넘어가보려고 합니다. 애드센스 수익을 극대화할 수 있는 노하우에 대한 방법입니다. 절대적인 방법이라기보다는 제가 지금까지 티스토리를 운영해오면서 가장 수익이 극대화되었던 방법을 소개하겠습니다.

1 글 문체는 완성형으로 하라!

네이버 블로그를 운영하시는 분들의 대부분은 약간 채팅어를 섞어서 쓰는 문체를 많이 사용합니다. 왜 그렇게 쓰는지 특별한 이유는 없습니다만, 이미 많은 분들이 그렇게 쓰고 있습니다. 저 역시 처음 블로그를 접했을 때 그들처럼 썼습니다.

사실 정해진 답은 없습니다만, 앞서 소개한 바와 같이, 수익을 가장 극대화할 수 있는 문체는 아무래도 완성형 문장이 가장 좋습니다.

- 티스토리에서 애드센스 수익을 극대화하는 방법에 대해 알아보겠습니다.
- 티스토리에서 애드센스 수익을 극대화하는 방법을 알아보자.

이런 식으로 완성형 문장을 작성하시는 습관을 만드시는 게 가장 좋습니다. "애드센스 수익을 극대화? 사실 어렵지 않아염~!"과 같은 채팅문체는 경우에 따라 친근하게 느껴질 수 있으나, 검색엔진이 매우 안 좋게 인식하는 문체 중 하나입니다.

자신이 작성한 블로그의 글을 만약 다른 언어로 번역한다고 가정해 봅시다. 영어나 일본어, 혹은 중국어든 어느 나라의 언어든지 상관없습니다. 구글 번역기를 통해서 한번 바꿔보세요. 그리고 다시 바뀐 언어를 한국어로 돌려보세요. 이때, 자연스럽게 읽히는 문체가 가장 검색엔진 노출에 유리한 문체라고 생각합니다. 왜냐하면 검색엔진은 알고리즘에 의해 가장 좋은 문체로 인식되는 것을 상위노출시켜줄 테니 말이죠.

또한 티스토리는 구글에서도 꽤 자주 노출되는 플랫폼 중 하나입니다. 그렇기 때문에 해외에서 검색해서 들어오는 경우도 제법 있습니다. 외국인이 내가 작성한 글을 본다고 생각해보세요. 상당히 짜릿하지 않습니까? 이 맛에 블로그를 한다고 생각합니다.

결국 완성형 문체는 블로그를 건강하게 만들며, 검색엔진도 좋아하는 문체입니다. 그렇기 때문에 이런 글들이 점점 늘어난다면 분명 노출이 잘 될 것이고, 그에 따라 방문자 수도 증가하게 될 것입니다.

경어체(존댓말)가 좋을까요? 평어체(반말)가 좋을까요?

이에 대한 답은 없습니다. 이것은 그냥 운영하시는 여러분들께서 마음에 드는 어투로 작성해주시면 됩니다. 너무 과한 채팅체만 자제하시면 될 것 같습니다. 평어체는 좀 더 전문가스러운 느낌이 나지만 딱딱한 문체이기 때문에 보는 이가 불편할 수도 있습니다. 경어체는 그 반대의 경우라고 생각하시면 되며, 경어체의 경우 한 가지 더 좋은 장점은, 글자 수가 늘어난다는 것입니다. 때문에 평어체보다는 경어체를 쓰시는 분들이 많습니다.

2 예약포스팅을 활용하라!

블로그 관리에서 가장 중요한 건 뭐니 뭐니 해도 바로 꾸준함입니다. 진짜 글을 잘 쓰다가도 하루 이틀씩 빼먹기 시작하면 점점 글쓰기를 미루게 되고, 결국 블로그는 패망의 길로 접어듭니다. 블로그를 운영한다는 건 생각보다 만만치 않습니다. 나 자신과의 싸움이 곧 블로그를 키우는 힘이 됩니다. 그 때문에 하루라도 빼먹지 않으려면 늘 콘텐츠 개발에 매진해야 하며, 오늘은 어느 주제로 어떻게 써내려가야 좋을지를 시간이 날 때마다 생각해야 합니다. 심심할 때마다 블로그를 어떤 식으로 관리할지 생각하다 보면 어느 순간 좋은 아이디어가 떠오를 때가 있을 것입니다. 그러면 바로 주저하지 말고 글에 반영하여 포스트를 작성하시면 됩니다.

하지만 사람이 늘 건강할 수는 없겠죠? 본인은 건강해도 주변의 누군가가 갑자기 아파서 입원해서 병간호를 해야 하는 경우도 생기곤 합니다. 지난 2년간 제가 그랬습니다. 재작년에는 아버지가 쓰러지셔서 병원에 일주일 정도 입원했는데, 집안에 시간이 많은 사람이 저밖에 없다 보니 제가 간호를 했습니다. 그리고 작년에는 어머니께서 위에 작은 혹이 발견되어 수술을 하시고 한 3박 4일 정도 입원하셨습니다. 이번에도 제가 간호를 도맡았습니다.

이때 예약포스팅이 아니었으면 무척이나 난감했을 겁니다. 하필 노트북도 고장난 상태라서 집 안에서만 블로그를 할 수 있었기 때문입니다. 스마트폰으로도 얼마든지 포스팅을 할 수 있지 않느냐고 하시는데, 확실히 스마트폰은 아직 스마트폰일 뿐입니다. PC의 인터페이스를 따라오려면 아직은 부족한 것 같습니다. 왜냐하면 우리나라의 PC 환경은 대부분 윈도우 운영체제를 사용합니다. 그런데 스마트폰은 대부분 안드로이드와 iOS를 사용합니다. 이 세 가지 운영체제가 서로 다른 시스템 언어로 구성이 되어있는 데다, PC에서 사용되는 대부분의 툴은 윈도우에 최적화되도록 개발되었기 때문에 스마트폰으로 블로그 글을 작성하는 데 한계가 있는 것입니다. 언제 어디서나 포스팅을 할 수 있는 것은 사실이지만 아직은 한계가 있다는 것이죠. 그렇기 때문에 예약포스팅은 시간이 되신다면 무조건 많이 해두세요.

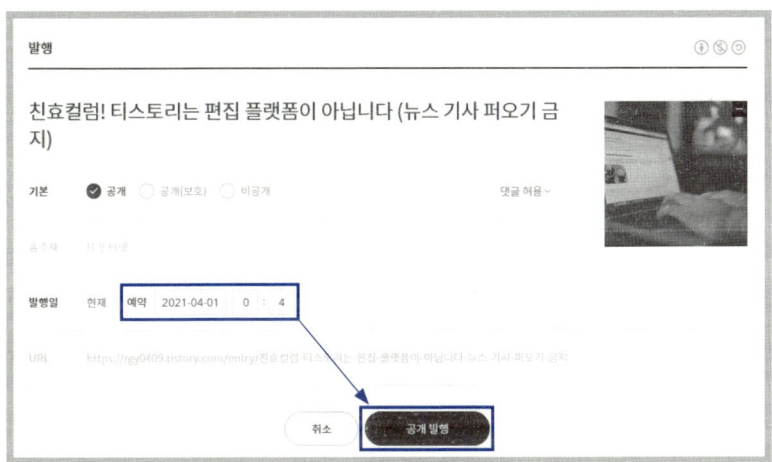

▲ 글쓰기의 예약 기능.

예약포스팅을 하는 방법은 간단합니다. 글 작성 완료 후 발행일을 선택하는 옵션이 있습니다. 기본적으로 현재 발행으로 설정되어 있는데 이것을 예약으로 변경하시고 원하는 날짜와 시각을 설정 후 [공개 발행] 버튼을 누르면 예약글 발행이 완료됩니다.

하루 한 개의 포스팅이 블로그 지수를 올리는 가장 빠른 지름길입니다. 블로그가 늘 살아있어야 방문자가 끊임이 없고, 조금씩 글 개수가 누적되면서 점점 방문자가 많아집니다. 애드센스 수익은 하루하루 눈에 띄는 변화는 없지만, 언젠가는 지난달의 애드센스, 이번 달의 애드센스보다 나아지는 날이 반드시 오게 됩니다.

예약포스팅을 연속으로 많이 작성해도 블로그에 악영향이 없을까요?

제 경험담으로 말씀드리자면, 전혀 없습니다. 하지만 블로그 검색 로직이라는 건 끊임없이 변하고 있습니다. 너무 많이 한 번에 몰아서 작성하지만 않으시면 될 것 같습니다. 저도 하루에 최대 7개까지 작성해봤는데, 시간이 엄청나게 들어갑니다. 한 5시간은 걸렸던 것 같습니다. 그리고 기왕이면 똑같은 시간대로 하지 마시고, 좀 랜덤하게 시간대를 배치해서 예약포스팅을 해주세요. 딱히 그래야만 하는 이유는 없습니다. 다만 이렇게 예시를 들어볼 수 있을 것 같습니다.
제가 예전에 하루가 바뀌는 자정에 맞춰서 포스팅을 했던 적이 있습니다. 그런데 자정시간에 포스팅을 한 글들이 검색엔진에 전혀 노출이 되지 않았습니다. 이유는 저도 알 수 없습니다만 팩트는 딱 00:00에 올린 글들만 검색에서 완전 제외되었다는 것입니다. 흔히 블로거들은 이 현상을 "글이 안드로메다로 사라졌다"라고 표현합니다. 이 이후로는 절대로 00:00 혹은 12:00에 예약글은 피하고 있습니다. 물론 확실하다는 증거는 없지만, 혹시나 싶어서 일부러 피하고 있는 건 사실이지요.

3 썸네일 이미지는 굳이 꾸밀 필요 없다

저는 최근 썸네일 이미지를 꾸미지 않고, 그냥 무료 이미지를 찾아서 적당히 사용하고 있습니다. 원래 예전에는 저만의 썸네일을 포토샵 파일로 만들어서 포스팅을 할 때마다 새롭게 만들어 쓰곤 했습니다. 그런데 그러다가 문제가 생겼습니다.

일단 따라하시는 분들이 늘어나기 시작했습니다. 혼자만 사용하면 독창적이므로 톡톡 튀지만, 비슷한 썸네일을 사용하는 분들이 많아지면 그때는 가치가 떨어집니다. 저만의 아이덴티티 중 하나였는데 그것을 뺏기는 것이죠. 그래서 늘 새로운 썸네일을 연구하고, 또 바꾸는 시도를 많이 했습니다.

▲ 이것이 과거의 썸네일이다.

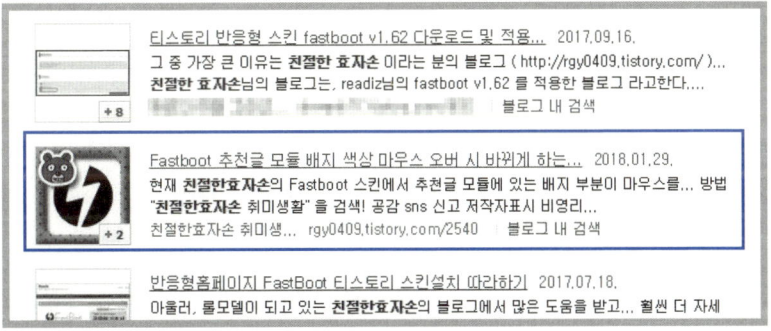

▲ 최근 썸네일이다. 다른 글들보다 썸네일이 먼저 눈에 들어온다.

앞의 두 개의 이미지에서도 알 수 있듯, 일반적인 썸네일은 눈에 잘 들어오지 않습니다. 저의 예전 썸네일도 다른 글들과 비교했을 때 크게 눈에 들어오지 않았습니다. 여기에서 남들과 다르게 썸네일을 수정해보니 확실히 눈에 띄는 건 성공했습니다. 이렇듯 자신만의 썸네일을 디자인해서 글을 올리는 것도 방문자 수를 끌어올릴 수 있는 방법이 될 수 있습니다. 하지만 계속 강조하는 부분이지만, 내용이 알찬 콘텐츠가 가장 중요합니다.

▲ 네이버에서 "친절한효자손"으로 검색했더니 이렇게 톡 튀는 썸네일 이미지가 눈에 들어온다.

네이버에서는 티스토리 글 내에서 첫 번째로 등록된 가장 위의 사진을 썸네일로 인식해서 검색결과에 반영합니다. 해당 글로 들어가보시면 아시겠지만, 첫 번째 상단에 위치한 작은 썸네일 이미지가 노출된다는 것을 확인하실 수 있습니다.

썸네일은 내 블로그를 클릭하게 만드는 요인 중 하나로 작용할 수 있습니다. 썸네일을 어떻게 만들어야 다른 블로거와 차별되는지도 한번 연구해보시기 바랍니다. 초반에는 이걸로 자신만의 심볼을 형상화하여 블로그를 알릴 수도 있습니다.

요즘 대부분의 썸네일을 보면 이미지와 글씨 조합으로 만듭니다. 저 역시 초반에는 이 방법을 사용했는데, 디자인만 다를 뿐이지, 다른 블로그와 경쟁력 부분에서 차이가 없는 것 같아서 중간에 제 캐릭터를 사용해서 많이 쓰기 시작했습니다. 확실히 '효자곰' 캐릭터는 홍보 효과가 있었습니다. 효자곰 캐릭터는 '친절한효자손' 블로그라는 인식을 어느 정도 형성하는 데 성공했습니다. 실제로 다른 블로거분들께서 저를 소개할 때, 곰 이야기를 꺼내고 시작하기도 했으니까요.

그리고 썸네일에서 개인 성향도 어느 정도 드러나는 것 같습니다. 저 같은 경우는 앞에서도 몇 번 말했던 것 같은데요, 일단 따라하는 걸 싫어합니다. 남들과 달라야 이 험난한 블로그 경쟁 속에서 살아남을 수 있다고 늘 생각해왔기 때문에 흔하디흔한 썸네일부터 달라야 한다고 생각했습니다. 저는 이 전략이 어느 정도 적중했다고 생각합니다.

지금은 썸네일이 좀 복잡한 느낌들이 많아서 오히려 이럴 때는 단순한 썸네일이 어울릴 것 같습니다. 사실 독창적인 것보다는 남들이 가는 길이 아닌 오히려 반대로 나가는 것도 방법이 될 수 있습니다. 다들 A스타일만 고집한다면, 저는 B스타일로 해보는 거죠. 그러면 B가 당연히 될 수밖에 없지요. 썸네일을 제작하는 방법은 사용자마다 다른데 다루는 프로그램도 사용자마다 다르니 각자가 스스로 해결하실 수밖에 없습니다.

현재의 저는 썸네일을 전혀 꾸미지 않는 방식을 추구하고 있습니다. 이유는 썸네일을 꾸미는 사람들이 너무 많기 때문입니다. 그리고 썸네일을 꾸미는 분들 중 광고를 목적으로 운영하는 분들이 너무 많습니다. 그렇기에 제 글이 광고글로 오해를 받기 싫어서 꾸미지 않는 이유도 있습니다.

4 본문과 관련 있는 글을 넣어보자!

포스트를 작성할 때 본문 중간 혹은 마지막 부분에 관련 글들을 '이전 글 넣기' 기능을 이용해서 삽입하시기 바랍니다. 이전 글 넣기에 대한 설명은 2장 '플러그인' 부분을 참고해주시면 됩니다. 어차피 '카테고리 다른 글 보기' 플러그인이나, '일치하는 콘텐츠' 애드센스에서 관련 글들을 인공지능을 통하여 알아서 추천하겠지만, 자신의 블로그를 자신만큼 잘 아는 사람은 어디에도 없습니다. 그렇기 때문에 여러분들께서 생각하는 관련 글을 직접 넣어주세요.

> 아무곳에나 클릭한 다음, Ctrl+F를 눌러서 article_rep_desc 로 검색하면 저기 빨간박스로 표시된 부분이 검색이 된다. 바로 그 위에 방금 복사했던 코드를 그대로 붙여넣기를 해준다. 그리고 저장을 눌러주면 끝이다. 놀랍도록 간단하지 않은가? 이렇게 하면 이제 PC에서는 본문의 우측상단에 336x280 사이즈의 애드센스가 나오게 되며, 모바일에서 볼 때에는 상단 중앙정렬로 300x250 사이즈의 애드센스가 출력된다. 끝.
>
> > 애드센스 모바일 상단 광고 최대 크기는?
> > 애드센스 주말(휴일 및 연휴) 그리고 평일 수익 차이가 생기는 이유는?
> > 블로그 검색 키워드는 조합해서 검색되게 하자!

▲ 친절한효자손 취미생활 블로그에는 언제나 본문 마지막에 해당 글과 관련된 주제의 글들이 링크되어 있다.

이렇게 관련 글을 넣음으로써 방문자의 체류시간을 증가시킬 수 있습니다. 또한 다른 글을 읽음으로써 발생되는 애드센스 수익도 있습니다. 일석이조가 되는 것입니다. 하지만 억지로 넣을 필요는 없습니다. 반드시 본문과 연관이 있는 글들만 링크하시는걸 추천합니다.

또한 너무 많이 넣는것도 비추입니다. 오히려 가독성을 떨어뜨립니다. 방문자가 어떤 글을 읽어야 좋을지 선택할 때 망설일 수도 있으니,

이것만큼은 읽으면 꼭 도움이 되겠다고 생각하시는 글만 링크를 걸어 두시기 바랍니다.

Chapter 08

티스토리 블로그 집중탐구

이제 여러분들께서는 티스토리를 관리하는 대부분의 방법을 배우셨습니다. 하루 최소 하나의 포스팅을 작성함으로써 부지런한 모습으로 임하신다면 단언컨대 애드센스 승인은 누구나 쉽게 해내실 수 있으며, 더 나아가 수익은 한 해마다 계속 상승세를 이루게 될 것입니다. 이번 8장에서는 다소 개인적인 블로그 키우는 방법을 적어보려고 합니다.

1 글은 소신껏 작성할 것!

억지로 글을 쓰려고 제대로 이해하지도 못한 다른 사람의 글을 복사하거나 베끼지 말고 사소하더라도 자신의 이야기를 소신 있고 자신 있게 작성하시는 게 좋습니다. 사람의 첫인상을 보고 3초 안에 그 사람의 성품을 개인의 주관대로 판단한다고 하죠? 저는 블로그도 마찬가지라고 봅니다. 몇 줄만 읽어보면 이 사람이 다른 글을 베끼고 그냥 텍스트만 조금 수정해서 작성한 글인지, 자기 소신대로 작성한 글인지 알 수 있습니다. 여러분 또한 카피글과 순수하게 작성한 글의 차이를 아마 읽어보면 판단하실 수 있을 것입니다. 글을 읽다 보면 이 블로그의 주인이 얼마나 이 분야에 대해 연구하고 몰두했는지를 알 수 있습니다. 보통 어떠한 정보를 알아보고자 할 때, 한 사람의 블로그만 방문하지 않습니다. 저 같은 경우도 티스토리에 입문하여 애드센스 광고를 어떻게 게시하면 좋을지에 대해 열심히 구글에서 검색하고 여기저기 방문하면서 알아가던 때가 있었습니다. 그렇게 알아보다가 확실히 도움되는 글을 찾으면 그 블로그에서 그 글 외에도 여러 가지 좋은 내용을 담은 다른 글들을 많이 접할 수 있었습니다. 제 블로그를 방문하시는 분들도 아마 저와 비슷한 경험에서 계속 방문해주고 계실지도 모르겠습니다.

자신 있고 소신 있게 글을 써 내려가려면 우선 직접 경험이 최고의 스승이 됩니다. 그 때문에 가장 좋은 주제는 자신이 좋아하는 분야이고 이에 대해서 글을 작성하는 것이 최고의 블로그 글쓰기입니다. 이미 해당 분야에 대한 경험을 통해 다른 사람들보다 더 많은 노하우를 가지고 있을 확률이 높기 때문입니다. 관심사도 마찬가지입니다.

그 외의 카테고리는 모두 억지로 글을 작성하게 되는데, 잘 모르니까 글이 핵심을 벗어난 수박 겉 핥기식이 돼버리는 경우가 많습니다. 그걸 보는 방문자들도 당연히 이 글을 보고 대체 무슨 소리지 싶을 것입니다. 그런데 애드센스를 하는 대부분의 주목적은 수익이기 때문에 글을 억지로 쓰시는 분들도 많습니다. 심지어 남의 글을 그대로 카피하는 경우도 많습니다.

물론 1일 1포스팅이 결코 쉬운 일은 아닙니다. 하지만 그 일정을 어떻게든 억지로 맞추려고 자기 블로그에 남의 글을 포스팅해서는 안 됩니다. 양심의 문제도 있겠지만, 스스로의 능력을 키우셔야지 남한테 의존해서 블로그를 관리한다면 그 이상 더 커질 수 없기 때문에 분명 한계가 올 수밖에 없습니다. 여러분은 잘나가는 블로그를 참고는 하되 결코 베끼지 마시길 바랍니다.

차라리 사소하더라도 일상을 적으시는 것을 추천합니다. 그런데 기왕이면 일상도 구체적으로 작성하시는 것이 좋습니다. 어떻게 보면 평범한 경험담이지만, 그 경험담이 누군가에게는 큰 정보가 될 수도 있기 때문이죠. 식당을 예로 들어보겠습니다. '어느 동네에 위치한 어느 가게에 갔는데 메뉴는 이러이러한 게 있고, 가격대는 어느 정도로 형성되어 있으며, 인테리어는 이런 느낌이라 연인끼리 와도 좋을 것 같고, 저녁 시간임에도 불구하고 많이 붐비지는 않아서 좋았다.' 이처럼 정보가 될 만한 내용들을 구체적으로 작성해주시면 분명 누군가에게 도움이 되는 글이 될 것입니다.

자신의 다른 블로그에 있는 내용을 그대로 복사해서 사용해도 될까요?

여러분들께서 관리하는 블로그의 내용이라면 당연히 상관이 없습니다. 다만 중복 문서에 걸릴 확률이 있으므로 텍스트는 웬만하면 변경해서 쓰세요. 그대로 '복사+붙여넣기'는 결코 좋은 선택이 아닙니다. 이미지도 다시 캡처해서 사용하시기를 바랍니다.

2 관심사 카테고리는 무조건 키울 것!

인기가 많은 식당은 늘 대표 메뉴가 있습니다. 사람들이 이 식당에는 이게 맛있고, 저 식당에는 저게 맛있다라는 인식을 갖게 하는 대표 메뉴가 존재하죠. 저는 어떤 콘텐츠든 일단 나의 콘텐츠를 좋아해 주는 단골을 만들어야 한다고 생각합니다. 가장 구체적인 예로, 유튜브 크리에이터 (혹은 BJ, 스트리머 등) 분들을 보면 저마다 개성이 있습니다. 카테고리는 다 겹치지만 크리에이터마다 구독자 수가 다릅니다. 저는 많은 구독자를 보유한 크리에이터일수록 다른 크리에이터에게는 찾아볼 수 없는 매력이 있다고 생각하며 그것이 곧 대표 메뉴라고 생각합니다. 블로그도 마찬가지입니다. 여러분들의 블로그를 대표하는 콘텐츠가 반드시 존재해야 합니다. 가령 저의 경우는 애드센스 노하우를 다루는 카테고리와 스킨 관련된 기술을 공유하는 카테고리가 메인이고, IT 관련 제품 리뷰들이 두 번째 대표 메뉴라고 할 수 있습니다.

요즘 블로그를 돌아다녀 보면, 맛집, 여행, 일상 보통 이 세 가지가 주를 이루고 있습니다. 전체 블로그의 절반 이상을 이 카테고리들이 차지하고 있죠. 저도 물론 사용하고 있는 카테고리이기도 합니다. 하지만 메인 카테고리가 아닐 뿐이죠. 자신의 블로그를 대표하는 메인 메뉴를 반드시 만들어야 합니다. 이게 없다면 솔직히 블로그를 오래 관리하기는 어려울 것입니다. 다른 블로그에서 찾아볼 수 없는 매력을 만들어 내 블로그를 방문한 사람들의 기억에 남아야 합니다.

하지만 이 부분을 찾고 개발하기란 생각보다 시간이 많이 걸립니다. 또한 당장 수익으로 이어지는 부분도 아니기 때문에 블로그를 시작하려는 많은 분들은 당장 애드센스 수익이 되는 것부터 찾으려고 합니다. 수익을 중심으로 설명하자면 저도 남들처럼 엄청 짧고 쉽게 설명할 수 있습니다. 보험, 주식, 부동산 및 대출 관련 글만 쉬지 않고 쓰시면 됩니다"라고 말이죠. 하지만 그럴 거면 이렇게 책을 집필하지도 않았을 것입니다. 이건 제가 추구하는 블로그가 아닙니다. 제가 추구하는 블로그는 단발성으로 반짝하고 꺼지지 않고, 장기적으로 꾸준히 운영되는 블로그입니다.

메인 카테고리를 관리하실 때, 이 분야만큼은 내가 전문가라는 프로

정신으로 관리하셔야 합니다. 그만큼 잘 알고 있으며, 자신 있는 분야이기 때문에 필력이 생길 수밖에 없습니다. 초반에는 두각을 나타내지 않다가, 게시글들이 점차 쌓이고, 방문자가 늘어나면서 신뢰도는 점점 증가하게 됩니다. 바로 이 맛에 블로그를 키워나가는 거지요. 이렇게 생성된 메인 주제가 어느 정도 쌓이면, 이제 고정 방문자가 어느 정도 형성이 되기 시작합니다. 이때부터가 시작이라고 생각하시고 열심히 관리해주시면 됩니다.

그렇다면 하나의 주제를 키우는 게 현실적으로도 유리한지 궁금해하실 것입니다. 이 부분을 자세히 설명하려면 아무래도 네이버 C랭크 이야기를 안 할 수가 없겠네요. 네이버는 C랭크라고 하는 알고리즘에 의해 블로그 글을 노출시킨다고 말씀드렸죠? C랭크에 대해서 자세하게 설명을 드리겠습니다. C랭크는 하나의 주제를 꾸준히 작성했을 경우에 이를 상위노출해주는 알고리즘입니다. 그렇다면 '하나의 주제를 계속 쓰다 보면 언젠가는 상위노출이 되는구나?' 하는 생각들을 하실 수도 있습니다. 하지만 꼭 그렇지는 않습니다. 네이버 C랭크는 블로그 활동량도 체크하지만, 이 블로그에 어떤 방문자들이 오갔는지, 네이버가 신뢰하는 사이트와의 연대는 어떤지, 방문자들이 얼마나 오래 머물러 있는지, 이 블로그의 글들이 얼마나 다른 사람들에게 공유가 되고 있는지 등등 외부적인 활동 부분도 체크를 합니다. 이 부분은 '네이버 웹마스터도구'에 보시면 '콘텐츠 확산'이라고 하는 메뉴와 관련이 있다고 보시면 됩니다.

3 1일 1글은 기본!

앞에서 이야기해드렸던 부분이네요. 1일 1포스팅이 어려우시면 계획을 세워보세요. 티스토리 블로그를 막 시작했던 초창기에 제가 사용했던 방법 중 하나였습니다.

일	월	화	수	목	금	토
아이허브 건강 관련 IT제품 리뷰(소개)	PC 유틸리티 소개 IT제품 리뷰(소개)	블로그 노하우 IT제품 리뷰(소개)	IT제품 리뷰(소개)	클립 스튜디오 사용방법 프로크레이트 사용방법 IT제품 리뷰(소개)	IT제품 리뷰(소개)	만화동아리 후기 IT제품 리뷰(소개)
CGN 비타민D 리뷰 비오틴 2차 후기	exe파일 확장자 클리너 샤오미 미에어 프로	구글 검색에 노출되어야 한다 GTX1050ti	샤오미 스마트워치 2종 비교 샤오미 미세먼지 마스크	벡터레이어 활용방법	오키텔 K10 사용기 1탄	63회 모임 후기

▲ 이런 식으로 계획을 짜두어도 꽤 많은 도움이 된다.

일주일 블로그 포스팅 계획표를 만들어서 그대로 실천했습니다. 각 요일마다 미리 정해놓은 주제로 글을 쓰는 것입니다. 이런 식으로 요일별 카테고리 주제를 정해서 작성하는 계획을 세웠고, 그대로 실천에 옮겼습니다. 카테고리를 정하는 게 생각보다 시간이 오래 걸리는데, 이 부분을 미리 계획표를 짜놓으니 꽤 많은 시간을 절약할 수 있었습니다. 계획표는 여러분들께서 포스팅할 때 가장 고민이 많은 부분에 대해 적어주시면 도움이 많이 됩니다.

그리고 계획표를 만드셨으면 반드시 프린트해서 잘 보이는 곳에 붙여두세요. 계획표를 워드나 엑셀로 만드시고 그냥 저장만 해두시면 눈에 보이지 않기 때문에 잊어버리기 일쑤입니다. 목표는 눈에 잘 보이도록 하는 게 가장 좋습니다. 계획과 목표라는 게 눈에 잘 띄지 않으면 금방 잊게 되고, 결국 오늘의 포스팅을 내일로 미루게 됩니다. 눈 앞에 한 번이라도 밟혀야 한 번이라도 더 생각하고, 그 한 번의 생각이 좋은 아이디어로 이어지고 훌륭한 포스팅으로 탄생할 수 있게 되는 것입니다.

앞에서 C랭크에 대해 언급했는데, 1일 1포스팅은 바로 이 C랭크와 관련이 깊습니다. 검색 로봇이 매일매일 해당 블로그에 방문을 하고 문서들을 수집합니다. 이 문서들의 수집이 매일 꾸준히 발생하면 '이 블로그는 열심히 새로운 콘텐츠를 생산해내고 있구나' 하고 검색엔진이 인식을 하게 됩니다. 내용은 둘째 치고 꾸준히 활동하는 블로그라는 사실을 인식하게 되는거죠. 그러면 블로그 점수가 쌓입니다. 카드를 꾸준히 써서 포인트 점수가 올라가는 원리라고 생각하시면 됩니다. 특히나 블로그 초반에는 어떻게 보면 검색엔진에게 '잘 보여야' 하는 시기인데, 이때 확실히 눈도장을 찍어둘 수 있는 게 바로 꾸준한 콘텐츠 생산입니다. 꾸준히 한 달간 지각 없이 출근하는 직원과, 결석을 밥 먹듯 하는 직원, 두 명 중 누구에게 더 신뢰가 생기시나요? 당연히 부지런한 직원일 것입니다. 검색엔진은 이런 부지런한 블로그를 매우 좋아합니다. 이렇게까지 말을 하고 보니 마치 1일 1글은 절대적인 규칙이라고 인식하시는 분들이 계실수도 있겠다는 생각도 듭니다. 절대적인 규칙은 아닙니다. 무조건 하루 한 개의 글을 작성하라는 법은 없습니다. 1일 1글의 장점은 위에서 충분히 설명을 드렸습니다. 허나 그것은 검색엔진의 입장이고 개인적인 이유도 상당히 중요합니다. 저는 이것을 운동과 비유를 합니다. 멋진 몸(근육)을 만들기 위해서는 꾸준한 운동이 필요합니다. 이는 너무나도 당연한 것이고 많은 분도 다 알고 있는 사실입니다. 글도 마찬가지입니다. 멋진 티스토리 블로그를 만들고 싶으신가요? 그러면 꾸준히 글을 올려서 만들 수 밖에 없습니다. 이 또한 너무 당연한 소리일 것입니다. 그래서 1일 1글은 너무나 중요합니다. 우리는 글 쓰는 습관이 몸에 배어야 합니다.

4 틈새전략은 양질의 콘텐츠!

여러분들 스스로 자신의 블로그가 그 어떤 블로그보다도 좋은 내용들을 담고 있다고 자부하십니까? 내 블로그에 있는 내용은 그 어떤 곳에도 없는 그런 콘텐츠라고 생각하시나요? 만약 그렇다면 지금처럼만 꾸준히 관리하시기 바랍니다.

하지만 괜찮은 콘텐츠가 없다고 생각하신다면 틈새전략을 노리는 것을 추천합니다. 앞서 설명드렸지만, 티스토리와 애드센스를 막상 시작하려니까 제대로 된 관련 콘텐츠가 없었고, 그래서 직접 만들면서 시작한 것이 지금은 제 블로그의 메인 카테고리가 되었습니다. 저는 제 블로그가 지금처럼 성장한 원동력이 어디에도 없는 양질의 콘텐츠, 즉 틈새전략이라고 생각합니다.

제가 생각하는 양질의 콘텐츠는 '현재 없는 것을 만드는 일'이라고 생각합니다. 이 벅찬 콘텐츠 경쟁 속에서 살아남으려면 남들이 기존에 해놓은 것만으로 경쟁해서는 안 됩니다. 자신만의 스타일을 찾아서 꾸준히 발전시키는 게 핵심입니다. 저는 수많은 리뷰어들이 있는 IT 분야에서 저만의 스타일로 그 빈틈을 공략했습니다.

틈새를 공략하는 건 생각보다 어렵지 않습니다. 여러분들이 어떠한 정보를 검색하려고 찾아봤는데, 대부분 동문서답만 하는 블로그가 대다수라고 한다면 그 주제는 곧 블루오션이 될 수 있습니다. 해답을 찾고자 하는데 명확한 설명을 제시하는 블로그가 없으니, 스스로가 그 주인공이 되는 것입니다.

예를 들자면, 같은 IT 관련 리뷰 글이라고 한다면, 최신 제품에 대한 글은 이미 많이 쏟아져 나옵니다. 특히나 이 분야는 전문 리뷰어들이 있기 때문에 그들을 이기기에는 역부족입니다. 왜냐하면 플랫폼에서 밀어주기도 하기 때문입니다. (네이버 메인에 고정출연도 가능합니다.) 그렇기 때문에 이제 막 블로그를 시작하거나 해당 분야의 글을 쓰기 시작한 분들은 무리한 정면돌파를 피하는 게 좋습니다. 정면돌파를 피해야 하는 이유는 간단합니다. 이미 해당 카테고리에서는 영향력 있는 블로거들이 자리를 잡고 있기 때문에 검색에 노출되기가 상당히 어렵습니다. 바로 이 부분이 앞서 설명드렸던 C랭크에 대한 부분입니다. 여러분의 블로그가 해당 카테고리에서 노출이 되려면 많은 시간과 노력이 필요합니다. 그렇기 때문에 정면돌파를 피하고 우회해서 블로그를 운영하는 것이 좋다고 생각합니다.

그래서 저 같은 경우는 이미 철 지난 제품에 대한 글을 작성하거나, 한 제품에 대한 여러가지 기능적인 부분들을 계속해서 글로 작성합니다. 그렇게 되면 해당 제품에 대한 전문가처럼 보이는 효과도 생기고, 재방문율도 올릴 수 있기 때문이죠. 남들이 거의 다루지 않는 내용을 블로그 콘텐츠로 삼아서 시작해보세요. 경쟁이 거의 없는 키워드를 하나둘

씩 정복해나가기 시작하면 1년 뒤에는 방문자 수가 꽤나 많이 형성되어 있을 것입니다.

'아버지 육아'를 예로 들어볼까요? 요즘 평등을 외치는 사회적 분위기로 이제 남성도 육아를 해야 하는 게 당연시되고 있습니다. 따지고 보면 요즘 부부들은 맞벌이하는 게 대부분이므로 집안 살림부터 아이를 낳게 된다면 육아까지 모두 공동책임이 됩니다. 한국사회의 가부장적인 문화로 인한 후유증이 모든 여성분들을 살림꾼으로 만들었지만, 이제는 남편들도 같이 해야 하는 시대입니다. 이 분위기를 미리 알았던 것일까요? 이미 남성육아 전문 블로거 분들도 계십니다. 육아 전문가가 아니었지만 아이를 안는 방법부터, 유아식 만들기, 재우는 방법, 분유 먹이는 방법, 젖병 물리는 방법, 소독 방법, 기저귀 교체 방법 등등 육아 콘텐츠를 계속 작성하다 보니 어느덧 척척박사가 된 자신의 모습을 블로그를 통해 알게 됩니다. 이런 콘텐츠가 늘어나면서 책으로까지 나오는 등 놀라운 효과를 가지고 옵니다.

 친절한효자손 님은 하루에 포스팅을 몇 개 정도 하시나요?

저는 요즘 한두 개 정도입니다. 관리 1년 차에는 많이 썼습니다. 많게는 하루에 일곱 개도 작성한 적이 있었습니다. 지금은 무리이고요, 많이 써도 서너 개가 겨우입니다.

5 느긋하게 블로그를 즐겨라!

티스토리 블로그를 육성하고 관리함에 있어서 이렇다 할 정답은 없다고 생각합니다. 만약 블로그를 잘 관리해서 검색 엔진에 상위노출이 되고 애드센스 수익을 최대로 끌어올릴 수 있는 방법이 존재한다면 이미 모든 블로거 분들이 똑같은 방법으로 똑같이 관리를 하고 있을 것입니다. 이러면 얼마나 재미없겠습니까? 마치 학교에서 똑같이 수업받는 학생과 같은 느낌일 것입니다. 블로그를 관리하는 데에는 정답이 없습니다. 저는 그나마 그 정답에 가까운 방법이 지금까지 말씀드리고 있는 '재미'라고 생각하고 있습니다.

블로그의 특성상 당장 잘되는 것도 중요하겠지만, 오랫동안 하루도 빠짐없이 질리지 않고 관리를 해나가려면 관심이 필요하고, 이 관심을 유지하려면 재미를 느끼는 게 중요하다고 생각합니다. 일종의 농사와도 같다고 생각합니다. 텃밭을 일구고, 씨를 뿌려서 일정한 거름과 햇빛, 물을 주면서 잘 관리해야 차후에 건강한 결실을 맺게 되는 시스템과 같죠. 매일 같은 방법으로 운영하면 재미가 없으니까, 중간중간 이렇게도 해보고 저렇게도 해보는 겁니다. 스킨도 한번 바꿔보고, 다른 스타일로 글을 써보고, 다른 카테고리 글도 한번 써보고, 글 패턴도 한번 바꿔보고, 썸네일도 변경해보고, 예약포스팅을 왕창 해보기도 하고, 하루에 글을 10개 써보기도 하고, 애드센스 광고 위치를 바꿔보기도 하는 겁니다.

정해진 방법은 없습니다. 자신이 어떤 식으로 티스토리를 관리하고 어떤 스타일로 글을 작성하는 게 가장 잘 어울리는지를 파악하는 것이 중요합니다. 가장 재미있고 자신감 있게 쓴 글이 최고의 글이 될 것입니다. 그리고 이런 글들이 하나둘 모이기 시작화면 최고의 메인 카테고리가 될 것입니다.

제가 블로그 강좌 글에서 자주 하는 말이 있습니다. 글 쓰는 재미를 소소하게 느껴가면서 운영하다 보면, 어느덧 커져있는 블로그를 갖게 될 것이라는 말입니다. 글을 쓴다는 것은 곧 창작을 의미합니다. 물론 어디에도 없는 나만의 글, 나만의 문체를 갖는다는 게 쉬운 일은 아닙니다. 하지만 자기만의 개성있는 글이 아닌 다른 사람이 쓴 글을 베끼거나 어디에서나 볼 수 있는 흔한 글로 블로그에 재미를 붙이기는 힘들 것입니다.

제가 블로그를 즐기는 스타일은 일종의 팬이 되는 마음과 같습니다. 좋아하는 연예인의 팬이 되어 해당 스타에 대한 모든 것이 궁금해서 검색해보는 그런 마음이죠. IT 제품을 좋아하다 보니, 해당 제품에 대해서 이런저런 부분을 알아보게 됩니다. 그리고 실제로 구매하게 되면 특정 기능이 저의 실생활에 도움이 될 것 같다는 생각을 하게 됩니다. 그런 부분을 꾸밈없이 작성하게 됩니다.

이제 막 블로그를 시작하거나 하려는 여러분들! 급하게 식사를 하면 체하듯, 블로그도 천천히 즐겨주시기 바랍니다. 시간은 많습니다. 앞으로 관리해야 할 날들이 더욱 많이 남았습니다. 재촉한다고 해서 될 분야가 아니기 때문에, 느긋하게 여유를 가지고 시작해보세요. 이 책이 부디 여러분들의 길잡이가 되길 바랍니다. 그리고 끝까지 포기하지 마시고 운영해보시기를 바랍니다. 애드센스는 절대로 노력하는 사람을 배신하지 않습니다.

자주 묻는 질문 Top 10

• • •

지금까지 티스토리를 운영하고 유료 교육을 해오면서 가장 많이 받았던 질문들에 대해서 정리하는 페이지를 만들어보았습니다. 본 내용은 필자의 티스토리에도 일부 작성되어 있음을 밝힙니다.

어떤 계기를 통해서 티스토리 가입자가 늘고 많은 분들이 티스토리 에디터로 활동을 시작하셨는지는 알 수 없으나, 대부분은 애드센스라는 수익을 목적으로 운영을 하고 있을 겁니다. 그러나 안타깝게도 대다수 분들은 중간에 그만둡니다. 이유는 매우 간단합니다. 돈을 목적으로 했기 때문이죠. 참 이상하죠? 근데 그렇더라고요. 돈을 목적으로 했으니 콘텐츠 품질이 좋을 리가 없습니다. 사실 이게 반대가 되어야 하거든요. 좋은 콘텐츠를 만들어야 돈이 되는 거죠. 많은 기업들이 품질 향상에 혈안이 되어 있는 이유가 별거 없습니다. 최고 매출을 달성하기 위해서라고 생각합니다. 하지만 시장성이 있는 제품이어야 매출을 극대화할 수 있습니다. 수요층이 두터워야 그만큼 좋은 제품을 만들기 위해서 연구하고 노력할 것입니다. 그리고 마침내 사람들이 원하는 제품이 완성되고 곧 입소문이 퍼져 큰 매출로 이어지게 될 것입니다. 즉 좋은 콘텐츠가 좋은 수익을 담보한다고 볼 수 있습니다. 수익에만 집중한 나머지 품질이 좋지 않은 제품들은 도태되어 금세 시장에서 사라지곤 합니다.

하지만 위에서 예시로 들었던 이야기는 수익 부분에 집중했을 때의 경우입니다. 저는 수익이 아니라 글 작성하는 것 자체에, 그러니까 글 콘텐츠 자체에 목적을 두고 있습니다. 알다시피 티스토리는 글을 작성해야만 하는 플랫폼입니다. 단순히 수익 부분만을 생각해본다면 무조건 글을 끊임없이 생산해내야만 한다는 것을 알 수 있습니다. 당연히 글을 생산하지 않으면 수익도 없다는 사실도 알 수 있습니다. 그렇기에 여러분께서는 부디 글 쓰는 습관, 글 쓰는 재미, 글을 완성하는 만족감, 이 글을 읽고 방문자들이 도움을 얻었을 때의 뿌듯함에 집중해 보시라고 말씀드리고 있습니다.

그동안 이런 수익적인 부분에 대한 댓글들도 참 많았습니다. 상단 두 개는 어떻게 넣는지? 하단 여러 개의 광고는 뭔지? 사이드바 광고는 몇 개 넣는지? 최상단 광고는 어디에 넣는지? 이렇게 애드센스에 관한 질문들은 참 많았는데 좋은 콘텐츠를 만드는 것에 대해 질문하시는 분들은 단 한 명도 없었습니다. 정말로! 안타까운 현실입니다. 저는 늘 식당에 비유합니다. 가게는 오픈했는데 손님이 많이 없는 상황에서 레시피 개발은 전혀 고려하지 않고 계속 매출을 늘릴 생각만 하는 상황이죠. 마케팅과 홍보를 잘 해서 맛집이 되었을까요? 그걸 생각해보세요. 이미 우리 주변에 이렇게 모범답안이 있는데, 이걸 그대로 티스토리에만 접목시키면 되는 문제인데 이 간단한 걸 너무 어려워하시는 듯해서 안타깝습니다.

글 퀄리티를 올리고, 다른 티스토리에는 없는 나만의 콘텐츠를 만드는 데 집중하시면 됩니다. 그 콘텐츠가 지금 당장 인기가 있고 없고는 하나도 중요하지 않아요. 매출에만 신경 쓰니까 맛에 소홀해지고, 맛이 없으니 손님이 올 턱이 없습니다. 지금 티스토리로 얼마 벌었다 하시는 분들의 이야기에 현혹되지 않으셨으면 좋겠어요. 그건 그쪽 일이고 본인은 본인입니다. 그렇게 따지면 주식이나 투자, 부동산, 금융, 보험, 다단계, 일반 사업자 분들 중에서도 억대 연봉을 가진 사람들이 많습니다. 서점에도 돈과 관련된 책들이 한보따리고요. 그러므로 우리 제발 오롯이 콘텐츠에만 집중합시다. 그래서 준비했습니다. 애드센스를 제외한 나머지 질문들 중 베스트를 추려보았습니다. 티스토리를 운영하시는 데 도움이 되기를 바랍니다.

Q1. 티스토리에서도 검색엔진 최적화가 필요한가요?

A. 많이 나온 질문 중 하나입니다. 근데 사실 저도 블로그라는 플랫폼을 시작했던 초창기에는 검색엔진에서 저의 글이 잘 노출될 수 있는 테크니컬한 방법이 있지 않을까 생각했습니다. 하지만 놀라운 소식! 티스토리는 SEO와 전혀 무관합니다.

티스토리가 SEO와 무관하다는 걸 어떻게 알 수 있죠?

SEO란 'Search Engine Optimization'의 약자로, 해석하면 '검색엔진 최적화'라는 뜻입니다. 최적화라는 건 말 그대로 검색엔진이 해당 문서를 인식하고 각종 검색 사이트에서 티스토리 글들이 잘 노출될 수 있도록 진행하는 것을 말합니다. 기본적으로 티스토리 스킨은 사용자가 별도로 제작할 수 있도록 설계되어 있습니다. 제작 과정에서 당연히 head 안쪽에 이 스킨에 대한 각종 정보를 넣을 수 있습니다. 그럼 여기에서 문제입니다.

"스킨 제작자는 실수를 안 할까요?"

제 생각은 "아니오"입니다. 스킨 제작자도 사람입니다. 실수할 수도 있습니다. 또한 제작자마다 코딩 실력도 다르고 코딩 스타일도 다릅니다. 만약 스킨의 선택에 따라 글 노출이 달라진다면 이것은 스킨의 문제라는 뜻이고 결국 반드시 head 안쪽에 들어가야 할 내용을 입력하지 않았거나 낮은 버전으로 설계했거나 다른 방식의 코딩을 썼다는 이야기가 될 겁니다. 즉 스킨에 따른 최적화가 존재한다면 티스토리 스킨 선택은 정말 신중한 문제입니다.

만약 스킨 제작에 따른 노출 여부가 달라진다면 티스토리 측에서 스킨 제작 가이드에 명시를 했어야 합니다. 반드시 〈head〉 안쪽에 넣어야 할 코드에 대해서 말입니다. 하지만 스킨 제작 페이지에 이런 내용은 없습니다. 그냥 치환자 이야기가 대부분이며 인덱스 페이지에 대한 설명 정도입니다. 즉 이 말은 스킨 제작에서 최적화 과정은 필요 없다는 이야기가 됩니다. SEO를 고려하지 않아도 된다는 뜻입니다.

또한 스킨의 선택에 따라 검색 결과가 달라진다면 티스토리 측에서는 개인 사용자가 제작하는 모든 스킨을 검수해야 할 겁니다. 점검해보고 이상이 없는 스킨만 배포를 허락하겠지요. 즉 검토필 마크가 찍힌 커스텀 스킨만 사용 가능하다는 가이드라인을 제시하지 않았을까 싶습니다. 오른쪽 화면의 스크린샷을 봐주시기 바랍니다. 친효스킨의 head 안쪽에는 저렇게 방대한 양의 스크립트가 있습니다. 혹시 친효스킨을 사용 중이시라면 지금 바로 친효스킨의 html로 들어가서 〈head〉 안쪽의 내용들과 249쪽 코드 내용들을 비교해 보세요. 차이가 있지 않나요? 즉 각종 검색엔진에 필요한 내용을 이미 기본적으로 티스토리 플랫폼 자체에서 포함하고 있다는 소리입니다. 따라서 스킨의 여부에 따라 노출이 달라진다는건 어불성설입니다. 유료/무료 스킨 모두 마찬가지입니다. 결국 스킨은 스타일만 다를 뿐, 기본적인 SEO 최적화는 이미 티스토리 측에서 해결해 주고 있다는 의미가 됩니다. 그러므로 스킨의 유무는 사실상 SEO와 아무 관련이 없습니다. 그럼 이쯤에서 또 드는 생각이 하나 있습니다.

"스킨 변경 후 검색 사이트에서 누락되었어요!"

```
-->
<head>
    <link rel="stylesheet" type="text/css" href="https://t1.daumcdn.net/tistory_admin/lib/li
    <link rel="stylesheet" type="text/css" href="https://t1.daumcdn.net/tistory_admin/assets
    <link rel="stylesheet" type="text/css" href="https://t1.daumcdn.net/tistory_admin/assets
    <!--[if lt IE 9]><script src="https://t1.daumcdn.net/tistory_admin/lib/jquery/jquery-1.1
    <!--[if gte IE 9]>
    <!-->
    <script async src="//www.google-analytics.com/analytics.js"></script>
    <script src="https://www.googletagservices.com/activeview/js/current/osd.js?cb=%2Fr20100
    <script src="https://partner.googleadservices.com/gampad/cookie.js?domain=rgy0409.t.D159
    <script src="https://pagead2.googlesyndication.com/pagead/js/r20210331/r20190131/show_ad
    <script src="https://t1.daumcdn.net/tistory_admin/lib/jquery/jquery-3.2.1.min.js"></scri
    <!--<![endif]-->
    <script src="https://t1.daumcdn.net/tistory_admin/lib/lightbox/js/lightbox-plus-jquery.m
▶ <script>...</script>
    <script>var tjQuery = jQuery.noConflict(true);</script>
    <style type="text/css">...</style>
    <meta name="referrer" content="always">
    <link rel="icon" href="https://tistory4.daumcdn.net/tistory/944811/a260cb9_...">
    <link rel="apple-touch-icon" href="//img1.daumcdn.net/thumb/C180x180/?fname=https%3A%2F%
    <link rel="apple-touch-icon" sizes="76x76" href="//img1.daumcdn.net/thumb/C76x76/?fname=
    <link rel="apple-touch-icon" sizes="120x120" href="//img1.daumcdn.net/thumb/C120x120/?fn
    <link rel="apple-touch-icon" sizes="152x152" href="//img1.daumcdn.net/thumb/C152x152/?fn
    <meta name="description" content="IT와 그림, 각종 프로그램 사용하는것을 좋아합니다.">
    <!-- BEGIN OPENGRAPH -->
    <link rel="canonical" href="https://rgy0409.tistory.com">
    <meta property="og:type" content="website">
    <meta property="og:url" content="https://rgy0409.tistory.com">
    <meta property="og:site_name" content="친절한효자손 취미생활">
    <meta property="og:title" content="친절한효자손 취미생활">
    <meta property="og:description" content="IT와 그림, 각종 프로그램 사용하는것을 좋아합니다.">
    <meta property="og:image" content="https://tistory3.daumcdn.net/tistory/944811/attach/08
    <!-- END OPENGRAPH -->
    <!-- BEGIN TWITTERCARD -->
    <meta name="twitter:card" content="summary_large_image">
    <meta name="twitter:site" content="@TISTORY">
    <meta name="twitter:title" content="친절한효자손 취미생활">
    <meta name="twitter:description" content="IT와 그림, 각종 프로그램 사용하는것을 좋아합니다.">
    <meta property="twitter:image" content="https://tistory3.daumcdn.net/tistory/944811/atta
    <!-- END TWITTERCARD -->
    <!-- BEGIN STRUCTURED_DATA -->
▶ <script type="application/ld+json">...</script>
    <!-- END STRUCTURED_DATA -->
    <script data-ad-host="ca-host-pub-9691043933427338" data-ad-client="ca-pub-26375001651411
    checked-head="true"></script>
    <meta charset="utf-8">

html    body#tt-body-index.rgy-sidebar-on.rgy-topbtnmobilehide-on.
```

▲ 필자 블로그의 친효스킨 html 코드

장담하건데 이런 분들은 콘텐츠가 애당초 문제였을 확률이 매우 높습니다. 이미 같은 계열의 글들이 너무 많아서 경쟁에서 순식간에 밀려난 것입니다. 이건 스킨 문제가 아니라 언젠가는 벌어질 일이었던 겁니다. 근데 하필 그게 스킨 교체와 맞물려서 마치 스킨 탓처럼 보여지게 되었을 뿐입니다. 결코 스킨 문제가 아닙니다. 콘텐츠가 원인이라고 할 수 있습니다.

기본적으로 SEO에 필요한 사이트는 따로 있습니다. 바로 신생 사이트입니다. 서버부터 시작해서 웹페이지를 새롭게 제작하는 사이트들을 말합니다. 대표적으로는 기업 홈페이지라든지 커뮤니티 사이트 같은 곳이겠지요. 이런 곳들은 말 그대로 새롭게 탄생한 곳이기에 온라인상 입주 신고를 해야 합니다. 새로 가게를 오픈하면 신고하는 것처럼요. 이 과정이 바로 SEO입니다.

그런데 티스토리라는 플랫폼은 이미 자체적으로 온라인에 신고가 되어 있는 상태입니다. 티스토리팀에서 SEO 과정을 이미 다 진행했다는 이야기예요. 사용자가 손봐야 할 부분들을 티스토리 개발팀과 운영팀에서 손을 다 써놨습니다. 이 과정이 필요 없다는 이야기입니다. 다시 한 번 말씀드리지만 티스토리 에디터 분들은 SEO가 아닌 콘텐츠에만 집중하면 됩니다.

티스토리를 본격적으로 시작하고 약 20일 만에 하루 방문자를 1,000명 이상 만들 수 있었던 큰 원동력은 오롯이 콘텐츠였습니다. 필자가 처음 티스토리를 시작했을 당시에는 SEO라는 존재도 몰랐습니다. 그냥 머릿속에는 "좋은 글 써야지!" 이거 하나뿐이었습니다. 다른 건 없었어요. 좋은 글을 쓰면 어차피 사람들은 알아서 찾아올 거라는 생각뿐이었습니다. 대신 글의 제목은 집중해서 작성해야 합니다. 왜냐하면 글의 제목이 검색엔진이 가장 많이 수집하는 핵심 열쇠가 되기 때문입니다. 그러므로 강좌 글의 경우는 "ㅇㅇ하는 방법"이 유효합니다. 제품 후기의 경우는 "제품명"과 "모델명"이 늘 필수로 제목에 들어가야하는 핵심 키워드며 여기에 "사용법"이나 "후기" 같은 보조 키워드를 끼워 넣는 방식이 유효합니다. 티스토리는 SEO와는 절대 무관하다는 걸 아셨으면 좋겠습니다.

다만, 티스토리 에디터 분들이 신경 써야 하는 SEO도 있습니다. 바로 콘텐츠 SEO와 오프페이지 SEO입니다. 참고로 위에서 언급한, 우리가 신경 쓰지 않아도 되는 SEO는 테크니컬 SEO를 의미합니다. 그러면 콘텐츠 SEO와 오프페이지 SEO에 대해서 알아볼까요?

콘텐츠 SEO? 오프페이지 SEO?

티스토리 에디터가 신경 써야 하는 첫 번째 SEO는 콘텐츠 SEO입니다. 콘텐츠의 세분화로 이해하시면 됩니다. 콘텐츠 SEO는 카테고리의 전문성으로 이어집니다.

현재 필자가 운영하는 티스토리가 콘텐츠 SEO의 경우라고 할 수 있습니다. "친절한효자손 취미생활" 티스토리는 IT 정보와 티스토리 노하우에 대한 글이 많은 콘텐츠라고 정의할 수 있습니다. 즉 메인 콘텐츠를 특정할 수 있는 상황을 콘텐츠 SEO라고 이해하시면 됩니다. 누차 강조한 부분이지요. 자신만의 고유한 콘텐츠를 반드시 가지고 있어야 합니다. 구글 검색의 경우는 카테고리를 특정할 수 있는 사이트를 매우 좋아합니다. 카테고리는 세분화될수록 유리합니다.

두 번째는 오프페이지 SEO로 구글이 신뢰하는 웹페이지, 사이트, 대규모 커뮤니티 등에서 링크를 많이 가지고 가는 경우에 최적화가 이루어집니다. 간단히 외부링크라고 이야기를 하는데 예를 들어서 설명하겠습니다. 필자의 경우는 IT 관련 글이 많습니다. 때문에 IT 커뮤니티로 유명한 퀘이사존이나 쿨엔조이 같은 사이트에서 제가 집필한 문서를 퍼가는 경우가 있습니다. 커뮤니티뿐만 아니라 SNS에 공유가 되는 경우에도 마찬가지입니다. 여기에는 유튜브도 포함됩니다. 이러한 이름 있는 커뮤니티 플랫폼에 자신이 작성한 글들이 늘어날수록 오프페이지 SEO 측면에서 유리해집니다.

그렇다면 콘텐츠 SEO나 오프페이지 SEO가 제대로 이루어지려면 어떻게 해야 좋을지 답이 보이실 겁니다. 초반에 말씀드린 콘텐츠입니다. 자신이 좋아하는 콘텐츠, 관심 있는 카테고리를 계속 집중해서 파고들어야 합니다. 그래야만 좋은 글, 영양이 높은 글이 완성됩니다. 이 부분만 집중하면 이 두 가지 SEO는 자동 완성이 될 수밖에 없습니다. 더 상세한 내용을 원하시는 분께는 e비즈북스에서 나온 《트래픽을 쓸어 담는 검색엔진 최적화》라는 책을 추천해드리고 싶습니다. 이 책에서는 각종 SEO 개념들을 알기 쉽고 상세하게 설명해 줍니다. 참고하시면 도움이 될 것입니다.

Q2. 안녕하세요. 효자손 님 질문 있습니다! 네이버서치어드바이저에 블로그도 등록하고, RSS 및 사이트맵도 모두 등록을 마무리했습니다. 그럼에도 불구하고 등록한 지 2주가 넘어가는데 아직도 색인현황 0입니다. 수집을 요청하고 수집 성공을 해도 동일합니다. 왜 이런 건가요?

A. 원래 그렇습니다.(울음) 지난 댓글들을 살펴보니 네이버서치어드바이저에 대해서 상당히 많은 문의들을 남겼다는 사실을 알 수 있었습니다. 네이버 웹마스터 도

구, 이 녀석은 대체 누구일까요? 그리고 감히 마스터라는 키워드를 사용할 수준의 퀄리티가 될까요? 티스토리를 사용하는 유저 입장에서 바라볼 때, 네이버 서치어드바이저는 그냥 빛 좋은 개살구와 같습니다. 아무짝에도 쓸모가 없다는 이야기입니다. 특히 검색 반영 요청에 대한 기능은 더더욱 그렇습니다.

네이버 서치어드바이저는 티스토리를 싫어한다?!
사실 싫어한다기보다는 서로 잘 안 맞습니다. 애당초 서비스하는 플랫폼도 서로 다른 데다, 블로그 구조도 완전 다르기 때문입니다. 네이버 검색 엔진은 자사의 플랫폼인 네이버 블로그가 가장 잘 노출되도록 설계되어 있습니다. 티스토리는 다음카카오에서 서비스를 진행하는 플랫폼입니다. 애당초 네이버 서치어드바이저와 티스토리의 서비스 제공 업체가 다릅니다. 그렇기에 네이버 서치어드바이저에서 티스토리 관리가 제대로 진행되지 않습니다. 본 도서에서 언급했던 서치어드바이저의 수집 요청 기능이 제대로 작동하지 않는 이유 또한 이런 상태이기 때문에(두 플랫폼의 서비스 업체가 다르기 때문에) 그런 것입니다. 서치어드바이저가 좀 더 인공지능이 좋아져서 티스토리 블로그까지도 커버할 수 있으면 좋겠지만, 네이버 입장에서 생각해 보면 전혀 그럴 이유가 없습니다. 타사 플랫폼으로 넘어가는 걸 눈 뜨고 지켜볼 수 없는 입장이니까요.

서치어드바이저는 등록만 하고 그 이상은 신경 쓰지 말자
저 역시 초반에는 서치어드바이저에 많이 의존하는 모습도 보였으나, 다 부질없다는걸 깨닫고 나서 거의 접속을 하지 않았습니다. 지금 이 글을 작성하면서 오랜만에 방문해봤는데 뭐 별다른 게 없군요. 예전이랑 같습니다.
웹페이지 수집 항목에서 수집할 내용도 없거니와 수집 요청을 해도 잘 들어주지도 않는 서치어드바이저여서 너 이상 들어볼 이유가 없어졌습니다. 그러니 여러분들도 너무 이 녀석에게 의지하지 않으셔도 됩니다. 그냥 사이트 등록까지만 해두시면 이제 상황 종료라고 봐도 좋습니다.
단, 웹페이지 검색 제외 기능은 기가 막히게 잘 됩니다. 검색 노출은 절대 원하는 대로 되지 않지만 검색에서 빼달라는건 정말 말을 잘 듣습니다. 혹시 티스토리를 운영하시다가 비공개글로 전환했다거나, 삭제한 글이 있다면 해당 글의 주소를 서치어드바이저에서 검색 제외로 요청해 보세요. 몇 시간 안에 바로 반영되어 나타나지 않게 될 것입니다.

Q3. 안녕하세요! 궁금한 게 있습니다. 네이버에 돌아다니는 이미지들(ex. 연예인 사진, 풍경 사진) 이런 것들은 다 저작권에 걸리나요? 혹시 그렇다면 블로그에 글을 올릴 때 자기가 직접 찍은 사진이나 이미지만 활용해야 하는 것인지요?
A. 본인이 직접 촬영한 사진 혹은 상상하여 직접 그린 그림을 제외한 나머지 이미지는 모두 저작권이 있다고 생각하시면 됩니다. 블로그를 하면 필수요소는 아니지만 거의 사용하게 되는 게 바로 이미지입니다. 자신이 직접 찍은 이미지를 사용하는 건 전혀 문제될 게 없지만, 검색해서 나오는 이미지들을 사용하는 건 한번 생각해봐야 합니다. 다시 한 번 말씀드리지만, 무단으로 사용하면 저작권에 걸릴 수 있습니다.

최초 만든 사람이 반드시 존재한다

사진이나 이미지를 최초로 만든 사람은 분명히 있습니다. 보통 크리에이터라고 하죠. 그래서 그분들이 가장 최우선의 저작권을 기본적으로 갖고 있습니다. 단 크리에이터가 이미지를 업로드할 때, 한미디로 인터넷 세상에 공개를 할 때 두 가지 형태로 나눕니다. 하나는 크리에이터가 그냥 맘껏 쓰라고 무료로 소스를 제공하는 방식이고, 다른 하나는 '이건 내 꺼고 너네는 그냥 구경만 하고 쓰지마' 하는 형태입니다. 이걸 보통 저작권 표시로 구분하는데, 이 부분에 대해 관심이 많이 없다면 어떤 의미를 담고 있는지 헷갈릴 수 있습니다. 기호로도 표시하는데 이것을 'CC 라이선스'라고 합니다. 아마 이미 알고 계신 분도 계실 겁니다. 자세한 내용은 웹페이지(cckorea.org/xe/ccl)를 참고하시기 바랍니다. 이제 CCL 아이콘에 담긴 의미들을 한번 알아보도록 하겠습니다.

- BY: 저작권자 '누구'로부터 만들어진 콘텐츠라는 뜻으로, 저작자를 표시하는 표시입니다.
- NC: Noncommercial의 약자로 비영리라는 뜻입니다. 즉 해당 저작물을 영리적으로(수익을 목적으로) 사용할 수 없으며, 만약 영리를 목적으로 한다면 반

드시 저작자와 협약을 해야 합니다.
- ND: No Derivative Works의 약자로 변경금지라는 뜻입니다. 즉 저작물을 재가공해서 사용할 수 없다는 의미입니다. 2차 가공을 금지하는 것입니다.
- SA: Share Alike의 약자로 동일조건하에 변경을 허락한다는 뜻입니다. 즉 2차 가공을 하더라도 반드시 오리지널 저작물과 동일한 라이센스를 적용한다는 의미입니다. 만약 상대가 비영리 조건을 달면 2차 저작물도 비영리가 됩니다. 원본에 만약 ND가 붙어 있다면 수익적으로 '이용 불가'란 뜻이 그대로 계승됩니다.

저작권 없는 완전 무료 이미지를 활용하자

그래서 보통 블로그를 운영하신다면 저작권으로부터 완전 자유로운 이미지를 원하실 텐데요, 저는 두 가지 방법을 써서 사용하고 있습니다. 자신이 직접 찍은 이미지나 사진은 당연히 저작권에 해당되지 않기 때문에 이건 빼고 나머지 방법을 설명하겠습니다.

첫 번째는 구글에서 저작권에 걸리지 않는 무료 이미지를 검색하는 것입니다. 구글에서 이미지를 원하는 키워드를 통해 검색을 하시고, '도구 > 이미지 > 사용권 > 크리에이티브 커먼즈 라이선스/상업 및 기타 라이선스' 등으로 자신이 사용하고자 하는 목적에 맞게 검색해서 이미지를 찾는 방법입니다. 이렇게 해서 저작권으로부터 자유로운 이미지를 찾아낼 수 있습니다.

하지만 제가 추천하는건 바로 두 번째 방법입니다. 저작권이 없는 이미지를 완전 무료로 제공하는 사이트를 활용하는 것입니다. 대표적인 사이트가 바로 픽사베이Pixabay입니다. 이 사이트는 저작권이 없는 완전 무료 이미지들을 제공하는 곳입니다. 심지어 영리적으로도 사용할 수 있습니다. 외국 사이트이므로 기왕이면 검색하실 때 한글보다는 영어 키워드를 사용해야 더 다양한 이미지들을 찾을 수 있습니다. 무료 이미지 사이트 종류는 픽사베이, 펙셀스Pexels, 언스플래시Unsplash 등이 있습니다.

저작권은 중요합니다. 개인 고유의 지적 재산을 침해하는 것과 다름없기 때문에 블로거시라면 이런 부분을 정확히 인지하고 함부로 다른 사람의 소중한 콘텐츠를 무단으로 복제하여 사용하는 건 절대 하시면 안 됩니다. 엄연한 범죄입니다. 우리 모두 올바르고 건강한 콘텐츠 문화를 만들어 갑시다.

Q4. 안녕하세요. 언제나 이 블로그를 통해 많이 알아가는 초보블로거입니다. 다름이 아니라 궁금한게 있어 댓글을 남깁니다. 발행한 글의 카테고리를 옮기면 불이익이 있나요? 예를 들어서 A 카테고리에 있는 글을 B 카테고리로 옮기면 검색이 안되는 현상이 발생하는지요? 이번에 아예 카테고리를 세분화해서 글을 주제에 맞게 옮기려고 하거든요. 알려주시면 감사하겠습니다.

A. 카테고리는 단지 글들을 주제별로 분류하는 역할이 전부입니다. 티스토리에서는 카테고리에 있는 글들을 다른 카테고리로 옮긴다거나 카테고리 이름을 변경해도 글 검색 노출에 있어서 영향을 받지 않습니다. 그러니 안심하시고 옮기셔도 됩니다.

티스토리와 네이버 블로그 카테고리의 차이점

잠시 네이버 시절의 이야기를 하겠습니다. 네이버 블로그도 다년간 운영했었는데 희한하게 카테고리를 수정할 때마다 글 누락 현상이 발생해서 방문자가 줄어드는 일들이 발생했습니다. 처음에는 몰랐는데, 어느 날 카테고리를 수정하고 해당 글을 검색할 때 노출이 잘 되던 게시글이 사라진 걸 목격한 것입니다. 그때 한번 실험을 해봤습니다. 실험 결과, 노출이 잘 되던 글들이 카테고리를 옮기면 잠시 사라지는 증상이 있다는 걸 발견했습니다. 다시 검색에 노출되는 건 그야말로 랜덤입니다. 어떤 문서는 한 시간도 안 되어 노출이 되기도 하지만, 또 다른 문서는 하루가 지나도 노출이 안 되는 경우도 있었습니다. 카테고리 이름을 변경해도 이와 같은 증상이 있었습니다. 100%는 아니더라도 간헐적으로 해당 카테고리 글이 모두 누락되는 현상이 있더군요. 이 또한 복구되는 데 걸리는 시간은 랜덤입니다. 티스토리의 글 주소는 카테고리와 독립되어 있어서 영향을 받지 않습니다. 따라서 티스토리 카테고리를 편집해도 누락되는 일은 없습니다.

Q5. 안녕하세요, 저는 티스토리를 시작한 지 얼마 되지 않았습니다. 티스토리를 시작하게 된 목적은 단도직입적으로 말씀드리자면 수익입니다. 블로그 수익을 극대화 하려면 어떻게 해야 할까요? 현재 제가 잘 아는 분야의 카테고리에서 글들을 꾸준히 작성하고 있습니다. 현재 누적 방문자수가 만 명을 넘어가고 있는데 신기하게도 네이버에서는 일절 방문이 없습니다. 네이버 검색의 경우는 글 패턴이 비슷

하면 노출에서 제외된다는 이야기가 있던데 혹시 이 부분 때문일까요? 왜 그런건지 모르겠습니다. 그리고 애드센스 광고를 보면 제 카테고리와 관련없는 광고들이 노출되고 있는 것 같아서 이 부분을 좀 수정하고 싶습니다. 클릭률이 좋은 광고만 나오게 할 수 있을까요?

A. 안녕하세요, 네이버 검색의 경우는 어느 정도 블로그를 꾸준히 관리를 해줘야 겨우 노출이 되는 게 일반적입니다. 그리고 말씀하신 대로 네이버 알고리즘이 좋아하는 분야랑 싫어하는 분야가 어느 정도 있는 편입니다. 정확하게 알고 있는 것은 아니지만 경험상 말씀을 드리자면 "수익"을 바라보고 운영하는 블로그의 경우가 대부분 노출에서 제외가 되곤 합니다. 이건 다음 검색엔진에서도 마찬가지입니다. 또한 보이지 않는 텃세라고 해야 하나요? 예전의 경우는 이런 게 많았습니다. 특정 프로그램을 사용해서 검색에서 노출이 되도록 만드는 것입니다. 지금도 유효한지는 모르겠지만 왠지 아예 없어지지는 않았을 것 같습니다. 창과 방패의 싸움이 지속되고 있을지도 모릅니다. 아니, 아마 온라인 마케팅을 전문으로 하는 업체가 계속 존재하는 이상 이 문제는 영원지 계속될 주제라고 생각합니다. 보험이나 병원 등의 카테고리가 유독 심했습니다. 운영하고 계신 카테고리 쪽도 비슷한 상황이므로 아마 이 부분도 무시 못 할 수도 있겠다 싶습니다. 그리고 비슷하게 글을 작성하면 유효한 글로 판단해서 중복 문서로 빠질 수 있습니다. 마지막으로 특정 광고만 나오게 하는건 애석하게도 저도 모릅니다. 또한 수익을 목적으로 운영하지도 않습니다. 그렇기 때문에 이 부분은 저도 답변을 못 드리겠네요.

수익을 목적으로 하는 블로그요? 글쎄요.
다시 한 번 모르시는 분들을 위해 말씀 드리겠습니다. 저 또한 한때는 수익을 목적으로 블로그를 시작했었고 결과는 좋지 않았습니다. 그때 결과가 좋았다면 지금의 이 블로그는 없었을지도 모릅니다. 수익 목적의 블로그를 총 두 번 도전했고 둘 다 실패했습니다. 제가 방법을 몰라서 그런 것일 수도 있겠지만 가장 결정적인 이유는 '블로그 운영이 재미가 없었기' 때문입니다.

늘 비유하는 게 식당입니다. 식당을 오픈했는데 돈을 많이 벌고 싶다고 질문하는 것과 똑같습니다. 식당 운영에 대해 잘 모르시는 분들도 이 질문에 대한 답은 아마 알고 있을 겁니다. '맛있는 요리를 개발할 것!' 이게 모범답안입니다. 기본 중의 기본 아니겠습니까? 그렇다면 맛은 누가 판단할까요? 주인이 판단할까요? 아니겠지요. 손님이 판단할 것입니다. 요리사의 역할은 그저 손님이 마음에 들었으면 하는 간절한 마음에 정성을 다해 요리를 하는 것까지입니다. 손님이 많은 식당은 반드시 그 이유가 있습니다. 잘나가던 식당이 갑자기 망하는 것도 다 이유가 있죠. 손님이 많고 적은 건 다 이유가 있다고 생각합니다. 이 식당 주인이 돈만을 생각하고 가게 운영을 하면 과연 얼마나 잘 될까요? 이 부분에 대한 답은 각자 생각해 보시기 바랍니다.

수익만을 목적으로 하면 방문자와 유입에 대해서만 신경을 쓰게 됩니다. 글의 퀄리티는 그다음으로 밀려나고요. 저 역시 그랬고 그 결과는 모두 좋지 않았습니다. 그땐 제가 몰랐던 게 있었습니다. 방문자는 단발성이라고 생각했고 그저 한 번 방문하면 끝이라고 생각했습니다. 근데 그게 아닙니다. 또 이 블로그에 오게 만드는 게 가장 중요합니다. 잘나가는 식당도 그럴 수 있는 비법이 많은 단골 아니겠습니까? 블로그도 마찬가지입니다. 블로그도 단골을 만들어야 한다고 생각합니다. 단골을 만들려면 당연히 다른 블로그에서는 볼 수 없는 나만의 콘텐츠가 확실히 있어야 합니다.

▲ 2021.4.2 기준 친절한효자손 취미생활 구독자 수

제 티스토리 댓글을 살펴보면 새로 방문하신 분들의 댓글도 있지만 의외로 자주 방문하는 분들의 댓글을 자주 목격할 수 있습니다. 유튜브의 구독 시스템이 티스토리에도 있습니다. 평소 즐겨 보는 에디터의 티스토리를 구독하면 해당 에디터의 새 글이 발행될 때마다 구독 카테고리에 빨간색 토글 표시가 됩니다. 그러면 이번에는 어떤 글이 올라왔는지 재방문하게 됩니다. 유튜브도 구독을 했을 때 해당 크리에이터의 새 동영상 콘텐츠가 올라오면 알림을 받게 되고 그러면 구독자가 여유시간에 방문하여 콘텐츠를 소비하는 원리랑 똑같습니다. 이분들은 구독을 끊지 않는 한 끊임없이 재방문을 하실 것입니다.

구독 이야기가 나와서 드리는 말씀이지만 절대 맞구독 맞댓글 같은 행위는 하지 않는 것이 좋습니다. 왜냐하면 티스토리 운영에 아무런 도움이 되지 않기 때문입니다. 유튜버들끼리 서로 맞구독 요청, 맞댓글 달아주는 경우를 보셨나요? 물론 유명한 유튜브 영상에 유명한 유튜버들이 댓글을 남기는 경우가 간혹 있습니다만 이 경우는 티스토리와 다릅니다. 일단 맞댓글이 아닙니다. 그리고 해당 영상의 구독자 팬들이 의외로 좋아합니다. 티스토리의 경우는 너무 상업적이고 의무적입니다. 즉 사심을 가지고 이런 행위를 하는 것입니다. 아무도 좋아하지 않습니다. 결국 이것도 수익형 티스토리를 만들겠다는 목적으로 잘못 퍼진 사례일 뿐입니다. 절대 이러지 않도록 주의해주시기 바랍니다. 필자는 단 한 번도 댓글 요청, 구독 요청을 한 적이 없습니다. 그저 사람들에게 도움이 될 만한 내용의 콘텐츠를 만드니 구독자가 점점 늘어나고 있는 것뿐입니다.

내가 알고 있는 지식과 정보를 잘 가공하여 새로운 콘텐츠로 만들어 보아요!
이 글도 하나의 콘텐츠입니다. 다른 블로그에서는 절대로 볼 수 없습니다(아직까지는). 언젠가는 '친절한효자손 취미생활'을 능가하는 블로그가 나타날지도 모릅니다. 그때를 대비하여 지금 다른 콘텐츠를 준비 중입니다. 이 부분에서 정답은 없지만 그냥 생각 나는 걸 이것저것 도전해보세요. 이렇게도 써보고, 저렇게도 써보는 거예요. 그러다가 우연찮게 좋은 아이디어가 떠오르고 그 생각을 바로 실전에 적용시켜 보는 행동이 필요하다고 생각합니다.

특히나 이제 막 티스토리를 시작하신다면 나는 어떤 주제를 가지고 이 블로그를 운영할지를 정하시는 게 좋습니다. 블로그의 목적이 있어야 한다는 의미입니다. 제가 티스토리를 시작하면서 가닥을 잡은 게 IT 쪽이었고, 그중에서도 티스토리 운영에 대한 내용이었습니다. 처음 진입장벽이 저에게는 높았습니다. 어떤 식으로 운영할지 잘 몰랐기 때문입니다. 그리고 이런 정보가 여기저기 흩어져 있어서 검색도 어려웠으며 어렵게 찾아서 봐도 도대체 무슨 소리인지도 잘 몰랐습니다. 최대한 알기 쉬운 가이드라인 같은 콘텐츠가 하나 있으면 정말 좋겠구나 하고 생각했고 바로 실천해서 만들어온 게 바로 지금의 이 블로그입니다.

이 질문을 주신 분의 블로그를 들어가 봤는데 콘텐츠가 정해져 있다는건 정말 좋은 출발이라고 생각합니다. 단순 생활정보, 맛집 등등의 널리고 널린 카테고리가 아니어서 다른 분들보다는 유리하다고 생각합니다. 다만 아쉬운 게 초보자 분들이 읽어볼 수 있는 글들이 많이 없는 듯합니다. 제가 만약 그쪽 관련 블로그를 운영한다면, 초보자 분들이 풍부하게 읽을 수 있는 기초 지식들에 대한 이야기부터 썰을 풀어놓을 것 같습니다. 그렇게 되면 저처럼 질문자님께서 운영하시는 카테고리에 대해 아예 관심이 없는 사람까지도 단골이 될 수 있는 기회가 더 생길지도 모르니까요. 어떤 카테고리든지 반드시 초보자가 있습니다. 이 초보 분들을 위한 콘텐츠가 늘 부족하다고 생각합니다. 커뮤니티 사이트의 가장 큰 장점 중 하나가 바로 처음 시작하시는 분들을 위한 카테고리가 구축되어 있는 것입니다. 이 부분을 한번 고려해 보시기 바랍니다. 마지막으로 광고를 너무 많이 넣지 마세요. 방문자들은 광고 보려고 들어오는 게 아니라는 것을 명심하시기 바랍니다.

Q6. 다른 블로그에 있는 글을 그대로 가지고 와도 상관 없나요?

A. 당연히 안 됩니다. 그대로 가지고 온다는 의미가 혹시 텍스트를 그대로 가지고 온다는 의미라면요. 하지만 텍스트를 변형해서 가지고 오는 건 상관없습니다. 즉 블로그의 콘텐츠는 가지고 오되 내용을 조금 더 업그레이드하여 가지고 오시면 됩니다. 콘텐츠를 더욱 풍성하게 만드는 것입니다. 텍스트의 모든 내용을 그대로 복사/붙여넣기를 하게 되면 중복 문서로 빠져서 누락되거나 심지어는 저품질에 빠질 우려가 있습니다. 그러므로 최대한 새로 작성하시는 것을 추천합니다.

Q7. 글 작성 시간이 너무 오래 걸리는데 어떻게 해야 하나요?

A. 저는 오래 걸리는 게 정상이라고 생각합니다. 운동을 예로 들어보겠습니다. 10

분~30분 운동하면 과연 운동 효과가 얼마나 있을까요? 작정하고 목표를 세워서 운동하시는 분들은 최소 한 시간씩 운동합니다. 아령을 5kg으로 시작하는 게 힘들었던 사람이 꾸준히 운동하면 언젠가는 5kg 드는 게 그리 어렵지 않게 됩니다. 그러면 다음 무게인 10kg으로 도전하게 되겠지요. 즉, 힘들어도 계속 운동을 하게 되면 먼 훗날 멋진 몸과 목표한 몸무게를 이루게 될 것입니다. 글쓰기도 똑같다고 생각합니다. 참고로 저는 지금도 글쓰기가 어렵습니다. 쉽게 써지는 경우는 거의 없습니다. 하지만 다년간 글쓰기에 익숙해지고 습관이 된 덕에 계속해서 글 쓰는 스킬은 늘어나고 있습니다. 이런 과거의 오랜 경험이 지금의 필자의 글쓰기에 막대한 영향을 주고 있습니다. 따라서 지금 글쓰기가 힘든 이유는 지극히 정상입니다. 운동하는데 너무 쉽다면 그게 이상한 거라고 생각합니다. 운동을 제대로 하지 않는다는 증거겠지요. 글쓰기가 지금 너무 쉽다면 그게 오히려 더 의심스러운 상황이라고 생각합니다. 더구나 원래 글 쓰던 사람도 아니었기에 글쓰기 습관도 만들어져 있지 않으니 글 쓰기 시간은 더욱 길어질 수밖에 없습니다. 그저 지금은 힘든 그대로를 받아들이고 습관이 될 때까지 계속해서 글을 작성하는 것에 집중하시기를 바랍니다.

Q8. 꼭 하루에 글을 하나씩 작성해야 하나요?

A. 아닙니다. 반드시 그럴 필요는 없습니다. 본인의 생활 패턴에 맞게 글쓰기를 해주시면 됩니다. 초반부터 너무 의무감에 사로잡혀 글을 쓰다 보면 마치 업무의 연장선이 된 것 같은 느낌을 받을 수 있습니다. 그러면 글쓰기가 싫어집니다. 결국 글쓰기를 포기하게 될지도 모릅니다. 따라서 1일 1글이라는 압박에서 벗어나야 합니다. 물론 하루에 글 하나씩 작성하면 방문자 유입도 그만큼 늘어나고 글 쓰는 습관도 기를 수 있으니 좋을 수 있습니다. 하지만 이것을 억지로 행하면 오히려 역효과가 발생할 수 있다고 생각합니다. 그러니 처음 시작하시는 분들께서는 무조건 취미로 글쓰기를 시작하시기 바랍니다.

Q9. 댓글 관리를 해야 하나요?

A. 보통 이런 분들은 네이버 블로그를 하시다가 넘어오신 분들이 많습니다. 이웃끼리 댓글을 주고받는, 일종의 '댓글 품앗이' 시스템을 티스토리에도 그대로 적용하시

는 분들입니다. 습관이겠지요. 티스토리는 이런 댓글 품앗이가 절대로 필요하지 않습니다. 댓글을 서로 주거니 받거니 해도 티스토리 블로그에 좋은 점이 하나도 없습니다. 이것은 시간 낭비입니다. 댓글 품앗이할 시간에 본문 텍스트를 한 자라도 더 많이 작성하는 게 좋습니다.

개인적으로 댓글은 방문자가 질문을 남기거나 도움을 얻어 감사하다고 글을 남기는 공간이라고 생각하고 있습니다. 그러면 티스토리 에디터는 해당 댓글에 대한 답변 코멘트를 남겨 방문자와 소통을 합니다. 가장 정석인 댓글 시스템은 이런 게 아닐까 싶습니다. 물론 티스토리 에디터 분들끼리 궁금한 건 물어보고 답변하는 용도로 댓글을 작성해도 됩니다. 순수한 댓글 이용에 대해서는 뭐든 됩니다. 하지만 앞에서 언급했던 댓글 품앗이는 자신의 티스토리를 키우기 위한 사심이 들어가므로 해서는 안 되는 이상한 문화이며, 말씀드렸듯 진행해도 전혀 도움이 안 되는 시간낭비 행위일 뿐입니다.

Q10. HTML이나 CSS를 몰라도 되나요?

A. 그렇습니다. 과거 티스토리는 거의 수작업을 해야 하는 부분이 많아서 웹퍼블리싱과 관련된 지식이 있는 분들에게 매우 유리한 플랫폼인 건 사실이었습니다. 하지만 지금의 티스토리는 꽤 많은 부분이 개선되었고 웹언어를 전혀 모르는 분들도 쉽게 사용할 수 있는 플랫폼이 되었다고 생각합니다. 애드센스도 이제 쉽게 연동시켜 클릭만으로 광고 배치가 이뤄지고 있을 정도로 눈부신 발전을 했습니다. 물론 이건 기본적인 부분이고 개인이 좀 더 욕심을 내서 스킨 구석구석 원하는 위치에 애드센스 광고 배치를 하고 싶다면 당연히 HTML이나 CSS 등의 웹언어를 알고 있는 것이 유리합니다.

마치며

새롭게 리뉴얼된 이번 책도 읽어 주셔서 감사합니다. 본 도서에서 미처 언급하지 못했던 부분, 다소 설명이 부족했던 부분에 대한 피드백은 언제든 친절한효자손 취미생활 티스토리에 방문하여 댓글 혹은 방명록으로 문의해 주시면 확인 후 답변을 드리고 있습니다. 필자는 티스토리를 수익 측면에서 바라보고 운영하는 사람이 아닙니다. 근데 대다수 사람들은 저를 수익 블로거로 분류하고 있습니다. 왜 그런 건지는 알 수 없습니다만 아무래도 방문자 수 때문일 것으로 예상합니다. 그럼 방문자가 왜 늘어났는지를 생각해 보시면 좋겠습니다. 그 누구도 제대로 명쾌하게 답을 제시해주는 콘텐츠가 없을 때, 아직 이 내용에 대해 작성한 웹문서가 없을 때, 이 정도의 내용이라면 그 어떤 문서와 비교해도 손색이 없을 때, 이런 것들을 집중해서 탐구하고 글 퀄리티를 올려 작성하고 있습니다. 콘텐츠의 가치를 높이려 노력했습니다. 글은 작성하면 어떻게든 노출됩니다. 따라서 한 번 노출이 시작될 때 사람들이 "이거구나!" 싶은 글을 만들고 싶었고 그 목표가 나름 잘 적중한 것이 아닐까 싶습니다. 무조건 콘텐츠가 중요합니다. 좋은 콘텐츠는 결국 애드센스로 돌아올 것입니다. 남들이 다 작성하는 주제의 글들은 가치가 없습니다. 이 점을 잊지 말아 주시기 바랍니다.

친절한 효자손의
티스토리 사용설명서

초   판 1쇄 발행 | 2018년 9월 21일
개 정 판 1쇄 발행 | 2022년 1월 29일
개정2판 1쇄 발행 | 2023년 1월 16일
개정3판 1쇄 발행 | 2023년 12월 30일

지은이 | 유길용
펴낸이 | 이은성
편   집 | 홍순용, 최지은, 김윤성
디자인 | 이윤진
펴낸곳 | e비즈북스

주 소 | 서울시 종로구 창덕궁길 29-38 4층, 5층
전 화 | (02) 883-9774
팩 스 | (02) 883-3496
이메일 | ebizbooks@naver.com
등록번호 | 제2021-000133호

ISBN 979-11-5783-327-6 03320

e비즈북스는 푸른커뮤니케이션의 출판브랜드입니다.